高木惣吉海軍少将伝

終戦の軍師

工藤美知尋 著

芙蓉書房出版

まえがき

令和二年一〇月一三日、読売新聞西部本社社会部主任の高沢剛史氏がわざわざ福岡市から上京され拙宅を訪ねられた。取材の目的は、戦時中に日独間で秘かに進められていた「航空路開設問題」（二〇二〇年一二月二七日付『読売新聞』西部本社版に掲載）についてであったが、話は七月に熊本県人吉・球磨地方を襲った豪雨による被害状況から、高木惣吉海軍少将の子孫にあたる川越郁子さんが自宅に「高木惣吉記念館」を開設していること、そしてそこに保管されている「高木惣吉日記」をはじめとする数々の資料の意義にまで及んだ。

話のなかで高沢氏は、「高木惣吉海軍少将の存在をどのように評価されますか？」と質問された。このような質問にひと口で答えるのは非常に難しいものであるが、私は次のように答えた。

「もし高木がいなかったら、昭和二〇年八月一五日の太平洋戦争の終結はどうなったでしょうか？　高木のような『終戦の軍師』がいなかったならば、当時の状況からして、とても昭和二〇年八月一五日をもって先の大戦を終えることは出来なかったと思います。

終戦が数ヵ月遅れていたら、少なくとも北海道の半分はソ連に確実に取られていたと思いますし、首都の東京も、ドイツの占領の方式にならって、連合国の米英ソ中の四ヵ国による分割占領になっていたと思います。また高木が昭和一二年一〇月に海軍省臨時調査課長に就任してからの日本は、日独伊防共協定問題、三国軍事同盟の締結、日米交渉の失敗、太平洋戦争の勃発と、激動の時代でした。それらの状況が『高木日記』には客観的に記録されています」

一般に海軍士官は、霞が関と艦隊の間を往復しながら昇進してゆくものであるが、高木の場合は、昭和一二年一〇月の海軍省臨時調査課長就任以降（途中一四年一一月～一五年一一月の一年間は千田金二《せんだきんじ》大佐に代わった）、一七年五月までの都合七年間にも亙って、その地位にあった。

昭和一七年六月から一八年八月までの一年二ヶ月の間、高木は舞鶴鎮守府に参謀長として転出したが、結核の既往症があったため外地への赴任は無理と診断され、昭和一八年九月軍令部出仕となって、再び霞が関の本省に戻ってきた。

そして昭和一九年三月、海軍省教育局長に就任すると、同年八月からは米内光政《よないみつまさ》海相、井上成美《いのうえしげよし》海軍次官による密命の下、本格的に終戦工作に挺身することになった。

高木惣吉が長らく課長を務めた海軍省調査課は、陸軍にはない海軍独自の部署であった。海軍大臣の膝下にあって、帝国海軍政策の作成に当たってきたと一般的には言われているが、実際にどんなことを行ってきたのか、いまだに不明なことが少なくない。

本書執筆中の令和二年七月三日から四日にかけて、四八時間で四一八・五～四四〇ミリという、かつてない集中豪雨が人吉・球磨地方を襲った。七月三日の明け方から降り始めた雨は翌日午前一〇時頃より急激に降水量を増し、それ以降は一〇分間で一〇ミリを超える大量の雨が降り注いだ。

この様子を東京の自宅のテレビで観ていた私は、「これは大変なことになったぞ！　何とか小降りになってくれればいいが……」と祈っていた。

心配のあまり、人吉市矢黒町にお住いの高木惣吉記念館館長の川越公弘・郁子ご夫妻に、お見舞いのメールを差し上げるとともに、被害状況を伺った。
「球磨川からあふれ出た水は、既に高木惣吉記念館のすぐ真下まで迫っていますが、記念館自体には今のところ被害はなく無事です。ただ別棟の旅館の方は、山から流れ落ちて来た大量の土砂のために、客室部分は完全に埋まってしまいました。今は雨が止んでくれることを祈るばかりです！」との悲痛な返信であった。それから間もなく、テレビの画面からは、人吉市内が水没している模様が映し出された。

私は長年にわたって、高木惣吉が遺した日記や資料を検証しながら日本海軍の政策を研究してきただけに、この水害には胸を痛めた。同時に、川越ご夫妻が大切に保管されている資料に光を当て、高木惣吉の評伝を一日も早くまとめたいと決意した。

終戦の軍師　高木惣吉海軍少将伝　目次

第三部　東条内閣打倒工作と高木惣吉……171

■「高木惣吉日記」の表記について

高木は、その日の出来事をまず手帳に認《したた》め、帰宅後それを日記に書き、さらにジャンル別に原稿用紙やカードに摘記したため、内容的に同一のものが部分的に三種類も存在することになった。

『高木惣吉―日記と情報（上・下）』（みすず書房）は基本的にカタカナ表記であるが、高木資料一般、例えば『高木海軍少将覚え書』（毎日新聞社）や『高木惣吉日記―日独伊三国同盟と東条内閣打倒』（毎日新聞社）などはひらがな表記である。

本書では、特に昭和一八年以降については、読者の便宜を考えて、ひらがな表記を基本にしている。なお、読みやすさの観点から句読点などは適宜補った。もちろん文意は何ら変えていない。

プロローグ　高木惣吉の人物像
──七十七忌法要で語られた素顔

高木惣吉が他界してから五〇日ほど経った昭和五四年九月一三日、高木家の菩提寺である北鎌倉の名刹東慶寺（通称「縁切寺」として知られている）に、海軍省調査課に関わった六〇名ほどが集まって、「七十七忌の法要」が営まれた。

法要終了後、北鎌倉駅前の「鉢木」という割烹料理屋に席を移して、「高木惣吉海軍少将を偲ぶ会」が催された。

「偲ぶ会」では多くの方々が高木惣吉の思い出などをスピーチされた。録音されたスピーチは後日編集され、「高木惣吉海軍少将七十七忌法要」という小冊子にまとめられた。原稿収集（録音不足分）と校正は深田秀明氏（海兵七三期）、編集は中山定義氏が担当され、テープ起こし、原稿清書、印刷、製本は海上自衛隊幹部学校の川村啓研究部長をはじめとする方々が担当された。以下に紹介するスピーチはこの小冊子によるものである。

当時三二歳で学位論文を執筆中だった筆者は、内田一臣元海幕長の推薦で、法要と偲ぶ会への特別の参列を許され、皆さんの高木惣吉への想いの深さを実感したことを今も鮮明に覚えている。

開会の冒頭、高木惣吉とは親交があった東慶寺住職の井上禅定《いのうえぜんじょう》老師（元円覚寺宗務総長）が立ち上がって、高木の戒名「高徳院海光宗院居士」の由来と、先頃皇太子（現在の上皇）様ご夫妻が東慶寺に立ち寄られた際のエピソードを話された。

それは、ご住職の案内で東慶寺の境内に建立されている多くの文人（西田幾多郎、鈴木大拙、和辻哲郎、安倍能成、岩波茂雄、レジナル・ホレス・ブライス、野上豊一郎、野上弥生子、高見順、小林秀雄、前田青邨など）の墓碑を紹介した時のことであった。

ご住職が「あちらに建っているのが高木惣吉海軍少将のお墓でございます」と紹介すると、明仁皇太子は歩を止められて、「アッ、そうですか！」と言われて、高木の方に向かわれ衣を正されて、深々と一礼されたそうである。それが非常に印象的であったという。

そのようなエピソードを紹介された後、最後に、「高木さんは、西田（幾多郎）先生を追慕して、そのうしろの所にお墓を設けられたわけです。どうぞ皆様は、これから高木さんの思い出でも語り合って頂きたいと思います」と言われて、開会の挨拶に代えられた。

「今の日本が平和なのは高木さんの終戦工作のおかげ」―森元治郎氏

二、三の方々から御挨拶があった後、戦前戦中を通じて同盟通信社の記者で、「東条英機暗殺計画」では高木と同志的な絆を結んでいた森元治郎《もりもとじろう》氏がスピーチをした。

「昔の黒潮会（海軍省記者クラブ）に、私は昭和八年大角岑生《おおすみみねお》大臣の時の入会でありますが、ここにおられる一原道常《いちはらみちつね》さん（黒潮会、戦中、海軍出身の寺島健、左近司政三《さこんじせいぞう》の両大臣の秘書官）、先ほど帰られた北海道放送の杉本健《すぎもとけん》（元朝日新聞記者、『海軍の昭和史』の著者）等がおりました。（中略）海軍は暫く時勢に引きずられて抵抗しながら昭和一六年の御前会議で、いよいよ戦争を決意させられてしまいましたが、高木さんの想い出は、この頃から始まります。ここから高木さんとはいろいろなことをしたのですが、最後の頃、すなわち昭和一九年七月、サイパン戦で敗北した頃になって、高木さんは盛んに私（袖を）を引っ張るのです。目黒の海軍大学校の裏の建物に行きましたら、『東条内閣を打倒しなければならぬ！　お前は水戸出身だから、（幕末に大老の井伊直弼を桜田門外で襲撃したように）誰か決死隊はいるだろう？！』と言うのです。私がギョッとして、『人殺しですか？……』と言うと、『そうだ。決死隊だ！』。『今、戦争がこんなに酷くなっているのに、人殺しなんていませんよ！』と私が言うと、『お前なんかには、もう頼まん！』といった問答をしました。高木さんは非常に気性の激しい人です。大人しい紳士で虫も殺さぬような顔をしていましたが、本当は激しい人でした。

　そしていよいよ終戦近くになった頃、高木さんは私に、『東郷茂徳《とうごうしげのり》外務大臣との仲を取り持ってくれないか』と言われるのです。それは陸軍とのルート、例えば宮中の松平康昌《やすまさ》（侯爵）秘書官長、木戸（幸一、侯爵）内大臣にはそれぞれルートはありますが、外務省にはルートがないのです。このように頼まれたため、高木さんを総理官邸前にある外相官邸でこっそり会わせましたところ、東郷さんは、『いい奴を世話してくれた』と言われて大層喜ばれました。こうしてお二人は大変仲良くなりました。

　大事なことは、終戦に際しては、外相の東郷さんをしっかり立てる（尊重）ことにあります。私はそのうち東郷さんから、『お前は急遽外務省の一等書記官か嘱託になって、終戦工作について俺を助けてくれないか?!』と言われました。『何をやるのか？』と問うと、『海軍とのルートをしっかりつけてくれ』と言うのです。私は一等書記官になる件はお断りして、無給嘱託で、終戦までホッかぶり（秘密裡での工作）が始まった訳であります」

森氏の話は、いかにも元新聞記者らしく明快で歯切れがよかった。興に乗って来ると、水戸弁訛りのベランメエ調になった。

「昭和二〇年六月二二日の御前会議において天皇陛下御自ら終戦のお言葉があり、そしてソビエトへ人を出そうというあたりの（高木さんの）奮闘は凄いものでした。同時に私を使って、陸軍の幹部はボケッとしているから、中堅クラス（大佐級）、士官学校で言えば三五期前後（ちなみに辻政信は三六期）、荒《あら》尾《お》興功《おきかつ》軍事課長、佐藤裕雄《ひろお》戦備課長（三五期）の前後の連中と組んで、陸軍を穏やかに終戦の空気を盛り上げようということで、こっそり何回か両者を会わせました。ある時には、銀座の『蘭亭』を始めとして、その他いろいろの所でも会わせました。『高木さん、どうも米内さんとうち（阿南）の大臣は仲が悪く、うまくいっていない。あなたは陸軍の中堅と手を組んでくれと言っているが、大臣同士、もう少し仲良く行かないもんですか……』というのが、佐藤戦備課長の高木さんに対する注文でありました。

そしていよいよ近衛さんの対ソ派遣問題となりますが、この時米内海相は東郷外相に対して、『（ソ連へ）行ってくれ！』と言いました。この事を私も聞いて、東郷さんに『（ソ連へ）行きませんか？』と言うと、高木さんは、『東郷が行く時は俺も行く。だからお前も行け！』と言うのです。『私は何をやるのですか？』と言うと、『東郷は恐らく全権として終戦工作を行うだろうが、和平を頼む時には必ず日本本国の方に向いて、躊躇するだろう。『これでいいのかな？』と訓令でも仰ぎたくなった時に、お前が短刀を持って、『コラッ、和平をするんだ！　これがお前の役目だ』と言えというのです。

このように私は高木さんから、相当酷く使われた訳です。高木さんという人は、そのお顔に似合わず、実に恐ろしい人なんです。しかし今日日本が平和な国になったのは、高木さんの人格と広い人脈と、終戦工作をやったお陰なんです。これは高く評価しなければならないと思います。

開戦直前に私が高木さんに訊ねた時に、高木さんは、『（関東）大震災は一二時でなくて、一一時五八分だったね？』と謎かけの様な事を言われるのです。この禅問答みたいなことを聞いたため、私としては、その真意（開戦日）を探るべく、どのくらい苦労したことかわかりませんよ（笑）。『その心』を高木さんに直接聞こうと思っていたのですが、『まだ具合が悪いから』とか、『また今度にしろ』などと言われて、ついにその真意を直接聞き出すことは出来ませんでした。出来ないままに高木さんはあの世に行ってしまわれました。この『一一時五八分だったね……』という言葉は、今なお私の耳に残っています」

参議院議員を引退後、森氏は都庁前にあるＫＤＤＩ（国際電信電話会社）本社で相談役をされていた。時折お邪魔した私に対して、終戦工作に関する話を詳細に話してくれたものである。

「〝京都学派〟は高木人脈」―鈴木成高氏

森氏に続いてスピーチされたのは、当時東海大学理事をしておられた元京都大学教授で西洋史の泰斗の鈴木成高《しげたか》先生であった。戦時中鈴木教授は、「京都学派」の一人として、高山岩男《こうやまいわお》教授と共に高木と極めて親密に交わった。

「私が高木先生に始めてお目にかかりましてから、もう三八年になります。この東慶寺の由緒来歴を知りたいと思っておりましたところ、ただ今老師から東慶寺のパンフレットを頂き拝見しました。私共にとりましてはこの東慶寺は、恩師西田幾多郎《きたろう》先生の御墓所であるのみならず、西田先生と少年時代からの親友で、生涯の親友であった鈴木大拙先生が、この境内の松ケ丘文庫で晩年を過ごされました。私も何度かお目にかかりましたが、大拙先生はここで生涯を閉じられました。私が終戦直後、初めて西田先生の墓参りに訪れました時には、ここは西田先生、岩波茂雄さんの御墓所、まだ亡くなられていなかった和辻哲郎《わつじてつろう》先生や安倍能成《あべよししげ》先生の御墓所があるだけの藪の中の谷間でした。また二、三年前には西田先生の三三回忌で旧友と相つどいてお墓参りをしましたが、この時東慶寺は非常に賑やかになっていまして、西田先生の御墓所を探さねばならないようになっていました。

世間から『京都学派』と言われている者にとりましては、ここは日本のエルサレムだと思っています。これは『高木人脈』ということにもなります。昭和一六年頃、高木先生が調査課長の時代、調査課のブレーン・スタッフとして高木さんが考案され結成された外郭団体というものは沢山ございましたが、ここにいらっしゃる先生方は、全員高木さんの作った『海軍調査課』のブレーンの中心的メンバーであります。

昭和一七年の夏、高木先生は舞鶴鎮守府参謀長で、私ども京都に居りました高山岩男君、宗教哲学の西谷啓治《にしたにけいじ》先輩と私の三人で舞鶴へ行き、沢山ご馳走をして貰い、一晩泊めて貰ったことがあります。その時高木さんは、『開戦前に西田先生に酷く叱られたことがある』と言われました。西田先生は、『アメリカと事を起こしてはいけない！』と強く言われたそうです。その時高木さんは、『西田先生がとても怖かった』とも言われました。高木さんが西田先生を『怖かった』と言われたのは、この時限りですが……。西田先生が、『アメリカと事を構えてはいかん！』と言われたその真意とは、『（日本の）文化が低いからだ』と言うことだったそうです。当時高木さんには、西田先生の真意が簡単過ぎてよくわからなかったそうですが、今頃になってそれがわかるようになったとのことでした。実は西田先生は深く考えられて、そのように言われたのだと、高木さんは言うのです。この時の会話の内容は、今なお私の頭に残っています。その頃は戦機日々に落込んで、どんな手を打っても効果が上がらない。焦燥の時代に、高木先生は西田先生のそういう言葉と対面しておられたのではないかと思います。西田先生は終戦の二ヵ月前に亡くなられまして、日本の最期というものを見届けられなかった。もちろんその頃高木先生が終戦に導くためにどのような活動をしておられたということも、ご存じではありませんでした。お亡くなりになられまして、高木さんは西田先生のお墓の一段上の隣に収まられました。西田先生と高木さんの間には、いろいろと積る話も沢山おありだろうと思います。先ほども対話という事を申し上げましたが、そういう対話が今日から始まるであろうと感じた次第であります」

「死の休息」―石田百合子さん

次にスピーチされたのは石田百合子さんである。第九代海上幕僚長、石田捨雄《すてお》氏の令夫人であり、彼女のお父上は、高木と海兵同期（四三期）で無二の親友であった有馬正文《まさふみ》中将（戦後中将となる）である。

有馬正文少将は、「捷一号作戦」を前にして第二六航空戦隊司令官として、昭和一九年一〇月一五日、「日本海軍航空隊の攻撃精神がいかに強烈であっても、もはや通常の手段で勝利を収めるのは不可能である。特攻を採用するのは、パイロットたちの士気が高い今である！」と言って、自ら一式陸攻に搭乗して出撃し、壮烈な戦死を遂げられた。

有馬は日頃から、「司令官以下全員が体当たりで行かなければ、今の戦局を切り拓くことは出来ない。……戦争ではまず老人から死ぬべきだ！」と切言していたが、この事を身をもって「率先垂範」の手本を示そうとされた。

生前有馬は、愛娘の百合子の華燭の典に際して、その媒酌人を特に高木に頼んでいた。こうしたことから、有馬の戦死後、高木は何かにつけて石田夫妻のよき相談相手になっていた。

「大変僭越でございますが、おじ様のご最期に一寸触れさせて頂きたいと思います。おじ様の亡くなられました日の朝であったでしょうか。成《あきら》（高木の一人息子。早稲田大学文学研究科で鈴木成高教授の指導を受け、その後東海大学文学部教授。西洋史専攻。ところが成氏は高木の死から三年後の昭和五七年一二月、大腸癌のため独身のまま、五一歳で他界）様から東海大学病院の方に入院するという電話を頂き、何かお手伝いでも出来るかしらと思いまして、早速ご自宅へ車で伺ったわけでございます。まさかそれがおじ様とのご最期のお別れになるとは思ってもいないことでございました。ベッドの中のおじ様の呼吸がとてもお苦しそうだということを、まず感じたのでございます。……成様がかかりつけのお医者様にお電話をされましたら、すぐにお医者様が来られまして、『この状態では入院はとても無理だから、このままそっとしておいてやられた方がいいでしょう』ということでした。このためご自宅で注射をうったり、人工呼吸をされました。（中略）本当におじ様は、八五年のご生涯を、沢山の人にお慕われになりながら大きな足跡をお残しになって、最後の最後まで文章をもって海軍の生き証人のような厳しい目を見開いておられました。そのおじ様の、その目を静かにお閉じになったそのお姿は、まさに『死の休息』と言うように感じた次第です。……いつも私には、雰囲気がやさしい父とおじ様が重なっておりました。おじ様は、父の面影を感じさせて下さるただ一人の男性でもございました」

溢れる涙をハンカチで懸命に抑えながら語る石田百合子さんの姿に、参会者一同、深い感慨に包まれた。整然と話される百合子夫人のスピーチを聞きながら、私は戦前の海軍軍人の家庭はこんなにも端正なものだったかと思っていた。

「高木さんの存在は日本海軍の神経中枢だった」―扇一登氏

次に指名されたのが、海軍省調査課の先任課員だった扇一登《おおぎかずと》元海軍大佐である。

扇氏は、昭和一八年一〇月、「伊29潜水艦」による渡独を命ぜられて、八七日間にもわたる苦難を乗り越え、翌年三月一〇日南仏のロリアンに到着したという壮絶な経験をお持ちである。吉村昭著の『深海の使者』のモデルにもなった。

扇氏は平成一六（二〇〇四）年、満一〇二歳で他界されるまで長寿を保たれたが、私は杉並区浜田山にあるご自宅に一〇回ほど御邪魔をさせて頂いて取材したが、最晩年に至るまで、大佐の記憶は全く衰えることはなかった。

「高木さんの死は、誠に『巨星落つ』にふさわしいと実感しております。おそらくここにおられる皆様の想いも同じではないかと思いますが……。まだ高木先生が居られるということに、これまで私どもは非常に力強さを覚えていたのです。精神的支柱であった訳です。

それなのに先頃忽然とお亡くなりになりましたので、私などはいまだに空虚状態にあります。

高木さんの活動は、海軍省調査課を中心にして多面多岐にわたり、独創的な良識と英知を発揮されました。私は調査課員として約一年七ヵ月ばかりになると思いますが、身近にお仕えして、非常な感銘と感化を受けました。ここでは、その一端をご披露申し上げたいと思います。

大体海軍と言いますと、『世論に惑わず、政治に関わらず』と言うのが東郷元帥以来の一つの伝統でありまして、我々もそのように教育を受けておりますし、政治との関係というようなことは考えもしないし、勉強もしない。またそういう事を口にすることすら、普通の海軍軍人だったらしないで来たのであります。日露戦争以来、海軍の所帯は大きくなってしまい、その意味でも象牙の塔に籠って来た訳でありますが、時局が錯綜して来まして、支那事変以来いろいろと陸海軍の間がもつれ合い、世論はどんどん右の方に向かって行くようになりました。何時までも海軍一人が政治に関わらずということで政治を軽視していたのでは駄目だということを最も痛切に感ぜられたのが、高木先生でありました。

私が調査課に行きました時は、例の近衛新体制問題ですったもんだしている時でした。海軍がもっとこういう方面に突っ込んでいかなければならないという空気は、既に皆にあった訳ですが、しかし伝統的な海軍の考え方からして、活動費用などは官房から出してくれませんでした。次官、大臣なども、その必要性はご自身では痛切に感じていたにもかかわらず、そういう手段は講じられませんでした。

その頃高木先生は調査課長になられまして、『真っ先にやるべきことは、これだ！』と言われました。つまり、国民との繋がりや、非常に強い批判なり、あるいは方策について、自分自身の考えを持ちながらも、それを口に出さないという階層の方々に対して、海軍は裸でぶつかって、それらの人々と連携しながら、強硬な陸軍に対抗する方策を探っていかなければならないということでありました。」

扇大佐の風貌は一見「街の御隠居」というところだが、なかなかどうして頭脳は非常に明晰で、高齢になられてからも「調査課」の活動を克明に覚えておられた。話は、次第に「調査課」の具体的な活動内容に移っていった。

「ブレーンたちによって、研究グループというものが編成されました。まず思想ということで、思想と文化は同じものの両面でありますので、思想懇話会とか、外交懇話会、政治懇話会、経済懇話会、その他マスコミ関係の総合雑誌の編集長との連携を図るというので、太平洋研究会という具合に、いろいろとブレーン・トラストの組織が作られたのでありま す。それから夜を日に継いで、それらの会合や研究会が行われたのです。その成果というものは、表に出たものとしては、南方問題などがあります。政策立案上、海軍の頭脳の中心になりました。その中心となる具体的な政策を与えて下さるのは、そういう学者たちです。要路の人達、別けても宮中上層の人達、あるいは岡田（啓介）大将のような重臣から、余すところなく知識を吸収していったのです。私は今でも不思議に思うのですが、高木先生は、あの（肺結核）病気を召された身体で、あれだけのエネルギーを出された。そんな会合を毎晩一〇時頃までやって、その後に一時間以上かけて茅ケ崎（の自宅）に帰られるという事がどんなに大変であったろうかと、今になって思うのです。

高木先生はこうした活動に対して、非常に情熱を注がれました。決して自分から、『こういう問題を研究して下さい！』と押し付けがましいことは申さずにです。サーベルで兵隊がやるように、自分の考えで引っ張り回すようなことは、絶対にやられませんでした。皆さんのご意見をジーッと謙虚に承って、それに呼応してそれを吸い上げて、いろいろなことを考えていかれるというやり方でありました。

考えてみますと、それが先ほども出ました人脈というものが、次第に広がっていった所以だと思っています。高木さんは人脈を広がるように導いていかれました。こうしたことは、作為的には出来ないものです。大体においては、兵隊のサーベルと、『兵隊の言う事なんか』というのが、世間一般の考え方、感じ方であったのです。そうした所へ、高木流の海軍の『珍しい良識』というものが加わったのです。

調査課長時代の先生は、調査課の課内で働くというよりは、外部との関係ですから、電話でも何でも、皆、内大臣の木戸幸一さんとか、元老西園寺公の秘書の原田熊雄さんであるとか、部外の人達とやられるのです。それも小さな声でですね。それをやると衝立の陰でジーッと考えておられました。そのようなことを、軍務局長とか、次官、大臣に、高木さんは『政界諸情報』と題して報告されました。こんなふうにして、人脈と情報、その情報も普通世間の情報とは違って本当の真髄を突いた情報が、大臣、次官に上がっていったのです。こうした『特情』は、高木さん以外には入ってこない。このため『高木情報』は、上司から大変重要視されることになりました。このように高木さんの存在というのは、まさに日本海軍の神経中枢であったわけです。

高木さんの調査課は、まさに海軍の中枢と密着した部署でした。海軍そのものという言い方も出来ます。海軍の良心とか、海軍の良識といえば言えるでしょう。そのようなものに密着して、外部のそういったものをズーッと吸い上げるということに非常に努力されたと、私は思っています。それが基礎になって、終戦工作というものに繋がっていったのです。『終戦工作』は、高木先生の人格そのものでありました。外から信用されなければ、あの時期にいくら何をしようと思っても、出来るものではありませんからね。高木先生は、接触をした万人から深い信頼を受けておられたことを、私は身を以て痛感しておりました」

「戦前、戦後、外務省の仕事に協力してくれた人」―宮崎勇氏

扇氏に続いてスピーチされたのは、戦後外務事務官時代、高木が外務省の仕事に協力した時、湯川盛夫《ゆかわもりお》（戦後駐英大使、宮内庁式部官長）氏と東郷文彦《とうごうふみひこ》（外務次官、駐米大使）氏の両大使との間に立って、終始高木の世話をした宮崎勇《いさむ》氏（海兵五八期、元海軍中佐。戦後は外務省事務官）であった。

「高木先生と外務省との関係と言えば、結局前式部官長であった湯川盛夫さんと、今駐米大使としてワシントンに赴任されている東郷文彦大使の二人になりますが、一昨日中山定《さだ》義《よし》（元海軍中佐、戦後海上幕僚長）さんから電話を頂き、ご要望がありましたので、早速湯川さんのお宅に電話しましたところ、ちょうど九月一日に退院された直後で、『本当はお伺いしたのだが、まだ身体の調子が悪いから、どうぞ宜しく言ってくれ』との伝言がありました。間違いのないところを私が伝えたいと思いまして、当時の状況をお聞きしましたので、ここでご報告いたします。

外務省と高木先生との関係は、昭和一五年に、湯川さんが企画院の書記官になりました。

そこで只今扇先生が言われましたように、その頃既に政治懇談会が出来ておりまして、湯川さん自身は、東大の矢部貞治《やべていじ》先生と朝日新聞の佐々弘雄《さっさひろお》氏の二人の推薦で政治懇談会のメンバーに入れて貰ったそうです。したがいまして高木先生と湯川さんは、昭和一五年から関係が出来た訳です。

湯川さんはその後、昭和一七年五月から高木先生に引っ張られて、南方政治部の指揮下にあったマカッサルの民政府の企画課長として赴任されます。その時高木先生は、『私は民政府の総務部長として行くことになっているから、君はその下で企画課長をやってくれ』ということで行ったけれども、高木先生ご自身は結核の後遺症のため、マカッサルには行かれませんでした。そして湯川さんは約一年七ヵ月間戦地で過ごして、爆撃などを受けられて、また戻って条約局第二課長をされました。その不在中は、代わりに杉原荒太氏(後の防衛庁長官、私と同郷の先輩です)がメンバーに入っておられます。

湯川さんは、終戦の時人事課長で、フィリッピンに飛んで行って、終戦処理をされました。その後、吉田総理の譏誹《きひ》に触れたのです。

吉田総理が、『牛場《うしば》(信彦)その他、枢軸派だった奴をクビにしろ!』と言われた時、湯川さんは『みんな一緒に国のために働いたのですから、クビには出来ません!』と言いました。すると吉田総理は、『それならお前がクビだ!』と言う訳で、人事局長から調査局に放り出されました。それほどに湯川さんは気骨のある人でした。

その湯川さんが再び高木先生と関係が出来ますのは、昭和二六年六月に国際経済局長になられて、二六年九月七日に軍人の追放解除令が出てからです。それまで元軍人のわれわれは公職には就けなかったのです。

高木惣吉夫妻（茅ヶ崎の自宅前で　昭和30年代後半）
〈写真提供／高木惣吉記念館〉

昭和二六年一二月、今の東郷（文彦）大使が、湯川さんの部下として経済第二課長にやって来ました。当時はわれわれのような元気な者でさえ生活にあくせくしていた時代でしたが、況や高木先生は既に六〇歳でした。仄聞すると、なかなか生活が苦しいようだというので、東郷文彦さんの所に相談に行ったのです。当時マッカーサー司令部は、予算をやかましく言い、ガラス張り予算で、ヤミを一切許さなかったのですが、やっと調査員という名目で予算が取れまして、高木先生を招聘されたのです。二七年度の新年度ですから、二七年四月から湯川さんが経済局長で、その下に高木先生をお呼びになって、いろいろと御協力されました。

以来通算しますと、都合一八年に亙って外務省のために、高木先生は大いに協力されておられます。その年の暮れにパリの参事官に出た後は、私は相談を受けたのですが、伊関経済局長から、『君の所は軍事問題をやるから、（高木先生を）そちらでお世話してくれ』というので、昭和二七年の暮から高木先生は、私のいました国際協力局にお出でいただくことになりました。毎週水曜日にデスクを用意しておきまして、お出でいただいたのです。やがて前の安保（改定）の時ですが、東郷さんが安全保障課長として来たのが、昭和三二年から三五年の秋までですから、その前後ですね。

私は今も覚えていますが、ある日高木さんがお見えになり、東郷さんがすぐに『どうぞ……』と言うと、先生は、『あのね、無駄口を聞くことが一番大事ですよ。外務省という所は、自分の意見を決めてしまってから、それからご意見をどうですかと言うけれども、そんなことでは誰も話はしませんよ。何も固まらぬうちに、聞かなければ駄目ですよ』と一言おっしゃいました。

東郷さんは、『わかりました』と答えられました。それから見ておりますと、東郷さんは外務省の中心人物ですから非常に忙しいのですけれども、先生の姿が見えたらすぐに仕事を止め、すぐに『どうぞ』と極めて真剣な対応でした。それから全て極秘書類などもお見せして、アメリカとの関係等について、高木先生の教えを請われたのです。私は今もその姿が忘れられません」

「京都学派は高木さんの戦略と戦術の網にかかった」―高山岩男氏

次に指名されたのは高山岩男氏であった。高山氏は西田幾多郎先生の高弟で、戦時中は東大の矢部貞治教授とともに海軍省顧問をされていた。

「私はいかなる因縁か存じませんが、戦争が始まる前頃から、海軍と密接な関係が出来ました。結局、先の大戦は日本史上類を見ない悲惨な大戦争になりましたけれども、私は日本海軍が実に一流の人物を揃えていたということを、疑わないものであります。陸軍に人がいなかったということでは決してありませんが、しかしながら海国日本のことです。結局日本海軍は、日露戦争の時のように快勝は得られず、完敗に終わりましたけれども、よく戦ったことを疑うものではありません。（中略）私が高木さんと知り合いになりましたのは、戦争が始まる直前の昭和一六年頃でした。『水交社』（海軍士官専用の施設で、今日の『水交会』の前身）で食事を一緒にしながら、初めてお会いする機会を得たのであります。その前に高木さんは、鎌倉に西田先生を訪ねて諒解を求め、いろいろと相談していたようであります。

その際西田先生は、『そう言う事なら高山君がよかろうが、田辺元教授にもそのところは諒解を得て置くように……』と言うことで、その結果初めてお会いすることになりました。その時の詳しい話は忘れましたが、今でも私の印象に残っておりますのは、『ひょっと悪くすると、太平洋で日米の間が破局に進むようになるかもしれない。もしそんなことになれば、容易ならざる事だが、万が一に備えて、京都にいる西田先生門下の人々の協力を仰ぎたいと思うのだが……』と言う趣旨の事を高木さんは話されました。

実はこれは後でわかった事ですが、東京では調査課を中心にして、既に会合を持たれておりました。ですから何も京都の私らを、わざわざ引っ張り出す必要もないように思うのですが、その辺の深い理由はわかりませんものの、私が想像いたしますところでは、実はここにいる鈴木成高君を初めとして、私や高坂正顕《こうさかまさあき》さんや西谷啓治先生などという、西田先生の息のかかった哲学者たちが、『世界史』という立場から歴史の見方を非常に重視していたという事があったと思います。鈴木君などはその先駆と言っていいのですが、高木さん初め海軍の方々が、私たちのこの見方や考え方に同調する所があったのではないかと推察致しました。

クラウゼウィッツの名前は先ほども出ましたが、ナポレオン戦争以後の一九世紀の国民戦争の兵理学は、クラウゼヴィッツの『戦争論』がバイブルだろうと思います。ところが一九世紀の間に、国民と国民の間のインターナショナルな相互依存関係が実に緊密になりました。そして国民単位の戦争から世界単位のものに成長しました。したがって三国同盟とか三国協商というふうな考え方だけでは律せられぬ、より大きな世界史的視野が必要になったのです。もし戦争が大国間で起これば、どうしたってこれが世界戦争になるというところまで緊密な関係が歴史の中で成熟していたと申していい訳です。このことを実証したのが、二〇世紀に入っての第一次世界大戦でありました。ヨーロッパの戦争に過ぎないのに、日本も日英同盟の誼《よしみ》で参戦するし、アメリカまでもが孤立主義を棄てて参戦し、ここにグローバルな世界戦争になってしまいました。そして大量生産という科学的機械技術の発達のため、勝敗は前線の戦闘ではつかなくなり、武器弾薬を生産する銃後の産業生産力で決するということになりました。戦争の本質と様相は、大変化を遂げた訳です。この第一次世界大戦で出現した新しい『兵理学』は、ルーデンドルフの『総力戦論』でありまして、クラウゼヴィッツの理論に代わるものでした。

一九世紀末から二〇世紀の初頭にかけてハーグ平和会議が行われ、後に国際法となる戦争関係の諸条約が締結されました。海上では中立国の船舶の利益を尊重するとか、陸上では戦傷病者や俘虜の人権を尊重するという、極めて人道的な国際条約が結ばれました。ところがそれから一〇年も経たないうちに起った第一次世界大戦によって中立国の船舶などは散々な目に遭い、陸上でも航空戦が出現する頃には、銃後に戦争災害が延び始めました。もはや戦闘員と非戦闘員、参戦国と被参戦国との区別がなくなる気配が生じ始めました。

このように二〇世紀の戦争は、一九世紀の戦争概念では割り切れなくなってしまいました。こうしたことはやはり歴史というものの為す業なのであって、人間の悪意によるとは言えず、科学的技術の進歩発達が生んだ結果なのです。文明の発達は、幸福を約束するという事にはならず、不幸をも生み出した訳です。

鈴木君を始め私たち京都哲学の者たちは、こういう歴史観から新しい世界史の理念を提唱したのでした。西欧の動きを見ていれば、ヴェルサイユ体制は崩壊し、そこから戦争になるだろう。そして米国も日本も巻き込まれて世界戦争になる可能性も考えられる。もし仮に第二次世界大戦が始まるとするならば、恐らく太平洋が戦場になって、世界史上今まで見たこともないような事が起きぬとは言えない。私たちは、そんな具体的なことを考えた訳ではありませんが、西田先生の『場所的論理』の哲学に基づきまして、『世界史』というものをどう考えるべきか、これに力を注いだ訳です。

私は京都大学での講義で、二三年世界史の問題を話しましたが、それが出版された時には既に真珠湾空襲が始まっていました。『世界史の理念』という巻頭論文は、昭和一五年に岩波の『思想』という雑誌に掲載されました。前記の私たち四人は、調査課の入れ知恵で中央公論社の座談会で『世界史の問題』を話し合いました」

さらに高山教授は、海軍調査課と京都学派の関係についても詳細に話された。

「昭和一六年夏、水交社で高木さんに会った後、話が進展しまして、京都大学の親密な諸君と相談してその了解も得て、さらに田辺教授の承諾を得、最後には教授会の承認を得まして、私が代表格のようなものになって会合を致すことになりました。京都で数多く会合や座談会をしましたが、東京の会合にも時々出向きました。調査課から頼まれる研究は、これが文書として差し出す場合は、いつも東大の矢部貞治さんと私が担当させられましたので、話し合って分担しながら執筆致しました。私と矢部さんとはこうした海軍の仲介で親しくなり、戦時中の命がけの海軍協力を通じて、非常に親密な間柄となりました。追放後私は東京に出たため、彼が死ぬまで親交を続けることになりました。

このような次第で、結果的に随分沢山の報告・論文を書くことに相成りましたが、どれほどお役にたったかは疑問です。しかし私は、海軍との関係を悔んではおりません。それどころか、政治と軍事を深く考える機会を得たことに感謝しております。私は高木さんと接触して、その豊かな知識から、また私たち学者たちを操る戦略戦術の巧みさから、この人は大学教授になっても一流の学者になるだろうと考えさせられたことがありました。学者としても大した人になると思っていました。ところで軍人というものはわれわれと違って、ストラテジー（戦略）とタクティクス（戦術）には長じたものだなと感じさせられたことがあります。結局私たち京都学派は、先ず高木さんのこのストラテジーとタクティクスの網の目にかかり、第一回目の網ですくい上げられ、その後逃げようもなくなって酷い目に遭ってしまいました（笑）。海上の戦闘における高木さんの戦略戦術は存じませんが、戦争は他の手段を以てする政治であり、軍事と政治を統合する高次元の戦略と戦術なくして、戦争を行えるものではありません。この点で終戦期に高木さんは、大きな働きを致した訳であります。総じて私の接触した海軍の方々の印象からして、日本海軍には秀でた人物が集まったものだということを正直感じていました。

満州事変後の陸軍の、人もなげな行動、思想的音痴とでも評する他ない行動右翼的言動に、非常な反感と不安を覚えましたので、海軍には何となく好感を持っておりました。陸軍に対する反感は、戦後陸軍の人々に接して、ある程度和らぐようにはなりましたけれどもです。

私は調査課に関係が生じました後に、及川大将にも関係が生じました。そして大将が亡くなるまで親しくしておりました。これは彼が大臣を辞めて、海軍大学校の校長をしていました時のことですが、調査課長の千田金二大佐（昭和一四年一一月～一五年一一月）が私の上京の折に訪ねて参りまして、こういう事を申すのです。『実は、今やかましく言う『八紘一宇』ということですが、これが我々海軍の者にはわからないのですが、一体どう解したらいいのものでしょうか?』などと言うのですね。実はこれが高木さんよりも一枚上手な千田さんの戦術なのでして、『謀略』なのですね（笑）。私は哲学などやっている浮世離れした人間ですから、すぐにこの『謀略』に引っかかりました（笑）。『いや、僕らも八紘一宇ということは、何のことかわからない。これをアジアや欧米の連中が聞けば、エンペリアイズム（帝国主義）と解するのは当然で、侵略戦争と告白するようなもので、途方もない話ですよ』と申した訳です。

すると千田さんは大喜びで、『いやいや、われわれも同じようなことを思っている次第なのですよ。校長の及川《おいかわ》（古志郎《こしろう》）大将もそう思っているのですが、それを口に出して言えないでいます。ですから先生、一つ海軍大学校に来て、『八紘一宇』について講話をしてくれませんか!』と言う訳です。『ああ、これはやられたなあ……』と気付きましたが、後の祭りで陥落しました。こうしてお陰で私もだんだん利口になりましたが。政治学から戦争学の学者になりました（笑）。こんな経緯で及川大将と初めて会ったのであります。それから千田少将とも及川大将とも親密な関係となって、死ぬまでこの親交は続きました。

戦争も余程進んでからになりますが、ある日及川大将が、『兵理学の研究をしてくれないか』と頼むのです。『日本が満州事変以来異様な道を進み、米英相手の大戦争に入り込むようになったのは、自分の考えるところでは、日本の陸海軍人の教育に間違いがあったからだと考えている。われわれは、戦闘術を勝つ事のみに教育目標を置いて、戦争というものを極めて政治的な紛争、政治と密接不可分の関係にある戦争というものを、これまで本当に深く考えて来なかった。こういう訓練を、兵学校時代にも大学校時代にもやっていなかった。これは陸軍も同じである。これまで戦争というものの本質について、戦争遂行や戦争指導の本質について、深い考えが養われずに来た。戦争はただ戦術的立場で、軍人が考えて決定するものだと思っていた。高度の政治判断からなされなくてはならないという大事なことを忘却していた。そこで深く戦力、力の本質から掘り下げて、戦争の本質、戦争と政治との関係などを研究する兵理学の樹立に、哲学の方から協力して貰えないだろうか』というのです。これはサイパンが陥るだいぶ前の話です。何とかして日本というものの、軍人教育を、その基礎から築き上げたいものである。『兵理学』と及川大将は申しておりましたが、別名では『戦争哲学』ともいうべきものでしょう。『兵理学というものを樹立しておかないと、日本は救われない。日本の本当の再建は出来ない』。及川さんは私にそう申されました。その後、矢部さんやその他と協力してその兵理学の研究を始めました。やがてサイパンが陥ち、空爆が始まるということで、自然消滅になってしまいました」

内田一臣、中村悌次、二人の元海幕長のスピーチ

この後、内田一臣《かずおみ》元海幕長と中村悌次《ていじ》元海幕長より、それぞれスピーチがあった。

内田氏は、戦後防衛庁編の『大本営海軍部・大東亜戦争開戦経緯』の執筆に際して、高木より指導を受けたが、その時の挿話について話された。

「私は何とかして天皇の統帥権に関する責任問題を研究しておかなければならぬと思って追及しておりました。その結論として『天皇には責任がないのではないか……』と思って高木先生にお訊ねしたところ、『それはその通りである。日本の憲法、その他の文章は、どこをみても天皇に責任があるふうには書かれていない。そういうふうに、時の政治家なり、皆が持って行ったのである』と言われましたので、私としても意を強くした次第でし

た」

次に話された中村悌次氏は、戦後高木から人生訓や軍事学について直接指導を受けたが、高木との関わりについて、次の挿話を披露された。

「大変個人的な事で、このような席で申し上げる事ではないと思いますが、高木先生の思い出を二つばかり申し上げます。私は内田さんよりさらに後輩でございますので、戦前の海軍時代の高木さんについては全く知らないのです。初めてお目にかかりましたのは、終戦直後、私は呉の復員局におりました時、海軍省軍務局の吉田英三（軍務局第三課長、大佐、戦後、初代自衛艦隊司令、横須賀地方総監、海将）のお世話で、当時海軍に食い入っておりました東京にある『島田』という会社に勤めました。高木さんがたまたまその会社にお見えになりまして、社長がおそらく私のことを話したのでございましょう。高木先生が私に、『今度の日曜日に、私の家に遊びに来るように……』と言われました。確か昭和二二年の寒い頃でございました。

そこで茅ケ崎の先生のお宅を訪ねて参りましたところ、その時、今でも忘れませんが、先生は、『君たちは今まではいかに死ぬべきかを考え続けてきたはずだ。これからは、如何に生きるべきかを真剣に考えてご覧なさい』という事を言われましたことが、今でも忘れえぬ想い出でございます。結局、如何に死すべきかも、如何に生きるべきかも同じであることということがわかったのは、随分経ってからのことでございます』。……高木先生が、『思想というものの影響は、何をするという事よりも、遥かに大きな影響がある』という事を、本当に真剣な眼差しでお教えになられました。それがまた、戦後の一つの御自分の生きる道をおっしゃられたのだなと、つくづく感じた次第です」

　私が数年間通っていた市谷台の戦史史料庫で、中村元海幕長は、常に内田氏と机を並べられて、補佐されていた。海軍軍人らしく、そのお顔は潮焼けで真っ黒であったし、寡黙で帝国海軍軍人の鑑のような方であった。

　戦後の海上自衛隊の精神と伝統は、後掲の中山定義、内田、中村といった海幕長をはじめとする高木が育てた「調査課」のメンバーたちによって創られ、それが海上自衛隊の精神となって、今日に至るまで継承されていると私は思っている。

「何事にも必死な高木さんは偉大な師」―新名丈夫氏

　次に指名されたのは、『黒潮会』所属で毎日新聞の元記者の新名丈夫《しんみょうたけお》氏であった。

　新名氏は、昭和一九年二月、毎日新聞の紙上で、東条首相の戦争指導を「竹槍では間に合わぬ！」と痛烈に批判したため、東条首相の逆鱗に触れて、陸軍二等兵として懲罰召集され、二度と生還出来ないような南方第一線に飛ばされようとしたが、海軍調査課の手によって寸前で食い止められ、九死に一生を得た。その新名氏は、次のような話をされた。

　「先ほど石田夫人のお話をお伺いし感無量でございました。有馬中将のお嬢様と承りましたが、私はフィリピンで有馬中将が出撃される日、偶然にも海軍報道班員としてお目にかかりました。有馬中将は率先して体当たり攻撃されたのです。当時の有馬少将（戦死後中将に昇進）の言われたことは、今でも忘れません。『尋常一様のことでは、この戦争には勝てない！』と繰り返し言われました。そして内地を出られる時に、同期の高木少将を教育局に訪ねて、次のように遺言されたそうです。

　『この戦争で、上に立つ者は死ななければならないのだ。開戦以来、重大な作戦に、いつも指揮官は及び腰であった』と。そして具体例を挙げられて指摘されたそうです。
この事例はすぐにもわかりますが、まずパールハーバーで、南雲忠一《なぐもちゅういち》中将は一撃のみですぐに帰って来てしまった。第一次ソロモン海戦では、三川軍一《みかわぐんいち》中将が、敵戦艦だけを叩いて輸送船そのものを叩かなかった。その他にもいろいろあります。そういう事を言われました。

有馬少将の出撃は、『神風特別攻撃隊』の先駆けとなりましたが、今も毎年特攻の集まりがあります。私はいまだに呼ばれるのでありますが、若者たちは、皆生死を超越して出て行ったのです。有馬少将の遺言、すなわち志というものについては、高木メモにしか書かれておりません。……晩年のことですが、昭和五〇年一二月井上成美大将がお亡くなりになられて、そのお葬式の時、高木さんは寒風に晒されて、これが元で肺炎になられ、藤沢市民病院に入院されました。その時に中山（定義、元海軍中佐、海軍省調査課員）さんらが並々ならぬ心配をされ、ご看病になりました。……高木さんの書かれるものを拝見して、つくづく『偉い人だなあ』と感心致しますのは、全く階級を超越して客観的に批判されているという点です。岡田（啓介）海軍大将に対してもサシ（対等）で激論されていますし、しかももの凄い激論を交わされておられます。このように高木さんは、生きておられる当時から、何事にも必死であったのです。

終戦工作については、階級を超越されておられましたし、書かれるているものは、全て史実に基づいています。……歴史家という者は、命懸けで真実を書かなければなりませんが、この点高木さんの書かれたものを見ますと、本当に凄いものがあります。『比島沖の敗戦の将（栗田健男中将）、海軍兵学校の校長とはこれ如何に?!』とか、あるいは大西滝治郎中将を評して、「軍需省で、遠藤三郎陸軍中将の大ほら吹きに騙されて」と遠慮会釈なく書かれております。胸を患われ、血を吐きながらも、真実の歴史を書かれたのです。もの凄いことだと思います。私はそういう意味で、偉大な師と思っている次第でございます」

¶　¶

スピーチの他にも、「高木惣吉氏の思い出」と題する、山梨勝之進海軍大将の御子息の山梨進一氏（元埼玉大学教授）からの書簡もあった。終戦の頃、山梨進一氏は海軍大学校で、高木から親しく接して貰ったそうである。

「私は昭和一八年から終戦まで、目黒の海軍大学校で数学の文官教授をしていた。高木惣吉氏は、たぶん昭和一八年一一月頃海軍大学校教頭として赴任された。それまで暫く閉校していた海軍大学校は、一八年に再開され、本科生、機関科学生、選科学生が入校した。その後戦局の都合により、一九年三月最後の卒業生を送って閉校になった。

高木教頭は、父（山梨勝之進）の関係から、よく私の面倒を見て頂き、食堂や廊下でお会いした時は必ず声をかけて、『学問だけは必ず勉強して居るように』とよく言われた事を思い出す。悠然として落ち着き払って静かに廊下を歩いておられた態度は、軍人と言うよりはどこか大学教授のような風格があった。

昭和一九年三月閉校になって、文官教官は兼務として主として他の部署で勤務することになり、私は数学に関係ある仕事として、軍令部の特務班（敵情報の解読）を希望した。その時高木教頭は重ねて、『戦争の事も大切だが、くれぐれも数学の勉強を中断しないように』と言われた。

一九年特務班は海軍大学校に疎開移転して来たので、私もまた元の教官室で勤務した。その時海軍大学校の嘱託をしておられた寺本（武治《たけじ》海軍少将、元海大教授）とは同室であった。高木惣吉氏が終戦工作をしておられることを初めて伺ったのは、この寺本少将からであった。

たぶん昭和二〇年七月頃、寺本少将は、『高木のやっていることは、今日本で一番大事な仕事である。それが成功することを祈るのみ！』と言われた。

以上が高木惣吉氏に関する私の思い出の全てである。今日の日本の繁栄を思うにつけ、同氏のご冥福を祈ること切なるものがある」

出席者のスピーチの最後に、戦中の高木の活動と心境を最もよく知っていると思われる、一原道常、森元治郎、大井篤《あつし》と鈴木一《はじめ》（終戦時鈴木首相の秘書官）の四氏のよる、「東条英機首相暗殺計画」の真相についての議論があった。

一原　森さんね、一寸聞きたいのですが、高木さんが東条総理を殺すということについて、僕はハッタリではないかと思うのですがね。

森　どういう風に殺るかという事について、戦後、自動車をぶつけるというようなことを、高木さんの本で見たが……。その時は、「嶋田をどうしても殺らなければならぬ。（誰か）人はいないか?!」と言われたが、私は「そんな人はいないよ」と答えた。

大井　アメリカの歴史をやっていたモリソン（『太平洋戦争海戦史』の著者）の助手にギノーというのがね、私に「高木さんは東条さんの暗殺をやろうとされたそうですが、それは本当ですか?」と言うのですよ。それで私は高木さんに電話したのです。「それは本当だよ。それは僕の『私観太平洋戦争』に書いてある」というのが高木さんの返事でしたので、私はそのままギノーに伝えました。

森　余談を申し上げますがね。高木さんの下には、高木さんと違って、物事を深く考えない神《かみ》（重徳《しげのり》、教育局第一課長、一九年七月連合艦隊参謀、二〇年六月第一〇航空艦隊参謀長、二〇年九月殉職）という者がいて、相当ネジを巻かれたというような気がするのですよ。

大井　その時、神大佐はね。サイパンが陥ちたので、「俺を長門の艦長に出せ！　艦長になってあそこに乗り込み、艦を乗り上げて艦砲射撃をやる」というんですよ。私は当時海上護衛総司令部にいましたが、「そんな馬鹿なことがあるものか。途中でみんなやられてしまいますよ！」と言ったのですがね。そんな雰囲気のあった当時の海軍省内は大変荒れていましたよ。

法要の最後を締められたのは中山定義氏であった。昭和一八年一一月、第二次交換船で帰国し、海軍省調査課、軍務局第二課の業務を扇中佐から引き継いで終戦を迎え、戦後は海上自衛隊幹部学校校長、その後海幕長を経て退官されるまで、戦史や戦争指導などで高木から親しく指導を受けた。

私は内田元海幕長に連れられて、原宿にあったギリシャの船会社、日本ジョン・エス・ラチスの会長室で中山氏に数回お目にかかったが、実に海軍軍人らしく実直な方であった。中山元海幕長は私に対して、終戦の際の玉音放送の文章を米内大将が謹書された掛け軸を見せてくれたものである。

戦後中山氏は、尊敬する先輩の野村吉三郎《きちさぶろう》海軍大将の勧めもあって海上自衛隊に入隊したが、

海上自衛隊幹部学校での特別講義を前に、中山定義校長、寺本武治講師と（昭和31年）

海上自衛隊幹部学校長在任中、外部から旧海軍高級士官を特別講師として招聘することにしたところ、特別講師に自薦する者の中には、太平洋戦争中の自らの業績を極端に美化し、歴史を歪曲、糊塗する者が少なからずいた。

中山氏の見るところ、「こうした中にあっても、山梨勝之進、長谷川清、寺島健、新見《にいみ》政一《せいいち》、高木惣吉の五氏の講話は絶対に間違いが無かった」そうである。また、井上成美にも特別講師を依頼したが断られたため、後に学校幹部が横須賀市郊外の井上宅に赴いて、聴取した内容を学生に講話する形態を用いたという。

平成七年一月、中山氏は八九歳で他界されたが、夫人も同日午後他界されたため、葬儀はキリスト教によって夫妻合同で行われた。戦後の海上自衛隊のスピリットを創られたお一人、それが中山氏である。

「扇さんからバトンタッチされた時には、課長は既に高木大佐から矢牧《やまき》（章《あきら》、一七年六月）大佐に代わっていたので、戦争中高木さんとは直接関係はなかった。しかし高木少将の終戦工作については、そのスタッフや会合場所（築地にあった『増田』）が調査課に関係があって、高木さんも私のボスも井上次官だったので推知していたが、お互いに知らぬ顔であった。戦後海上自衛隊幹部学校創立時、私は校長として山梨大将、高木少将の両先輩を、新生海上自衛隊の精神的バックボーンと思い定め、特別のご指導をお願いし、両先輩もまた無報酬でご指導して下さった。その内容については、先ほどから宮崎（勇、元外務事務間官、元海軍中佐）、内田、中村さん等からお話の通りであります。本日は皆様から、極めて機微に亙っていろいろと珍しいお話を御披露頂きまして、本当に意義の深いものでありました。進行係と致しまして、深く感謝する次第です」

第一部
高木惣吉の原点と海軍人生

1　貧窮の家庭に生まれる

熊本県人吉の街

日本で最も風情のある街を一つ上げよと言われたならば、私は迷うことなく熊本県人吉市を挙げる。海辺には面していないものの、街の真ん中を日本三大急流の一つの球磨川が貫き、その川沿いには鄙びた温泉宿が一〇軒ほど連なっている。ＪＲ人吉駅から三〇〇メートルほどの所に架っている人吉橋を渡ると、左手すぐのところに歴史を感じさせてくれる人吉城跡が姿を現わす。最近は人吉橋から左手の川の流れの穏やかな所で、地元の青少年が盛んにカヌーやボートの練習をしている光景を眼にすることが出来る。

毎年一〇月にもなると、球磨川では名物のおち鮎漁が最盛期を迎え、旅人は全長三〇センチほどもある「尺鮎」に舌鼓を打つ。

人吉市は熊本県の最南部にあり、九州山地に囲まれた人吉盆地に位置している。古くからの城下町としての街並みが残っており、小京都とも呼ばれている。盆地でしかも球磨川の支流が多いことから、冬季のよく晴れた朝などには毎日のように濃霧が発生する。

市内の中心部には、熊本県唯一の国宝である青井阿蘇神社があり、平成二七（二〇一五）年四月には球磨郡の各市町村とともに「相良七百年が生んだ保守と進取の文化―日本で最も豊かな隠れ里・人吉球磨地方」として「日本遺産」に認定された。歌舞伎の名作『沼津』の幕切れの台詞「それでは九州相良でお会いしましょう！」は、相良家の城下町人吉のことである。

平成七年、九州自動車道の最後の開通区間となる人吉―えびの間が開通し、現在では鹿児島空港から人吉までわずか一時間で来られるようになった。

ところが、平成二八年四月一六日に発生した震度5弱の熊本地震では市役所東庁舎が閉鎖され、さらに令和二年（二〇二〇）七月四日の集中豪雨により、人吉市は甚大な被害を蒙った。

最悪の家庭環境の少年時代

高木惣吉は明治二六年八月一九日、熊本県球磨郡西瀬村矢黒の球磨川べりの亀ヶ淵と呼ばれたあばら家で生まれた。父鶴吉は二五歳、母サヨは二四歳だった。戸籍上の届け出は一一月一〇日となっている。これは惣吉の生家の家長的存在であった祖母のツルが、初婚の鶴吉と、一女をもうけて前夫と離別した再婚のサヨとの結婚を認めようとせず、入籍を拒み続けたためである。このため長男であったにもかかわらず、惣吉の出生届も遅れてしまった。

家は南側に山を背負い、北向きの八畳一間に三尺二間の板の納戸だけという文字通りのあばら家で、八畳間は天井も藁で葺かれていた。部屋に続いて囲炉裏と四畳半ほどの土間があった。炊事用の台所は建物から離れた渓流の傍に設けられており、その下手の吹きさらしの中に厠《かわや》があった。

父の鶴吉は、内気で無口ながらも藁仕事などは器用にこなした。仕事といえば、村の巡査が所有する裏山の山番と、山間のわずかな田畑の耕作で、農閑期には籠を担いで街に物売りに出かけてわずかな現金を得た。祖母のツルは苦労を重ねたため、性格がいびつだった。このためサヨは、ツルから徹底的にいびられることになった。

鶴吉は惣吉が小さい頃は温良の働き者だったが、三〇歳になる前から焼酎に溺れ出し、大正二年、四六歳で亡くなった。

鶴吉には五人の兄弟がいた。弟で惣吉の叔父にあたる勘四郎は九〇歳まで長命を保ったが非常な吝嗇家だった。このため鶴吉の他界後、惣吉は無心に行くたびに小言を食らった。

惣吉の伯母のシモは、夫山本茂八との子惣八を残して亡くなった。茂八は変わり者で、後妻も娶らず子育ても十分出来なかったため、祖母が惣八を引き取って育てた。

この従兄は惣吉より一一歳年長だった。育てて貰う代わりに学校へは上げて貰えず、惣吉が生まれるとすぐに子守り専門となった。惣八に背負われて成長した惣吉は、小学校に上がるまで、惣八を実の兄と思っていた。

明治三三年四月、惣吉は満六歳七ヵ月で西瀬小学校に入学した。その頃は四・四・五制、つまり尋常小学校四年、高等小学校四年、中学校五年で、義務教育は尋常小学校だけだった。高等小学校二年を修めると中学校受験の資格が生じた。

二代目校長の竹田猪三郎は、八字髭を生やした威厳のある風貌をしていた。翌春に写した記念写真を見ると、三棟だけの貧弱な校舎を背景に、校長を含めて九名の大人と惣吉を含めて一四二名の生徒が写っている。八畳一間のあばら家ではとても勉強など出来なかったため、惣吉の勉強場所はもっぱらこの教室だった。

惣吉が育った家庭環境は最悪だった。「どこそこの酒屋で鶴吉が酔ってクダを巻いている」という知らせが入れば、いつもサヨが迎えに行った。留守番の惣吉は、母から教えられた通り、土間の竈の前にしゃがんでご飯を炊いた。惣吉は将来の生活に漠然とした不安を感じながら両親の帰りを待った。こうした生活が続いたせいか、小学校を卒業する頃までの惣吉は、非常に内気な少年だった。

惣吉の唯一の自慢は水泳であった。子供の頃から球磨川べりで遊び、川筋の青々として底知れない淵を一人で悠然と泳ぎ回るのを無上の楽しみにしていた。そして人吉城址沿いの木山の淵の、高さ一〇メートルもある所からも飛び込んだものだった。

惣吉の読書欲が高まったのは、高等小学校三、四年頃からである。その頃惣吉が最も愛読した本は、サミエル・スマイルズの『セルプ・ヘルプ』(邦訳名は『西国立志伝』)である。

地元で就職、そして上京

明治四〇年三月、惣吉は人吉高等小学校を首席で卒業した。当時人吉から進学するのは熊本中学だったが、そうなると熊本市内に下宿しなければならず、これには月に一五円程必要だった。こうしたことから惣吉には熊本中学進学は全く縁のないものだった。

この年の八月、惣吉は地元有力者の世話により、鉄道院肥薩線建設事務所常備人夫として、日給二五銭で雇って貰えることになった。建設事務所は惣吉の家から三キロばかりの赤池という所にあった。

事務所の主な仕事は肥薩線の工事監督で、専門学校出身の福井所長、次席に帝大工科出身の佐藤三郎技師、その下に中学出の技手が三名いた。事務主任は山下靖志で、下働きとして電信役一名、給仕一名、そして惣吉がいた。

向学心溢れる惣吉は、日給二五銭の中から捻出して、当時最も評判がよかった大日本国民中学会（尾崎行雄会長、河野正義理事長）が発行する通信講義録を購読した。国語担当は惣吉が私淑する大町桂月であった。

この種の中学校クラスの通信教育の目的は、府県で行われている学力検定を受けさせようとするものであり、この検定試験に合格すれば中学卒業の学力と認定され、専門学校や旧制高校への受験資格を得られた。

しかし惣吉の本当の狙いは旧制高校への進学ではなかった。それは初めから経済的に無理だったからである。惣吉は、大日本国民中学会が大々的に広告した「ここで最優秀賞を取った者には、その特典として米国への留学！」と謳われているところに魅力を感じていた。

15歳の惣吉（左）
手にしているのが通信講義録

明治四三年五月、一七歳の惣吉は、板戸に「期必勝」と書き残して、郷里を飛び出した。ところが上京してみると、これが全くの誇大広告であることがわかった。しかし近所親戚中に米国渡航を宣言して出奔してきた手前、このままおめおめと帰郷することは出来なかった。結局惣吉は、神田三崎町の製本屋の裁断工になった。

そんな惣吉に救いの手が差し伸べられた。

それは日本キリスト教会を母体とする慈善事業団体「日本力行会」である。この日本力行会の推薦によって、惣吉は幸運にも東京帝国大学教授兼東京天文台長の寺尾寿博士邸の書生になることが出来た。

昼は玄関番兼庭掃除と使い走りという雑役をする代わりに、その恩恵として東京物理学校の夜間部に通わせて貰えた。さらに日曜日には、寺尾博士の御母堂に同伴して、教会の説教を聴くことも出来た。惣吉の強い求道心は、海軍省調査課長になってから、海軍が進むべき方途を求めて哲学者の西田幾多郎に傾倒する動機となった。

2　海軍兵学校、海軍大学校とエリートコースに乗る

旧制中学に行かず海軍兵学校に合格

海軍兵学校は、いうまでもなく海軍士官を育成するための学校である。明治三八年五月の日本海海戦で連合艦隊がロシアのバルチック艦隊を完璧に撃ち破った直後、海軍兵学校の人気は沸騰し、入学試験の倍率は何と三〇数倍にも達した。

この頃、惣吉の実家では父親が終の床にあった。看病している母親を一人田舎に残している惣吉は、官費で賄える海軍兵学校を受験するを決意した。海兵の受験資格は、「旧制中学卒」とはなっておらず、旧制中学の四年生レベルの試験に合格さえすれば入学出来た。

惣吉は、明治四五年七月、当時一高と並んで天下の最難関とされていた海兵を受験した。この年の受験者総数は約三二〇〇名で、合格者は僅か一〇〇名だった。惣吉はこの海兵に二一番の成績で合格した。旧制中学に通わずにこの順位で合格したのだから、惣吉が優れていたこと

がわかる。

　惣吉ら四三期の入校式は、大正元年九月九日に行われた。九月一五日の伏見桃山における明治天皇の奉葬が終了すると、教官の大半と四一期と四二期生二二〇名が江田島に戻ってきた。教官と生徒全員が揃うと、早速三号生徒（最上級生）によって四三期生の「首実検」が行われ、さらに「娑婆っ気抜き」と称する新入生への暴力制裁の嵐が吹き荒れることになった。

　海兵では、成績順に第一分隊から第一二分隊に分けられ、奇数分隊が生徒館の西半分を使い、偶数分隊が東半分を使った。地階が自習室で二階が寝室だった。

　兵学校は、校舎のレンガなど全て英国から直輸入されたもので、ドアノブや洗面台の高さなどは英国人の背丈に合わせて造られていた。

　各分隊は一、二、三年生八～一〇名ほどで構成された。三年生が一番後ろの机を占め、一年生は最前列に座らされた。このため新入生は睡魔に襲われても絶対に姿勢を崩せなかった。

　上級生による制裁は、正当な理由のある過失ならともかく、敬礼が悪いとか、駆け足が遅いとか、物干場に干した掃除用の雑巾を取り入れるのを忘れたとか、甚だしいのは「キサマの顔が気にいらぬ」とか言っては張り飛ばされた。雑巾の取り入れなどは当番だけでなく、連帯責任で分隊の三号生徒全員がビンタを食らった。

　入校して二、三ヵ月経つと、惣吉はあまりにも硬直した海兵のあり方に失望した。

　入校早々、連日の制裁でノイローゼになって退学した級友も三人ばかり出た。惣吉自身もノイローゼに陥ったが、実家ではアル中の父親が最期の状態にあり、母はその介護に明け暮れていることを思うと、退学するわけにはいかなかった。

海軍兵学校を卒業、少尉任官

それでも月日の経過と共に、兵学校の良さも感じるようになった。後年海兵の生活について次のように評価している。

「海兵生活の初めの一年は地獄の思い、二年目は責任の無い無風地帯、三年になると何かにつけて競技、競争の推進役でうるさかった。当時の海兵のスパルタ式、暗記本位の教育は、私の性に合わなかったが、何もかも悪い点ばかりでなく、級友間の強い結束と友愛、清潔と規律と整頓の習慣づけ、何事も五分前には発動の姿勢をとる心がけなどは、人生行路を旅するのに貴重なものを教えて貰った」（『自伝的日本海軍始末記』二五頁）

さまざまな思い出を残して、大正四年一二月二六日、惣吉は全教程を終えて卒業した。惣吉の成績は、九四名中二七番であった。

惣吉ら候補生は海兵卒業の日、在校生のボートに見送られて、装甲巡洋艦磐手、吾妻の二隻の練習艦隊に分乗して江田島を出航し、三ヵ月に亙る日本海や中国沿岸の航海実習訓練に就いた。その後オーストラリア、ニュージーランド、南洋諸島を一巡する遠洋航海に出た。それから数年間、各種の艦隊勤務に就いた。

大正五年八月二二日より第一艦隊戦艦安芸、その後大正六年一二月から練習艦千歳、そして七年九月より特務艦明石に乗組んだ。

大正五年一二月一日、高木惣吉は晴れて海軍少尉に任官した。北海の警備から帰った明石が第二予備艦になったため、高木は候補生の時に配乗させられた戦艦安芸に戻った。

秋の演習が終わると砲術学校学生を命じられ、横須賀楠ヶ浦の下宿から通った。砲術学校には陸戦屋の少佐がいたが、いつも苦虫を噛み潰した顔をして、惣吉らを辻堂海岸に駆り出しては小隊戦闘や中隊の展開を繰り返した。

それから六ヵ月後に水雷学校学生を命ぜられた時には、南洋以来の暴飲が祟って健康を害し、また水雷学校での水雷兵器の暗記ばかりの教育にほとほと倦んでしまった。

加えて世界は大戦後の軍縮ムードにあふれていた。国内にも大正デモクラシーの新風が吹くのを感ずるにつれて、惣吉は軍人という職業に疑問を抱くようになった。

惣吉は、人生を出直すとすれば二七歳の今のうちという思いを強くしていた。さんざん迷った挙句、当時日本一と評判の高かった芝明神町の観相の大家、石竜子を訪ねた。惣吉の訴えを聞き、穴の開くほど惣吉の顔を睨んでいた石竜子は、「いかん、君はそれが欠点だ！　人生に波も風もない一生なんてあるもんじゃない。冬の次には春が来る。夜明けの前は一番寒いぞ。馬鹿なことは考えないで、帰った方がいい！」と一喝した。

水雷学校の普通科教程を終えた惣吉は、大正九年一二月一日、舞鶴海兵団へ分隊長心得兼教官となって赴任した。ここからの二年余りは、八八艦隊計画の消滅と軍縮に直面して、日本海軍が大揺れに揺れていた時期だった。

一年後、惣吉は海軍大学校航海科高等科学生に合格して、第二艦隊第二水雷戦隊の一等駆逐艦帆風の航海長になった。

少尉候補生惣吉と母
（大正５年）

二九歳で見合い結婚

冷たい北風が吹く大正一一年一二月一〇日の夜、惣吉は二九歳にして海兵同期の中で六四番目の結婚式を挙げた。妻となった静江との出会いを、静江の逝去二年後に出した追悼本『山茶花の夢—高木静江闘病記』（昭和四二年刊）から見てみよう。

見合いは大正一一年の春浅い頃に、静江の実家（荒物店を営む）である鎌倉雪ノ下の高木家（惣吉と同姓）で行われた。惣吉は冬服の海軍マントを着て、東京の下宿から鎌倉に向かった。見合いの席には、先方は両親と静江、惣吉の方は、砲術科学生時代に下宿させて貰った三宅康平と永野繁蔵がついた。話題は主に三宅と両親との間で交わされ、口の重い惣吉は時々の質問に答える程度で、静江とも口をきいたわけではなかった。

普段着のままの素顔の見合いだったが、それでも母親が海軍ファンだったため、静江の兄ともどもこの縁談を勧めてくれた。

惣吉はこの本の「あとがき」に次のように記している。

「金婚式まであと七年になって、妻と今生のお別れになってしまった。青春時代の趣味も娯楽も振り捨てて、独学から海兵入校に専念した私は、四三年の家庭生活を、全て妻の手引きのお陰で世間並みの社会生活が出来たといっても、少しも誇張ではない。赤貧に育って快活さを失い、経済的観念に乏しく、無口で考え込んでばかりいる私は、のびのびと社交的な娘時代を送った妻にとって、さぞかし陰気くさい夫だったに違いないと思う。ただ取り柄を探せば、見合い結婚ながら心の底から静江を敬愛したという点ぐらいかも知れぬ。中年に胸を病んでからは、いつも健康問題で心配をかけ、結婚後九年目に恵まれた成も小学時代から病気に罹り易く、二重の心痛をかけたと思う。現役を退いて呑気な余生に移ろうという矢先に大戦となり、みじめな敗戦の全責任は、挙げて陸海軍に押し付けられたので、結婚当時のバラ色の夢は何一つ実現できず、妻は不治の難病に取りつかれてしまった。今さら返らぬ運命とはいえ、まことに痛ましい限りと言う気持ちが一杯である。せめて懊悩厭離、得度成仏が出来て後生の冥福を祈る他ない」

大正一二年九月一日、突如発生した関東大震災によって鎌倉の留守宅は倒壊したが、幸いにも静江は通りがかりの人に救助されて助かった。

海軍大学校甲種学生に合格

大正一三年一二月一日付で、高木は測量船満州の航海長になり、翌一四年四月一六日の紀州潮岬沖の測深と観測を手始めに、昼間は六時間おきに漂白して、水深と海洋および気流の観測をしながら南下して行った。一ヵ所で平均二時間近くかかり、艦位を正確にしながら天測をすることから、艦長と航海長の高木は食事時以外は終日艦橋で過ごす羽目になった。

測量船は最初の二日間は順調に済んだものの、三日目の午後になって、風速七〇メートル超の暴風雨に巻き込まれ、九死に一生の思いを味わった。

四月二六日、満州号はウルシー環礁のヤソール泊地に五日間停泊したが、この南洋の孤島で、高木は海大甲種学生の筆記試験を受けた。試験は甲種対策として、航海、砲術、水雷、航空などに関する術科問題と、英文和訳、そして乙種問題（兵術に関し、数日の余裕と参考書の使用を許す思索問題）の三種であった。

大正一四年七月中旬、任務が終わって横須賀に帰ると、惣吉は思いがけず「八月一〇日付で軍令部出仕兼海軍省出仕すべし」との命令を受け取った。これは海軍大学校の口答試験に出頭させるための移動命令であった。

暑い最中の八月下旬、築地の海軍大学校で二日間、甲種学生採用の口答試験が行われた。海大では服装容儀まで採点されると聞いて、惣吉は靴下から手袋まで新調して試験に臨んだ。口頭試験の初日に海大の控室に行ってみると、海兵四一期から四四期までの四〇名がずらりと姿を見せていた。試験官は、後に海相となる嶋田繁太郎大佐であった。

「古今東西に亙り、貴官の最も尊敬する武将は誰か？」

「オランダの名将デ・ロイテル提督であります。その高潔無比なる人格と祖国愛、他のいかなる将軍にも優るとも劣らぬ兵術的識量であります」

こうして惣吉は海大二五期生に合格した。合格者は、海兵四一期四名、四二期九名、四三期五名、四四期二名の合計二〇名だった。

海軍大学校を首席で卒業

海軍の兵科高級幹部を養成する「甲種学生」の課程は、海兵の卒業生が海軍士官に任官後、一〇年程度の実務経験を経た中から選抜される。受験資格は、兵学校での教育を受けた中堅将校である大尉・少佐であった。

入校者は海兵の卒業席次で上位の者が多かったが、席次が低くとも本人の努力次第で入校することが出来た。

海軍大学校を卒業することは、海軍という軍官僚組織の中で出世するための重要な要件であった。とはいえ、陸大卒業生の「天保銭組」とは違い、海大卒業が軍の中枢ポストに昇進するための絶対的条件ではなかったが、実際に海軍幹部は海兵のトップ五番以内と海大出身者でほぼ構成されていた。高木惣吉は海兵の卒業席次が二七番であったことから、その後の昇進には「海大首席卒業」が大きくものをいった。

筆者が日本海軍の研究に着手し始めた頃、取材で訪ねた元海軍大佐から、「軍人の背景を探るためには、まず陸軍軍人の場合は『天保銭組』か否かを、海軍の場合は兵学校の席次と海大の席次を知っておく必要がある」と助言されたことがある。「高木さんの場合は、海大首席卒業ということがその後の昇進に大きくものをいっている。だから高木さんの著書には、必ずこのことが記載されているから見てご覧」とも言われた。

海兵と海大の上位者には、その後駐在武官補佐官の肩書で外国留学の特典が与えられ、帰国後は海軍省や軍令部の中枢部署に配置された。

大正一四年一二月一日付で、高木は海大甲種学生（二五期）となって、鎌倉から通学することになった。

特に高木の印象に残った海大の講義は、寺本武治大佐の統帥と黒川魁大佐の戦術、そして谷寿夫《ひさお》陸軍大佐の陸戦術であった。海兵や普通科、高等科の教育には失望した高木だったが、海大でようやく講義らしい講義や演習を聞くことが出来、俄然勉強に身が入るようになった。

昭和二年一一月一六日のこと、高木は海大で、軍令部作戦部長末次信正《すえつぐのぶまさ》少将の次のような講話を聴き、頭から冷水を浴びせられた思いがした。

（１）近頃の海上作戦は、大体型に嵌ったように行われている。すなわち索敵―漸減―決戦の三段階で行うということは、これまでの大小演習、特に大正八年以来の慣習的な方式となって、今日ではほとんどこれを疑う人もないようである。

（２）しかしこの作戦には、一つの前提がある。それは限られた一定の地域で、敵艦隊が予想のように進攻してくるという想定である。

（3）次に右の三段階の作戦の重点は果たしてどこにあるかということである。無論それは最後の決戦にあるであろうが、もし決戦に重点がありとすれば、このような方法で、果たして有利な決戦が出来るかどうか、甚だ疑問である。

索敵のためには、分散することが必須の条件である。この際、敵はおおむね集結した隊形で突きかかってくるとすれば、索敵の次には、敵を漸減するために集結しなければならない。ところが最初から集結している敵に対抗する時には、却って味方が漸減される機会が多くなる。すなわち漸減しようとして漸減される恐れが多くなるのではないか。

それでは初めから集結してかかるとなれば、索敵が十分に出来ない事はもちろんで、漸減も困難となる。例え集結して敵と当たったところで、もともと劣勢な兵力を集結しているところからして、大した勝算は見出せない。これをいかに解決すべきかが、今日の大きな課題である。

（4）今のような艦隊戦闘のやり方でいいのか、ということに関してである。今のやり方は、軽快部隊の衝突から始まって、主力部隊は、適当の時機に戦闘序列を命令するということになっているが、実はただ形式だけで、補助部隊は敵と取り組んでしまってニッチもサッチもいかず、進退窮まる有様に陥ることになる。それにもかかわらず主力部隊は棄ててはおかれぬというので猛進する。水雷戦隊は、主力の命令など待っておられずに突撃を敢行するという有様である。要するに現在の艦隊戦闘は、眼前の戦闘に膠着を余儀なくされ、全局からどうすれば有利に戦えるかという事を考える余裕がなくなる。各種戦隊の協同動作、味方艦隊全体の戦力を発揮するのに、今の決戦方式が当を得ているか否か、疑いなきを得ない。特に水雷戦隊用法については、大いに考慮の余地があると思う。

末次作戦部長の講話は、太平洋戦争開始の一五年前に行われた海軍戦術に関する警鐘であり、その基本戦術である「迎撃漸減作戦」への原理的な批判であった。

海大では、卒業前には、卒業論文に相当する研究レポート、図上演習、兵棋演習など、最後の仕上げと思われる研究や実習が課せられた。対米迎撃作戦の図上演習は、雪下勝美教官の指導で行われたが、高木にすれば、末次少将の講話を何故もっと早く聞かなかったのか悔まれた。と言うのは、惣吉の出した青軍（日本軍）作戦計画が実演の原案になり、しかも高木が青軍長官の役を割り当てられたからである。

昭和二年一一月二五日、高木は首席で海大の卒業式を迎えた。卒業式から六日後の一二月一日少佐に進級し、同日付でフランス駐在を命ぜられた。

3　フランス駐在、妻静江への想いを手紙に託す

昭和三年一月一六日、真新しい少佐襟章を付けた高木惣吉は、日本郵船の榛名丸で横浜を出帆し、マルセイユへ向かった。当時は横浜からインド洋を経由してマルセイユまで四三日もかかった。

フランスに滞在した約二年間、惣吉は妻静江と毎週一回、手紙を交換していた。その数は何と一四二通にも達したが、晩年になって自身で『ふらんすだより』と題して綴じた。

この手紙のやり取りの内容を見れば、惣吉の静江への純愛ぶりと、フランスで何を体験し、

どのように異文化と葛藤したかがよくわかる。毎週末、高木は異国での一週間の出来事を静江に逐一報告している。

横浜を出航した直後に、早速惣吉は静江宛に第一信を書いた。

「最愛の妻どの、私が皆様に『ご機嫌よう！』と叫んだ声が聞こえたかしら……。あれは涙を抑えるため、『静江』の二字を憚って『皆様』に代えただけ。泌々と独りの寂しさを覚ゆるにつれ、御身の心遣いが有難く感じられる。最愛なる、吾魂なる妻よ。安心して健やかに帰朝の日を待たれよ」

惣吉は横浜出航直後から、静江恋しさに苛《さいな》まれることになった。

パリに着いた惣吉は、早速武官室に古賀《こが》峯一《みねいち》大佐（のち連合艦隊長官）を訪ねて着任の挨拶をしたが、顔を合わせるや否や古賀から、「三五歳？　今そんなに進級が遅いのか！　三〇過ぎての語学は難しいよ。寺本（武治、海大教官）からG・ローラン（仏海軍で有名な戦略家）に会わせてくれと紹介状に書いてあったが、語学が出来なくては人に会っても仕様がない。戦略、戦術なんか、頭に置いちゃ駄目だ。本なんか帰朝してからいくらでも読めるんだからね」と、惣吉の出鼻を挫くようなことを言われた。

フランス駐在時の高木
（昭和3年11月）
〈写真提供／高木惣吉記念館〉

「愛する妻よ。古賀武官のお説教は有難く拝聴したが、今頃は三五、六でやっと少佐か？この質問は頗る不快だった。わが艦隊の整備にしろ、人事問題の行き詰まりにしろ、事態をここに導いたのは、一体誰の責任だ！　大尉七、八年、少佐六、七年で鼻血も出なくなった残骸を首切って、以て一時を糊塗しつつある海軍の窮境は、いわゆる高楼に臥して巷間の賤しさに通ぜぬ名士・逸材の迂闊不熟誠に由来するのではないか」

惣吉は不愉快な気持ちのまま、大使館からホテルに帰った。

「最愛なる妻よ　三月一二日昼パリを発って、汽車に四時間揺られて、夕方セーヌ河口のル・アーブルという町に着いた。ここはフランスの第二の商港で、当分ここで語学を修めることになる。今いるサンタドレスは、ル・アーブルの郊外で、海は目の下。港に出入りする船が指呼の間に往来する。学校は歩いて三〇分。電車だったら四銭。月・火・木・土の四日間、各一時間ベルリッツ語学学校でフランス語の講義（一時間一一フラン）、水・金の二日は下宿に家庭教師を呼んで、二時間ずつ勉強することになった。

この下宿は、日本の名誉領事で富豪のラングスタフ氏の紹介で決まった。下宿の主婦は、故陸軍中佐の未亡人、上品で教養ある（しかし恐ろしく質素倹約な）人。九歳の女の子がいるので、フランス語のイロハを学ぶには便利。他に木綿商人のウェーゼル夫妻がいるが、食事は別。それと女中が一人。下宿料は三食付き一日五〇フラン。気候が良いせいか、心配した胃腸も咽喉も今のところ別条ないが、フランス人は一般に大食いで、女でも僕の倍くらい平気で食べるから、つられて食い過ぎぬ用心が肝要。

女の服装は黒が多い。日本のように緑だの黄色だの桃色だのは、ほとんど見られぬ。簡単に言えば、御身の趣味が仏国の堅気の女の嗜好と合致している。

愛する静江よ。二年後に帰国する時、御身のために洋服を一揃い買って帰ろうと思う。好きなタイプがあったら、手紙で言ってお寄越し。色も」

惣吉の手紙から察するに、初めて愛した女性が、妻静江だったようである。

「最愛なる妻へ。日本語に離れ日本食に離れて、たった一人、外国人の一隅に暮らしている。耳に聞くところ、目に映ずるところ、悉く三〇有余年の馴染みのものと異なる所だから、淋しさはご想像に任せる。せめて言葉でも今少し自由にできれば、思うことをどしどし書いたり話したりして、胸中の鬱憤を晴らすのだが、何しろ八方塞がりと来ているから、お話にならぬ。

目下、右のポケットには英仏辞典、左には仏英辞典を入れて、話の中途で辞書を引いてしゃべるのだから困ったものだ。耳は少し慣れた。今では自分の知っている言葉をしゃべるところだけは、耳に止まる程度。学校へは辞書を引いて行って読むようにすると、先方は大概わかってくれるが、自由に受け答えすることは当分望めない。もどかしくなると、英語が出る。すると下宿の主婦は甚だ機嫌が悪い。日本語の本は読むなと言い、聖書も仏語のを買ったが、面倒なので、夜はソッと日本語のを読んでいる。昨夜はヨハネ伝八章を終わった。

『奥さんに手紙を書いたか』とうるさいので、『毎日トンチンカンなことばかりで、なかなか僕は忙しいのだ』と言うと、『その、トンチンカンなことを知らせてやれ』と、追い打ちをかける。

わが愛する、愛する魂よ。幾度僕の心は故国に飛んで、御身に接吻するであろう。忙しいと自称しつつある御身は、夢にも覚えていないのだろうと思うと情けなくもなる。

毎週一回くらい手紙を書いておくれ。シベリア経由なら、いつ出してもよいのだから。フランスの婦人は、アメリカ式と違って、非常にハズを大事にする。男はそれ以上に。だから今度帰ったら、僕も大いに今まで怒ったり泣かしたりした罪滅ぼしに、誰かさんに溶けるくらい愛撫するつもりだから、どうか辛抱して、丈夫で待っていて。解って、ア、舌なんて出してるよ、この人。僕に最愛を、もう少し手紙を書いて……。

すべてのものが穏やかに、温かく、柔らかいフランスの春。もう日本の春は過ぎて、新緑の初夏だろう。軽装の鎌倉を思えば、フランスの春よりも、やはり愛する者の住む山河こそ慕われてならぬ」

惣吉と静江は手紙を交わしながら、一層愛を深めていった。

「愛する静江よ、温かき家庭を離れて流浪の旅に出ることは、僕のように静的生活を好む者にとってはむしろ苦痛なのだ。しかし今日のような恩典に浴しつつある以上、大いに見聞を広めるために、そしてわが習得した語学の程度を試み、かつは磨きをかけるためにも、この際諸国を行脚せねばと思い立って、予定の旅に出た。

酷暑の中欧と北欧諸国を駆け足で回った。大戦後、いたずらに小国乱立、国境しきりに多く煩雑を覚えた。所感次の如し。

①大戦後の疲弊各国いまだ癒えず。国境の分解、結合などの紛糾、さらに増幅して、半世紀以内に欧州には大戦再発の恐れあるを感ず。

②ドイツの復興は時日の問題であろう。ドイツの一青年曰く「こんなに厖大な賠償をとられるくらいなら、もう一度戦争をした方がマシだ。

③日本の各駐在機関は眠っている。列国に駐在するを休養の期間なりとし、悠々閑静を

楽しむあり。情報と称し、調査報告というも、新聞記事の翻訳か巷間の一寓話に過ぎぬ程度をニュースとして送って責を塞ぐ。甚だしきは、徒党を組み権を専らにし、自己の不始末を　糊塗して権限の拡張に狂奔しつつあり。

④軍備については、錆びついた弾の出ないピストルを身辺警護のために置くことは、かえって有害無益のみ。

最愛の静江どの、三五日間の旅行を終わって、八月三〇日、パリに下宿を見つけて移った。パリは騒がしく、経費も高く、とかく雑用に引っ張り出されてうるさいけれど、パリに慣れることは将来職務を執る上でぜひ必要だと言う意見があり、僕としてもこの際、できるだけ語学の実力を身につけるために、パリ大学で、九、一〇月の夏期講習を受け、一一月から本科に入るべく、急に移転を決した」

「愛する妻よ、もうすぐ一二月だ。来る日も来る日も辞書と首引き。大学では作業問題に追われても内容が面白かったが、この頃文法や現代文士の選文をかじって、中学生に逆戻りしたようで興味索然、家庭を離れてこんな勉強に没頭しているのが馬鹿馬鹿しくなって、しかも内地からは毎日遊んででもいるかのように誤解され、何と割に合わないことよ。パリは午後三時には日が暮れて、落葉樹は北風に慄え、鉛色の空は太陽の光を少しも見せてくれない。

五日、異動発令。平出大尉帰国。代わりに大塚少佐着任。阿部中佐の交代が三川中佐。僕はそのままで、『二年そのままは、前例がない優遇だぞ』と古賀大佐から言われた。

人吉から久しぶりに手紙が来て、『静江からしばしば便りをもらい、フランスの様子は承知して安心している』と、くどくど書いてあった。留守中、御身が特に心にかけてくれていることに感謝する。世に遅れたる母を憐れんでおくれ。クリスマスと正月と、それに僕らの第六回目の結婚記念日のお祝いを兼ねて、

①腕時計（ホワイトゴールドとダイヤをちりばめたもの。1個三〇〇〇フラン）

②白粉の入れ三個（うち一個は銀製の上等）を帰国する平出大尉に託して届けます。世界の一隅に、誰よりも御身を想う男あるを告げんがために。

自分の本ばかり買って、何一つ御身に買ってやらなかった勝手気ままな男より。

うるさくって、理屈っぽくて、癇癪持ちだから、私は一人の方がよほど気楽でいいわ、と誰かさんが言う。

ヘイヘイ、これからはとても従順で、静江大明神様を崇めます。

では、機嫌よく、お休み。御身知るや、丈夫涙なきにあらず。愛しき妻よ、静江よ、わが胸に幾千度、御身の俤を抱擁しつつあることか」

「最愛の静江よ。今日は一一月一日で、日本のお彼岸の中日といった祭日。皆墓参りに出かけ、大学は三日続けて休みだから、僕は外出しないで、大人しく文法の下調べをしている。昨日からまた急に寒くなって、今日は曇って霙《みぞれ》でも降りそうな天気。中部の山地ではもう雪が降ったという。一一月五日、大学で小野田（捨二郎《すてじろう》、帰国後海大卒。軍令部一部員、高雄艦長、第一〇方面艦隊参謀副長、海軍大佐）に会った。帰国命令が出て、月末の船で帰るという。同じ船で来たのだから、また一緒に帰ると思い込んでいたのに、海大受験の関係か、他に何か都合があるのだろう。僕にも帰国が差し迫って、一日が七二時間になっても足らぬ気がする。物の事情がわかりかけてきた時には帰らねばならぬ。

大学から下宿に帰るシャン・ド・マルス（公園）の夕暮れに、僕の生活から御身を取り

去ったら何もなくなるだろうと考えた。道学者に言わせたら、修行の足らぬ人間、宗教家に説かせたら煩悩の強い俗人というだろうが……。昨夜高山樗牛を寝ながら読んでいたら、僕と同じ考えを書いて『情死の美』を称えている。僕と共鳴する一代の才子がいたと思って嬉しくなった。

大学の講義の他に、会話と文法の補習を日課としてやってきたために、予習と復習に追われ大学の往復の他はパリの町も出なかったが、藪から棒にアタッセェの代理で、ローサアン軍港に行き、日本の陸軍が注文した新式大砲の試験発射の状況を調査し、帰った翌日からイープル古戦場の見学に出かけたところ、三〇日付で帰国命令が届いていた。『高木少佐、配員の都合あり、至急シベリア経由、帰朝せしめられたし』、『いよいよ来たか』と思ったが、前々から帰国の時は、『アメリカ経由で』と三浦大使館付武官には繰り返しお願いしておいたのに、シベリア経由と聞いてガックリした。しかし命令とあれば仕方がないから、新配置がどこでか、何で帰国を急がすのか、さっぱり予想もつかないが、ともかく、これでフランス二年間の駐在員生活とお別れする。

最愛の妻よ、いよいよお互いに、心から助け合って生くべき時に来たと思い、一入御身の愛情に満腔の敬意を捧げる。……帰国したら、すぐ出勤ということになると思う。この手紙を投函して、その足でパリを発つ」

留学中の惣吉は、一途に妻の静江を想い続けて、かろうじて精神のバランスを保っていた。

そんな生活が一年一〇ヵ月続いたところで、ようやく「シベリア経由で帰国すべし」との命令が届いた。昭和五年元日をウラジオストックで迎えた惣吉は、正月三日、東京に無事到着した。

4　第一次世界大戦後の情勢

ここで第一次世界大戦終了後からワシントン海軍軍縮会議、そしてロンドン海軍軍縮会議に至るまでの経緯を概観しておく。

第一次世界大戦で日本は、日英同盟の誼《よしみ》によって協商側に属し戦勝国となった。そのため日本の国際的地位は飛躍的に高まり、五大列強の一つを占めるまでになった。

一方国内ではデモクラシーが高まりをみせて、大正七年（一九一八）九月、原敬による初の政党（政友会）内閣が誕生した。

大正九年七月、「八八艦隊案」が議会を通過して、建艦競争は最高潮に達した。大正一〇年八月、日本はワシントン会議へ参加を表明したが、同年一一月、東京駅頭で原敬首相が中岡良一によって刺殺されるという事件が突発し、後継首相には高橋是清《これきよ》蔵相が就任した。

大正一一年のワシントン海軍軍縮会議では、首席全権の加藤友三郎《ともさぶろう》海相の強いリーダーシップによって、日本は米英に対して主力艦の比率を六割に抑えることを受け入れた。これと引き換えに日本は、米英をして太平洋の防備を現状維持にさせることに成功する。

この海軍軍縮条約によって日本は、ほぼ完成していた陸奥をスクラップにすることを余儀なくさせられたが、一方の米国も一五隻の未成艦を廃棄処分にした。

こうした主力艦の廃棄は、当然ながら海軍士官のリストラにつながることになり、関係者間では甚だ不評だったが、しかしながらこの海軍軍縮によって国家財政は救われることになった。軍備というものは、ただむやみに増強すればよいというものではない。こちらが増強すれば、相手も増強するからである。したがって軍備増強をしたからと言って、必ずしも勝算が増すことにはつながらない。軍備というものは、相手が侵略出来ないほどの必要最小限を持てばいい。こうした合理的な考え方をするのが、加藤友三郎であった。

加藤は、英米に倣って、軍部大臣のシビリアンについても是認していた。何百万人にも上る戦争犠牲者を出した世界大戦直後のことであり、世界の人々の願いは、唯一つ、永久平和の実現にあった。

このような加藤の国防観を受け継いだのが、財部彪、岡田啓介らの後継海軍大臣であり、加藤の薫陶を受けた山梨勝之進や堀悌吉《ていきち》らは、英米との提携にこそ日本の将来があると考えた。このようにして日本海軍内の「条約派＝良識派」は形成される。

その一方「艦隊派」は、大海軍こそが日本の安全の要であって、そのためには対米七割の海軍力は何としてでも保持しなければならないと考えていた。具体的には、いわゆる「八八艦隊（主力艦八隻、大型巡洋艦八隻）」を是とした。

当時日本は、第一次大戦後の大不況に直面していた。平和ムードが蔓延する中で、軍人に対する風当りは日増しに強くなった。

一方海軍予算は、大正五年度を境にして陸軍予算を上回るようになり、大正一〇年には国家予算に占める海軍予算は三二・五％にも達するようになった。

山梨勝之進は、当時の日本政府の雰囲気について、次のように回想している。

「大正九年の頃のことである。私が軍務局第一課長で、部員には堀（悌吉）、豊田（副武《そえむ》）、古賀（峯一）などがいた。私は古賀に、八八艦隊を整備すれば、経費はどのぐらいかかるか研究させたことがあるが、六億ぐらいとのことであった。その当時、政府の予算は一五億ぐらいであったように思う」（『山梨勝之進先生遺芳録』）

またある日、水交社に海軍首脳陣五、六名に集まって貰い、西野大蔵次官は、「日本を生かすも殺すも、あなたがた海軍でありましょう。しかしせっかく建物が出来ても、ここに住むためには、カーテンも椅子も必要なのです。このままではやっていけないので、私どもは匙を投げるほかありません」と衷心から訴えた。

高橋内閣は、大正一一年二月のワシントン会議で、海軍軍縮条約と中国に関する九ヶ国条約、そして中国に関する関税に関する条約に調印した。しかし六月、高橋内閣は閣内不統一のため総辞職した。そこで元老は、ワシントン会議で首席全権を務めた加藤友三郎海相を後継首相に推薦し、加藤（政友会）内閣が成立した。

加藤内閣は、直ちにシベリアから撤兵（北樺太を除く）することを声明するとともに、海軍軍縮の方針を発表した。ところが当の加藤首相は、関東大震災の一週間前の大正一二年八月二六日急逝する。このため九月二日、海軍大将の山本権兵衛《ごんべえ》内閣が成立した。ところが山本内閣は、一二月二九日に発生した「虎ノ門事件」によって引責辞任を余儀なくされる。

大正一三年一月、貴族院を母胎とした清浦圭吾《きようらけいご》内閣が成立した。しかし翌大正一三年一月、政友・憲政・革新の三派は、清浦内閣の打倒のため第二次護憲運動を開始した。五月の総選挙で護憲三派は大勝し、六月、清浦内閣は総辞職に追い込まれ、加藤高明内閣が成立した。

大正一四年一月、日ソ基本条約が締結された。一方日米関係は、排日移民法案で悪化した。

大正一五年七月、国民革命軍の総司令に蒋介石が就任すると、革命軍は北伐を開始し、昭和二年（一九二七）三月、南京城に入城した。この時一部の北伐軍が日本領事館を襲撃するという南京事件が起こった。

次いで四月、漢口の日本租界の回収をめぐり排日運動が高まりを見せて、日本人水兵と中国民衆との間で衝突事件が発生した（漢口事件）。イギリスは、租界防衛のため日本に対して共同出兵を提案したが幣原喜重郎《しではらきじゅうろう》外相はこれに反対して、最小限の陸戦隊の上陸しか認めなかった。ところがこのような幣原外交に対しては「軟弱外交」との非難が起こった。

昭和二年四月、第一次若槻《わかつき》礼次郎内閣は瓦解し、田中義一政友会内閣（田中首相兼外相）が成立した。田中首相は森恪《つとむ》を外務政務次官に起用し、山本条太郎《じょうたろう》を満鉄社長に任命して、これまでの外交方針を一転して積極外交の方針を執った。五月、北伐軍が北上し華北に達せんとする形勢を見て、田中内閣は居留民保護主義を名目に、「第一次山東出兵」を決定した。

昭和三年四月、国民革命軍の北伐に際して、田中内閣は再び山東出兵を決定し、五月、済南における日中両軍の衝突事件（済南事件）では「第二次山東出兵」を行った。六月四日、関東軍高級参謀河本大作大佐らの手によって「張作霖爆殺事件」が発生した。ところが田中首相は、陸軍の圧力により、事件の責任者を軍法会議にかけることなく軽い行政処分でお茶を濁したため、昭和天皇より強い叱責を受けた。このため田中内閣は昭和四年七月総辞職し、浜口雄幸《おさち》民政党内閣が成立する。

5　海軍省に戻り、大臣秘書官に

ロンドン海軍軍縮会議と海軍の弱体化

フランスから帰国早々、高木惣吉は、昭和五年一月二一日から開催されるロンドン海軍軍縮会議代表団との連絡業務に当たるため、大臣官房別室に詰めることになった。室長は下村正助大佐、先任は丸茂邦則中佐だった。

財部彪海相は、既にロンドン海軍会議に全権として赴いていた。このため霞が関の海軍省の陣容は、山梨勝之進中将が次官、堀悌吉少将が軍務局長、沢本頼雄大佐が軍務局第一課長、そして古賀峯一大佐が首席副官である。

高木の業務は、海軍省内でのロンドン軍縮会議関係の書類の仕分けや、要路者に対する電報の配布などであった。

日本海軍ではロンドン海軍軍縮会議に備えて、軍備制限研究会を設けて協議した結果、①補助艦の対米七割、②八インチ巡洋艦（大巡）の対米七割、③潜水艦の現有保有量の、いわゆる「三大原則」で臨む方針を決定した。

しかしながらこの三大原則なるものは、当時海軍省軍務局長として省内の取りまとめに当たった堀悌吉によれば、初めから次のような矛盾を孕むものだったのである。

「此の三則は以前から決定していた確乎不抜の我海軍の方針と言ったような歴史的なものではなく、倫敦会議に対する我が対案として掲げられたものである。（中略）之は国際会議に臨むに当り、我方としては之が貫徹に万全を尽くすべきは云ふ迄もないが、戦勝国が戦敗国に対して課する絶対的な強制条件の如きものでは有り得ないことは、常識の上からでも明白である。殊に第二と第三は、第一の総括七割の内訳としての要求であって、……今回初めて世の中に出されたものである。それだから仮令を我主張の総括七割が通ったとしても、総計噸数が甚しく低下する場合があり、その中に潜水艦自主量なる不変数が割込めば、他の巡洋艦の方を非常に圧迫することになる。従って三則を横に書き並べて見て、何となく納得の出来兼ねる首尾一貫しない点のあるは、已むを得ないところであって、当時之を人に説明して諒解を得んとするに当たり、一方成らぬ苦心をしたものである」（『太当初は大臣官房の単なる使い走りに過ぎなかった高木であったが、連日山梨次官や堀軍務局長の苦悩ぶりを直接見聞することによって、ロンドン海軍軍縮条約に対する認識を改めた。

昭和五年のロンドン海軍軍縮会議では、浜口民政党内閣に対する政友会の巻き返しから、統帥権干犯問題が惹起し、それまで堅固な統制を誇っていた海軍内に深い亀裂が入った。

ロンドン会議の留守役は山梨次官であった。加藤寛治《ひろはる》軍令部長は山梨より七期先輩であり、末次信正次長は二期後輩だった。

その加藤(寛)と末次は、先のワシントン会議における米英の共同圧迫に対して強い不信感を持ち、米英両国がアジアにおける日本の発展を、武力でもって押さえつけていると考えていた。

高木は、浜口内閣が金解禁や減税、緊縮財政を強行しようとすれば、首相が海相代理(正式には事務管理)として堂々と海軍省に乗り込んで、軍令部長以下首脳部を集めて国内政策の重要性から補助艦協定の成立の必要性を強調してほしいと思った。

ところが、二月一七日から三月一二日までの松平恒雄全権と米国リード全権との会談の頃、全権電七七通の中で一六通は全く海軍に見せず、一七通は浜口首相から山梨次官に頭ごなしに手渡された。特に最後の請訓電などは、暗号機を海軍が持っていることから、財部彪全権や随員たちに見せないために、松平全権らは換字暗号を使って外相や総理と直接交信した。なお、機械暗号は内地との交信に限り、米、仏、伊の公館への転電は外交暗号を使ったのだが、こうしたやり方が海軍側の神経を逆なでした(『自伝的日本海軍始末記』八六頁)。

これに追い打ちをかけたのが財部彪《たからべたけし》全権の態度だった。財部は山本権兵衛大将の娘を娶ったため、薩閥の寵児として異例の昇進を遂げてきた。このため政治的難局に直面すると、その態度は動揺した。ロンドンで財部は若槻礼次郎全権らには相手にされず、若い随員たちに突き上げられた末に、五月一九日午前、議会閉会五日前になって、ようやく海軍省に辿り着いた。

海軍はロンドン会議に、顧問に安保《あぼ》清種《きよかず》大将を、随員に左近司政三中将、山本五十六《いそろく》少将、豊田貞治郎、中村亀三郎、佐藤三郎、野村直邦《なおくに》、佐藤市郎の各大佐、岩村清一、三川軍一、金沢正夫、山口多聞《たもん》の各中佐、榎本書記官、その他機関、軍医、主計、造船など各部門の精鋭計一一名を送り込んでいたが、この条約の締結をめぐって、成立をやむなしとする外務、大蔵の随員と、受け入れ難いとする海軍側随員との間で対立が起きた。

民政党内閣による海軍を軽視した軍縮政策と幣原外交によって、政治力の弱い海軍は一層弱体化することになった。

浜口内閣は、折からの世界大恐慌の煽りを受けて瓦解する。このため政党政治に失望した陸軍のグループによる、「三月事件」や「十月事件」などのクーデター事件が相次いで起こることになった。

昭和五年四月一日、浜口首相は岡田、加藤の両大将を前にして、請訓電受諾の理由を次のように語った。

「補助艦の会議が決裂したら、たちまち主力艦の建造が起こって来る。今度の会議がなかったとすれば、昭和六年から一一年に亙って主力艦で三億四〇〇〇万円、補助艦で四億八〇〇〇万円、計八億二〇〇〇万円を必要とするから、昨年度保留していた財源では不足の事は御承知の通りで、……造艦競争の場合は、米国では既に大巡二三隻の製艦義務を負うているので、その七割は一六万一〇〇〇トン、今より五万二六〇〇トンの増となり、製艦費約一億四五〇〇〇万円を要する。……このほか補助艦でも新造を必要とするものもあるであろうし、国家一切の費用を振り向けても足らない状態である。今日のところ増税は全く不可能な状況にある。また金解禁の後始末は、結局減税のほか道がないと信ずるものである」(『太平洋戦争への道』別巻資料編)

昭和五年四月二二日、ロンドン海軍軍縮条約はようやく調印された。

海軍大臣秘書官となる

高木としては、「今度こそは海上勤務を」と待ち望んでいたが、六月二〇日付で海軍省副官兼大臣秘書官の辞令を貰った。

首席副官は古賀大佐、次席が岡新《あらた》中佐(四〇期)、そして秘書官は小林謙吾《けんご》少佐(四二期、旅順白襷隊長中村覚将軍令息)と高木であった。いずれも外国帰りの俊英だったが、古賀と岡の両副官はライバル関係にあったため、さまざまな場面で衝突した。

「今度の副官は、皆髪を伸ばしているね」と坊主頭の古賀大佐が言えば、すかさず岡が、「いいでしょう! 皆二枚目になったつもりでいるんだから」と切り返した。

また小林は、上流社会の儀礼や社交など宮中関係の権威をもって自任していたため、田舎育ちの高木などは目障りだった。常に上から目線の軍人で、「黒潮会の記者などは人間扱いすることはない」と実際に口にするほどだった。現に大臣官邸の集会に黒潮会(海軍省記者クラブ)の記者たちが取材に来た時などは、にわか雨のため雨宿りをさせるか否で小競り合いとなり、当時黒潮会所属記者だった朝日新聞の細川隆元が怒って小林を殴りつけるという一幕もあった。

第五九議会では、条約の批准を求めなければならなかったため、山梨次官、末次次長、加藤軍令部長、財部海相らの幹部は全員更迭された。

高木は六月から三ヵ月間、財部海相の秘書官を務め、翌年岡副官の後任に横滑りするまでの一年間は安保清種新海相に仕えた。

昭和五年一〇月三日のこと、財部海相を自宅まで送った際に、高木は思い切って聞いてみた。

「閣下は日露戦争の時は軍令部参謀で、今度は軍縮全権の一人として難関に当たられましたが、どちらに多くの心を使われましたか？」

財部は「日露んときゃ、官民一体でナ。軍令部は伊集院（五郎、後に元帥）さんの采配に、富岡（定恭、後に中将、男爵）さんの部長、二晩三晩寝んでん、ちっとも疲れんじゃった。今度のときゃ、話がすっかり違っちょったでなあ……」（『自伝的日本海軍始末記』九〇頁）とポツリ漏らした。

後任の安保清種海相は佐賀出身で、沢野海軍大佐の子息、男爵安保清康中将の養子で、海兵一八期、加藤寛治大将と同期だった。

高木が安保海相をまぢかで見ていると、内弁慶で、議会などで野党議員に痛めつけられて海軍省に帰って来た時などは、さすがに小林躋造《せいぞう》次官や堀悌吉軍務局長に当たることは憚られたため、いつも高木たちに八つ当たりしました。

議会での質問者は、当時まだ新人だった中島知久平《ちくへい》や河野一郎であった。彼らの「今度の条約の兵力量で、わが国防に不安を来す恐れはないのか？」という質問に対して、幣原首相代理は、いかにも下らんとばかりの表情をして、「本条約は既に御批准になったということが、本条約が国防に不安がない証左であります」と答弁した。するとすかさず政友会随一の闘将の島田俊雄が、「委員長！　ただ今の首相代理の答弁は、事誠に重大である。条約の批准は五五条に明記しているところであるが、政府に天皇の輔弼責任のあることを忘れたのか！」と舌鋒鋭く批判した。この島田の一言で、予算総会の審議はたちまちストップしてしまった。

一一月一四日、浜口首相は東京駅頭で佐郷屋留雄によって狙撃され、瀕死の浜口首相は、以後怪我の治療のために静養せざるをえなくなった。しかし議場が大混乱に陥ったため、翌年三月一一日、養生がまだ十分でないにも関わらず無理に議場に戻って来て、結局生命を落としてしまった。

海軍少佐時代の高木
妻静江に抱かれているのが長男成（昭和6年）

安保の後継海相の大角《おおすみ》岑生《みねお》大将は、以前は岡田海相時代の次官としてかなり評判がよく、その時は加藤友三郎流の穏健な考え方をしていた。ところがロンドン条約の統帥権干犯問題の騒ぎが起って財部海相の形勢が悪くなってくると、次第に態度を変えて加藤（寛）や末次に迎合するようになった。

6　結核による長期療養後、海軍大学校教官として復帰

短気で小心な大角海相の下で、連日上海の現地司令部との連絡に当たっている高木は多忙を極めた。

苛酷な勤務が続く中で、高木は夕方になると、妙に熱っぽい感じがするのを自覚した。そこで当時親しくしていた内科専門の軍医少佐の診察を受けることにした。診断の結果は「異常なし」。そのため、単なる風邪で咽喉を痛めたのだと軽く考えていた。

第九師団が上海に到着して敵を撃退すると思いきや、案に相違して一九路軍は侮りがたい敵であることがわかった。このため高木の業務はさらに忙しくなった。

そんな最中の昭和七年二月一八日夕方のこと、熱があるにもかかわらず書類を捌いていると、急に喉元に熱いものが込み上げてきた。急いで廊下に出て痰壺に吐くと真っ赤な血が迸《ほとばし》った。

それから数日後、当時東洋汽船の秘書課長をしていた義兄が心配して官舎に訪ねて来た。義兄は、念のために咽喉の権威の医者の診断を受けることを強く勧めた。そこで二月二六日、東大名誉教授岡田和一郎博士の診察を受けた。博士は念入りに診察した上で、「これは耳鼻科の出血でなく内科の病気だ。紹介状を書くからこの足で専門医の診察を受けるように！」と告げた。岡田教授の勧めに従って、近くの永井博士の診察を受けると、「右肺尖炎、静養二ヶ年！」の宣言を受けてしまった。

官舎に帰って再度体温を測ってみると、三八度と三八・五度が二回で、あとは三七・五度前後の微熱があった。妻静江と親戚縁者は、伝手《つて》を頼って懸命に転地先を探し、茅ケ崎に小さな借家を見つけた。

昭和七年三月一六日、霞が関の官舎の属官たちに見送られて、惣吉、静江、成の三人は新橋駅の一番ホームで下りの汽車を待っていた。そこで、横須賀線の電車から降り立った背広姿の井上成美大佐とばったり顔を合わせた。

「今から茅ケ崎に転地療養に発つところです」と言った高木に、井上は「ルンゲ（肺）はね、安静と静養と外気にさえ気をつければ決して心配は要らないからね。回復を急がず、十分に治してくるように！　いいね」と優しく声をかけてくれた。井上がイタリア駐在武官の時、パリに立ち寄った際、高木が本省からの暗号電の訳文を提供したことがあった。

実はこの時、井上も結核を病んだ妻を抱えて四苦八苦していた。実際、井上の妻はそれから九ヵ月後に他界する。

新橋駅のプラットホームで井上がかけてくれた慰めの言葉を、高木は終生忘れなかった。

この時から一二年後の昭和一九年八月二九日、井上海軍次官の密命を受けて高木は終戦工作に取り組むことになる。

これは後年のことであるが、昭和五〇年一二月に横須賀市長井町の勧明寺で行われた井上の葬儀の際、寒風の中で一人たたずむ高木の姿があった。この光景は二人の人間的結びつきの強さを表わすものとして、参列者の胸に深く刻み込まれた。

さて惣吉一家が茅ヶ崎に来てから二ヵ月半が過ぎた。五月三日は快晴で、新緑がよく映えた。静江から新鮮なイチゴを食べさせてもらっていると、生垣の隙間から「オーイ、あんまり仲が良いと病気に触るぞ！」と、聞き覚えのある声がした。眼を凝らすと、三戦隊司令官として上海から帰った前軍務局長の堀悌吉少将と伊勢艦長になった古賀峯一大佐の両人が連れ立っているではないか。早速静江が惣吉が静養している座敷に通すと、「何だかお前さん。顔がむくんだんじゃやないかい！」と冷やかされた。

散歩が許されるほど恢復してきたと思われた矢先の五月一二日のこと、惣吉は右湿性肋膜炎を併発して三九度二分の高熱にうなされることになった。

まだ熱に苦しんでいる五月一五日の日曜日、高橋伊望《いぼう》副官（のち中将、第三艦隊長官）が夫人同伴で見舞いにやって来た。するとその最中に、突然ラジオから犬養毅首相暗殺を告げる臨時ニュースが流れた。

六月二八日、惣吉は七週間ぶりに床の上に起きて食事をした。九月には二回血痰を見たものの、幸いにも何事もなく、一一月頃から少しずつ散歩が出来るようになった。

それから一〇ヵ月ほど経った昭和八年四月、高木は横須賀鎮守府で「人事部長承命服務」という辞令を貰い、職場復帰の手始めに、人事部の名簿訂正という軽い作業をすることになった。

一一月一五日、高木は中佐に進級し海軍大学校教官に任命された。海大教官の拝命自体は光栄だったが、軍政担当と聞いて頭を抱えてしまった。それは歴代の軍政教官には、山本五十六、古賀峯一、下村正助《しょうすけ》など、海軍きっての将来のエース級が就任していたからである。

教える範囲は、憲法、国際法、軍務、人事、兵備、教育、軍需、艦政、航空、その他と広範だった。このため部外講師に依頼することも多々あった。この時培った経験が、後年の海軍のブレーン・トラスト形成につながる。

高木は、昭和八年から一一年までと、一四年から一五年までの二回にわたり海大教官を務めた。この時の教え子の中には高松宮宣仁殿下もいた。

昭和九年一二月、満州の実情を見ておく必要があるということになり、三三期の学生と高木ら教員数名が一二月二一日、東京を発った。満州に入り、柳条湖事件の現場などを見学して宿舎に戻ると、八月に生まれたばかりの次男裕の危篤を知らせる電報が届いていた。このため高木は急遽帰国することにした。翌年一月九日に高木は帰宅したが、裕は脳症を起こして既に末期の状態にあった。そして一月一八日、惣吉と静江が見守る中、裕はわずか四ヵ月余りの生命を閉じた。

7　海軍良識派提督の更迭

ロンドン海軍条約をめぐる日本海軍内の条約派と艦隊派の対立は、山梨、堀と加藤（寛治）、末次の双方を更迭する形で収拾されることになった。形の上では両派相殺だったが、実質的には条約派の衰退であった。

加藤・末次一派が海軍内で実権を握る中で、昭和六年一二月、陸軍が閑院宮《かんいんのみや》を参謀総長に据えると、七年二月、海軍もまた谷口尚真《なおみ》に代えて艦隊派寄りの伏見宮を軍令部総長に擁立した。さらに加藤・末次一派は一一月八日、就任わずか四ヵ月の百武源吾に代えて、加藤直系の高橋三吉を軍令部次長に据えた。無定見な伏見宮軍令部総長を担ぐ軍令部の実質的権力は次長の高橋が握ることになる。

その高橋は、次長に就任すると早速「軍令部令の改定」に取りかかったが、これには強い抵抗が予想されたため、手はじめに「戦時大本営組織の改定」から着手することにした。軍令部の担当は南雲忠一大佐で、一方の海軍省の担当者は軍務局第一課長の沢本頼雄大佐と後任の井上成美大佐だった。

軍令部による改革案では、従来海軍大臣の下にあった「海軍軍事総監部」以下の軍政諸機関を廃止して「大本営海軍戦備考査部」を新設し、これを軍令部長の下に置く軍令機関とした。さらには「大本営海軍報道部」を新設することによって、報道宣伝を実質的に軍令部側の担当にするというものであった。

次いで軍令部側で着手したのが、「軍令部編制の改定」だった。

明治二六年、海軍軍令部が発足した時には、部長の下に第一局（出師作戦、編成など）と第二局（教育訓練、諜報）があり、総定員は海外の公使館付属将校や部内の書記を含めても二九名という小所帯だった。それを一挙に、第一班長直属（国防方針、戦争指導、軍事条約など）、第三班長直属（情報計画、情報総合など）を新設し、また第三班に二課増設して第七課（欧州列国軍事調査）、第八課（戦史）とし、さらに第四班を通信関係班として独立させて、第九課（通信計画、通信要務）、第十班（暗号研究）、第十一班（暗号維持）に改定しようというものであった。

この改定案で最も特徴的なことは、戦争指導を担当する第一班長直属、海外情報を総合する元締めとなる第三班長直属、それに海軍省の電信課を入れる軍令部第九課の新設であり、これによって軍令部は、戦時のみならず平時においても権限が拡大することになるのである。

これに対して海軍省側が局長や課長など全員が反対したため、改正案は藤田尚徳次官と寺島軍務局長の間で止まってしまった。

昭和七年九月三〇日、事態を打開しようとした高橋軍令部次長は海相官邸で岡田海相に直談判に及んだ。岡田が「自分はこんな乱暴な案は見たことがない。不都合千万じゃないか！」と言ったところ、高橋は「もし改定が叶わぬのであれば軍令部次長を辞する決心でいる」と嘯《うそぶ》いた。岡田は改定案には到底同意することが出来なかったので、ただ「見た」という印に【岡田】の印を逆さまに捺した。

一〇月一〇日、軍令部編制の改定が発令された。それまでの軍令部条例によれば、軍令部内の編制などは軍令部長の独自の発令で出来ることになっていたからである。しかし定員の増加は海軍大臣の承認が必要だったため認められず、結局既存の定員の範囲内で新設組織に割り振るしかなかった。

この編制改定により、谷口尚真、山梨勝之進の両大将、左近司政三、寺島健、堀悌吉、坂野《さかの》常善《つねよし》、下村正助の各中将など海軍良識派（条約派）の提督のほとんどが更迭されてしまい、現役にかろうじて残ったのは、山本五十六、古賀峯一、井上成美ぐらいしかいなくなった。

中でも堀悌吉の更迭に、山本五十六は大きな衝撃を受けた。堀は日本海軍きっての大秀才と言われ、これまで軍務局第一課長、軍務局長として海軍軍政の中枢を担ってきた人物であった。堀の更迭時、山本五十六は第二次ロンドン海軍軍縮予備会議の代表をしていたが、帰国途中にベルリンに立ち寄った際、堀宛に次のような手紙を送った（昭和九年一二月九日付）。

「吉田（善吾。少将、軍務局長）よりの第一信により君の運命を承知し、爾来快々《おうおう》の念に不堪。出発前相当の直言を総長（伏見宮）にも申述べ、大体安心して出発せるところ、茲に至りしは誠に心外に不堪。坂野（常善。中将、宇垣の組閣に対して、海軍が白紙なる旨を発表して更迭）の件等を併せ考ふるに、海軍の前途は真に寒心の至りなり。如此き人事が行はれる如く、今日の海軍に対し、之が救済のため努力するも、到底六かしと思はる。矢張り山梨さんが言われる如く、海軍の慢心に斃るる悲境に一旦陥りたるのち、立直すの外なきにあらざるやを思はしむ。爾来会商に対する張合いも抜け、身を殺しても海軍の為などと

大角岑生大将

山梨勝之進大将

左近司政三中将

いう意気込みはなくなってしまった。ただあまりにもひどい喧嘩別れとなっては、日本全体に気の毒だと思へばこそ、少しでも体裁よく、あとを濁そうと考へて居る位に過ぎない。……今日までとうとう手紙を書く気にもなれなかった。御諒解を乞ふ。向寒御自愛をただ祈るのみ」（『大分県先哲叢書　第一巻　堀悌吉』）

これ以降山本五十六は、加藤や末次を中心とする艦隊派に抜きがたい不信感を抱くことになった。

8　二・二六事件の発生

昭和七年五月一五日、白昼の首相官邸で犬養毅首相が暗殺された。この五・一五事件によって政党政治は終わりを告げることになる。

五月二六日、斎藤実《まこと》海軍大将を首班とする挙国一致内閣が成立した。七月、内田康哉《やすや》が外相に就任すると、八月の議会で「焦土外交」を表明し、九月、日本は「日満議定書」を結んで公式に満州国を承認した。

昭和八年二月二四日、国際連盟総会がリットン報告書を四二対一（日本）で可決したため、三月二七日、日本は国際連盟から脱退した。既に全満州を占領していた関東軍は熱河省から華北に侵入して、五月三一日、国民政府軍事委員会との間で塘沽《タンクー》停戦協定を結んだ。九月一四日、内田外相が辞任し、その後任に広田弘毅《こうき》が就任した。

昭和九年七月三日、斎藤実内閣が総辞職し岡田啓介内閣が成立した（広田外相は留任）。岡田内閣はワシントン条約の廃棄を決定した。仏伊に対して共同廃棄を呼びかけたが拒否されたため、一二月二九日、単独でワシントン海軍軍縮条約の廃棄を通告した。

昭和一一年一月一五日、日本全権永野修身は、第二次ロンドン軍縮会議からの脱退を通告した。

そんな最中の二月二六日払暁、二・二六事件が発生した。前夜から降り続く大雪の中、陸軍の青年将校と近衛歩兵第三連隊、歩兵第一、第三連隊の約一四〇〇名が一斉に政府首脳を襲った。最初に即死と伝えられた岡田首相は奇跡的に難を逃れたが、斎藤実内府、高橋是清蔵相、渡辺錠太郎《じょうたろう》教育総監らは暗殺され、鈴木貫太郎《かんたろう》侍従長は瀕死の重傷を負った。この時奇跡的に命が助かった鈴木によって、九年後の昭和二〇年八月一五日に戦争終結に漕ぎつけるのである。

当時海軍大学校には、三四期が二学年、三五期が一学年、そして教員が在籍していた。二・二六事件当日は、高松宮を除いて全員が登校していた。教官は交代で海軍省へ連絡に赴いたものの、一向に埒はあかず、そのうち戒厳令が発令されることになった。大角海相も皇道派に迎合的だったため、その態度には煮え切らないものがあった。結局、これ以降開店休業の状態が続くことになる。

反乱部隊に対する態度を鮮明にしない霞が関の海軍省とは正反対だったのが横須賀鎮守府だった。米内光政長官と井上成美参謀長は、以前からこのような事態が発生することを予期しており、そのための準備をしていた。

①特別陸戦隊は一個大隊を編成し訓練を行うこと。

②砲術学校の兵員二〇名を、いつでも鎮守府に呼集できるように準備をすること。万一の時には海軍省に派遣し、大臣官房の走り使い、あるいは小銃を持たせて警備に当たらせること。

③巡洋艦那珂を、いつでも芝浦に急行できるように準備をしておくこと。

二月二六日早暁、事件が発生すると、井上参謀長はすぐに鎮守府に駆けつけて、次の通り実行に移した。

①参謀一名を即刻、実情確認のため東京に派遣すること。
②砲術学校の兵員二〇名を緊急呼集すること。
③特別陸戦隊の出動用意（司令官佐藤正四郎大佐）。
④那珂の至急出港用意。
⑤鎮守府各部に自衛警戒の発令。

午前九時、那珂に特別陸戦隊が乗艦し終わり、まさに芝浦に向けて出港する間際になって、軍令部から「警備派兵には手続きが必要につき、那珂の出港を見合わせるように」との指令が入った。結局、陸戦隊の海軍省到着は、その日の午後遅くになってしまった。

腰が定まらない軍令部とは対照的に、米内と井上らは、もしも天皇周辺に危険が迫った場合には、特別陸戦隊が両陛下と側近を守護して那珂に避難してもらうことにしていた。

この事件では、海軍はＯＢである岡田啓介首相、斎藤実内大臣、鈴木貫太郎侍従長の三大将が襲撃された。このため海軍士官は反乱部隊に対して大いに反感を持った。

二・二六事件によって広田内閣は総辞職し、後継首相には、斎藤、岡田内閣で外相を務め、「協和外交」（満州国の育成と日満華の提携を基調とする国策）を推進してきた広田弘毅が任命された。

横須賀鎮守府長官時代の米内光政（昭和11年）

二・二六事件の余波がまだ収まらない中で、「庶政一新」を掲げる広田内閣に対して陸軍はあからさまに干渉してきた。広田内閣の当初の閣僚予定者で、実際に変わらなかったのは、陸海軍大臣の他には、大蔵大臣の馬場鍈一《えいいち》だけだった。

海軍は、小林省三郎中将や山下知彦大佐（山下源太郎大将の養子）ら、皇道派との関係が深いと見られていた海軍軍人を予備役に編入した。

二・二六事件後の粛清によって皇道派は一掃され、陸軍の実権は、梅津美治郎《よしじろう》次官と石原莞《かん》爾《じ》作戦課長に握られることになった。

陸軍側は粛軍人事として「軍部大臣現役武官制」の復活を要求してきた。

軍部大臣の現役武官制は、明治三三年五月一九日の陸海軍省官制改正で、「大臣及び総務長官（次官）に任ぜられる者は現役将官とす」と記載されたことによって確立した。

元来民主主義国家にあっては、軍人は政治に干渉してはならず、政治の責任は政治家に任せることとされていたが、プロシャ（ドイツ）国家を真似た日本陸軍には、近代民主主義の常識が理解出来なかった。しかし大正時代に入ると、デモクラシーの高まりとともに、軍部大臣の現役武官制は批判を浴びるようになった。

そこで大正二年六月一三日、第一次山本権兵衛内閣は、大臣、次官を予備役の大将、中将まで拡大することにした。これによって軍人であっても予備役に編入されれば政治活動をすることが可能となり、政党にも入ることが出来るようになった。

昭和一一年五月一八日、軍部大臣現役武官制が復活し、以後軍部は内閣の生命与奪権を握ることになった。八月七日、広田内閣は五相会議（首、外、陸、海、蔵）で「国策の基準」を採択した。この方針によって、政府は内政、財政の刷新をして、高度国防国家の建設を目指すことになった。

「国策の基準」を採択した同日、広田内閣は四相会議（首、外、陸、海）において、「帝国外交方針」を決定し、近年のソ連の軍備増強に対処するためにドイツと提携することを決めた。

ドイツでは一九三三（昭和八）年一月、ヒトラーが政権を握り、一九三五年三月一六日、再軍備を宣言した。一方ムッソリーニのイタリアも一九三五年一〇月三日、エチオピア侵略戦争を開始した。このためファシズム国家と民主主義国家との軋轢はますます激しくなり、遂にスペイン内戦となって噴出した。

一九三五年七月から八月にかけてモスクワで開催された第七回コミンテルン大会は、日本、ドイツ、イタリアのファシズム国家に対して、人民戦線で対抗することを決定した。

同年、ドイツ人のハックを通してナチス党外交部長リッベントロップから駐独大使館付武官大島浩《ひろし》少将に対して、対ソ防御同盟の非公式な提案がなされた。これを契機に、親独派の大島とドイツ側の交渉は急速に進展し、一〇月、リッベントロップは日本陸軍に打診してきた。このため一一月末、参謀本部の若松只一中佐がドイツに派遣されることになった。リッベントロップは若松との会談において、防共協定とは別に、秘密裡に対ソ防御協定を結ぶことを提案した。

昭和一一年四月二日、広田内閣は駐華大使の有田八郎を外相に迎えた。その有田はドイツと「薄墨色程度の協定」を結ぶ方針を採り、四月末の駐独大使武者小路公共《むしゃのこうじきんとも》の帰任を待って、日独間で協定を煮詰めることにした。武者小路大使とリッベントロップとの一〇数回にわたる交渉の結果、昭和一一年一一月二五日、ベルリンで「日独防共協定」が締結されることになった。日本がドイツと提携したことについて、有田外相はその国際的影響を楽観視していたが、米英ソからの強い反発を招くことになった。

9　軍務局員と海大教官を兼任

高木惣吉は、昭和一一年四月一日付で軍務局勤務となった。しかし海大での講義がまだ残っていたため、教官との兼務となった。

軍務局内には制度調査委員会が設けられ、機構制度の見直しが行われた。委員会は、主任の岡敬純《たかずみ》大佐と高木の他に澄川道男中佐（海兵四五期）、神重徳少佐（海兵四八期）がいた。

「高木日記」には、次のように記されている。

「四月二日（木）曇　六：四八にて登庁、八時沢本艦本総務部長に挨拶。次いで軍務局一課長に用談して調査会に出る。午前一〇時から澄川中佐、神少佐と三人で海軍全般体系に就いて討論、一二時終了。午後一時から第二調査委員会の研究調査の方針を委員会に附議、二時終了。沢本少将、塚原少将、原清大佐、金沢大佐より発言あり。沢本少将より将来文官大臣となる場合も差支なき様、制度を考へ置くことの必要に付提言あり。后者には異論なきも、前者には岡（敬純）大佐より一本釘を挿し置く」

この調査委員会では、兵備局の新設や海兵と機関学校出身者の「一系化問題」についても協議された。「一系化問題」とは、軍令承行令における兵科と機関科将校間の差別を撤廃することの可否のことであった。本来、軍令承行令は、艦船あるいは部隊の戦闘を指揮する場合のみに適用を限定して、そこでの応急的な継承順位を定めたものであったが、いつしか拡大解釈されて、常に兵科優位の考え方が支配することになったため、こうした差別を是正する必要が出てきた。

高木は澄川中佐や神少佐らとともに、中央の各部局、軍令部、各鎮守府、要港部などを回って意見を集めて改正案を書き上げた。これを一一月二一日の制度改正委員会にかけてみたが、当の軍務局の主務者は消極的であった。この委員会は、永野海相がわずか一〇ヵ月で連合艦隊司令長官に転出したため、結局尻すぼみに終わることになった。

海大での講義をすべて終えた高木は調査課と軍務局の兼務となり、その後三年五ヵ月月に亙って陸上勤務が続くことになる。

九月、澄川中佐は第三艦隊へ、神少佐は軍務局へ転任せよ、との内示があった。

昭和一二年一月二一日の第七〇再開国会の冒頭、浜田国松代議士は、日独防共協定（昭和一一年一一月二五日署名）に関して、「このような協定は列国の猜疑《さいぎ》を招き、国民思想にも影響することを憂える」と鋭く批判した。これに対して寺内寿一《ひさいち》陸相は、「先ほどから浜田君が縷々お述べになった、いろいろの御言葉を承りますと、その中に軍人に対しまして、いささか侮辱される様な感じを致すところのお言葉を承りますが……」と切り返した。

すると浜田代議士は、「速記録を調べて、僕が軍隊を侮辱した言葉があったら、割腹して君に謝する。なかったら、君、割腹せよ！」と喝破して詰め寄った。このいわゆる「割腹問答」によって、広田内閣は総辞職することになった。

大命は宇垣一成《うがきかずしげ》大将に降下したものの、陸軍の忌避に遭って流産し、昭和一二年一月二九日、林銑十郎《せんじゅうろう》陸軍大将に組閣の大命が降った。

第二部
海軍省調査課長時代

1　初代海軍省調査課長に就任

海軍不戦派トリオが揃う

制度調査委員から調査課員兼軍務局員に横すべりした高木惣吉は、昭和一一年一二月五日、井上軍務局長に制度調査委員会の報告を提出した。そしてその日から大臣の議会答弁資料（正式には時局資料、極秘扱）の作成に取り組むことになった。

翌一二年二月二日、林銑十郎陸軍大将内閣が成立し、米内光政大将が新海相に就任した。ここに米内大臣・山本五十六次官・井上成美軍務局長（一〇月二日に就任）の海軍不戦派トリオが揃うことになった。

米内新海相は、折から議会開会中とあって、就任とともに官邸に寝泊まりして答弁資料に首っぴきで猛勉強を始めた。議会関係事務の主務である高木も大いに張り切った。

答弁資料は、一応原案が出来ると、次官を長として各部局の予算関係者の審議にかけて補充修正をかけること二、三回に及ぶという非常に面倒なものであった。それが済むと、軍事参議官、海軍出身の貴衆両院議員、衆議院各派代表、貴族院各派代表の順で大臣官邸に招待して海軍予算を開示して補足説明を加え、その間にあらわれた質議などに照らして、さらに答弁資料に訂正を行うという手続きを重ねた。

これらの資料は、もともと軍務局で作るものと思われたが、面倒なことと、主務者がみな忙しいため、いつの間にか調査課、別けても高木の主務になってしまった。

高木の周到で緻密な仕事ぶりに、米内、山本、井上の海軍首脳は感嘆した。これが後年、米内や井上が終戦工作を高木に内命することにつながる。

昭和一二年度の予算が成立すると、林首相は突然衆議院を解散した。その狙いは議会内の反陸軍勢力を一掃し、林内閣を支持する新議員の確保にあったが、四月三〇日の選挙の結果は首相側の大敗に終わった。予算（「御馳走」）を通した直後のこの解散は「食い逃げ解散」と皮肉られた。

近衛文麿内閣と盧溝橋事件

五月三一日、湯浅倉平《くらへい》内府は、興津に西園寺公を訪ねて協議し、後継首相に近衛文麿《このえふみまろ》公爵を推薦することにした。六月四日、近衛文麿内閣が発足し、杉山元と米内光政は引き続き陸海相に留任した。

ところが、新内閣が政策の大綱を打ち出す暇もなく、組閣一ヵ月後の七月七日夜半、日中戦争の発端となる盧溝橋事件が勃発した。七月九日、閣議で杉山陸相は出兵を提案したが、米内海相は不拡大の見地からこれに反対した。この時陸軍は、関東軍と朝鮮軍と合せて混成三個旅団その他の部隊を準備して天津軍に増援し、内地から五個師団を急派する考えだった。
『昭和天皇実録（7）』には、次のように記されている。

「一一日　日曜日　午前九時三五分、内大臣湯浅倉平に謁を賜う。内大臣より、昨夜の日支両軍再衝突を受け、参謀総長より拝謁の願いがあった件に関し、北支への派兵は日本と支那との交戦、ついで日本対支那・ソ連邦との戦争につながる恐れがあり、参謀総長の奏請に対する勅答は、重大なる結果を生ずべきにつき、参謀総長への謁見に先立ち、総理を召されては如何との言上を受けられる。その際天皇は、満州事変時の如く陸軍が統帥権干犯を持ち出す恐れがあるため、総理を召すのは参謀総長奏上後にすべきこと、及び参謀総長の奏上内容によっては、総理の意見を聞くまでは裁可を保留する旨を仰せになる。一一時二五分、参謀総長載仁《ことひと》親王に謁を賜わり、日支両軍衝突事件の昨夜の状況及び事件への対策につき奏上を受けられる。これに対し、万一ソ連邦が武力を行使した場合の措置に付、御下問になる」

この頃陸軍部内では、この際中国に一撃を加えるべきであるとする参謀本部作戦課長武藤章大佐や陸軍省軍事課長田中新一大佐を中心とする拡大派が、対ソ作戦重視の観点から今は自重すべしとする参謀本部次長多田駿《はやお》中将、参謀本部第一部長石原莞爾《かんじ》少将、同戦争指導課長河辺《かわべ》虎四郎《とらしろう》大佐、陸軍省軍務課長柴山兼四郎《しばやまかねしろう》大佐ら不拡大派に、勝ちを収めつつあった。かくして閣議は、参謀本部の華北派兵案を承認した。

このような情勢について、高木は次のように分析している（「高木日記」）。

「七月一四日（水）雨　対支開戦に関する陸軍の二派　軍事課長（田中新一）主戦論　軍備課長（柴山兼四郎）非戦論　次長今井（清）、石原（莞爾）、河辺（虎四郎）自重論　武藤（章）　支那班主戦論………秦（彦三郎）（新聞班）主戦論」

「七月二三日（金）晴　……何れにするも楽観を許せざるも、我が国としては今や大事なる時機、戦を求めて国に利する所ある道理なし」

これに対して蒋介石は、七月一九日、江西省廬山で「最後の関頭」声明を発表して、徹底抗戦の方針を闡明にした。

七月二五日に「廊坊事件」、二六日に「天安門事件」が発生すると、天津軍司令官香月清司《かつききよし》中将は武力発動を決意し、二七日閣議は内地三個師団の華北派兵を決定して、華北総攻撃を開始した。八月一五日、海軍航空隊が台湾の台北と長崎の大村海軍航空基地から悪天候をついて上海空襲を強行した。

一〇月一日、四相会議は、「支那事変対処要綱」を決定した。これには、この事変（戦争）を速やかに終結するために、蒋介石政権および第三国に対して和平工作をすることが記載されていた。第三国の和平斡旋で広田外相が最も期待していたのはドイツだった。

一〇月二五日付で、高木は海軍省臨時調査課長に就任した。

一一月から駐華大使トラウトマンによる日中和平工作が行われたが、中国戦線における日本軍の優勢に伴って、日本側の条件が著しく釣り上がったため、結局不調に終わることになる。

日中戦争は、米内海相が心配した通り、中支にも拡大したため収拾がつかなくなった。

杉山陸相は、「北支戦線は保定付近の線で止まる」と言っていたものの、出先部隊は中央の統制に従わなかった。

日中戦争が始まって間もない頃、昭和一二年七月二五日から八月八日までの第七一回特別議会開会中の閣議で、大谷拓相が杉山陸相に「北支戦線はどこまで拡大するか？」と質した。杉山陸相は黙したままだったため、米内海相が「それは永定河と保定の線で止まることが決定されている」と答えた。すると陸相は血相を変えて「こんな所で言っては困るではないか！」と食ってかかる一幕もあった。杉山陸相は、戦線の概定は統帥事項であって、閣議で議論すべきものでないと考えていたのだ。これなどは軍事優先を象徴する何よりの証左であった。

「高木日記」昭和一二年一二月一一日付に高木の情勢分析が記されている。

「　極秘　軍務局　　広田外相の講和条件提示に関する経緯　　高木［印］

［極秘情報］今次事変に際し陸軍軍備は整備不十分なりしに加へ、予想以上の全面作戦に推移し外観的戦果の花々しきに似ず、陸軍の内情は所謂『火の車』の感あり。過般来杉山陸相は頻りに外相に対し、外交活動を慫慂し和平解決に対する焦慮の態度を示せり。依て広田外相は初め英大使と連絡を試みつつありし所、陸軍省と権限争に盲目的なる参謀本部は独断直接独武官『オットー』少将と交渉を開始せり。爰に於て独逸大使は事件の性質上並自己の立場上黙過し難きとして割込みに来り、広田外相、独大使間の連絡となれり。広田外相は交渉に先んじ、勿論首相の諒解を求めたりと称するも確かならず。然るに陸相は部内に対する関係上自ら広田外相を説きて動かしたる覚えなしとて問題となり、遂に対支方針の閣議再審議となれる次第なり。

［所見］日独防共協定其の他、実例に鑑みるも、内閣を出抜き国策を左右せんとするの傾向少なからず。加之に、近時陸軍省参謀本部間にも相当深刻なる権限争ひありて、省部自体に於て互に他を凌駕せんとするしつつあり。斯くては陸軍の無統制に固由し、国防、国策上に悪影響を来す惧れなしとせず。海軍は能く省部意思の疎通に遺憾なからしめ、陸軍との連絡を密にし、彼の脱線的行動を規正するを要す。戦後対策に移らんとする此の時機

は、特に警戒を必要とす」

「陸軍に押されて内地師団を動員すれば、局地解決どころか必ず拡大して収拾がつかなくなる」と考えた高木は、「増援部隊を出さないように総理に働きかけてほしい」と元老秘書官の原田熊雄に依頼した。

高木が忙しく飛び回っていた昭和一二年は、一家にとって多事多難の年であった。

まず惣吉であるが、議会再開前に近畿地方の工場視察に出張した際の一月九日、大阪で中耳炎に罹ってしまった。三日ばかりホテルで静養したものの快復しなかったため、帰京して一四日に平塚海軍共済病院に入院した。退院後も二月初旬まで茅ケ崎の自宅から平塚まで通院しなくてはならなくなった。しかし中耳炎はなかなか完治せず、結局岡田和一郎博士の診察を仰ぐことになり、四月六日、根岸の岡田養生院で手術を受けた。

そんな最中に、今度は妻の静江が盲腸炎のため、同じ平塚海軍共済病院に入院した。これに加えて六歳になった成《あきら》が扁桃腺炎に罹り、六月二日、赤羽の済生会病院で扁桃腺とアデノイドの摘出手術を受けた。

張鼓峰事件の発生

昭和一三年一月一六日、近衛首相は、「爾後国民政府を対手にせず」との声明を発表した。

近衛首相はいつの頃からか、南次郎、杉山元、小磯国昭、西尾寿造《としぞう》、梅津美治郎《よしじろう》ら「統制派」の諸将に不信感を抱くようになり、その対抗策として、真崎甚三郎《まさきじんざぶろう》、荒木貞夫、柳川平助《やながわへいすけ》、小畑敏四郎《おばたとしろう》、板垣征四郎《いたがきせいしろう》らの、いわゆる「皇道派」の諸将を頼りにするようになった。近衛の政治手法は、伝統的な「公家政治」のやり方を踏襲しており、自らの主張を表に出すことなしに、常に勢力のバランスを見定めていくやり方を採った。

近衛は日中戦争拡大派を牽制するために一〇月一五日、臨時内閣参議制を提案し、宇垣一成、末次信正、町田忠治《ちゅうじ》、池田成彬《しげあき》、荒木貞夫、安保清種、郷《ごう》誠之助、秋田清、前田米蔵、松岡洋《よう》右《すけ》の一〇名を任命した。

陸軍の中国本土作戦は、三個師団を動員しても終了しなかった。さらに保定を占領しても戦線は停止せず、上海に飛び火した。それどころか漢口作戦の準備の最中の七月一五日、今度は張鼓峰において、日ソ両軍が衝突するという事件が突発した。この地域は住民の大半が朝鮮人だったことから、朝鮮軍（日本軍）が防衛することになっていた。

朝鮮軍は第一九師団と第二〇師団だったが、第二〇師団は北支那方面軍に配属されて山西省内で戦っており、第一九師団だけが朝鮮に留まっていた。

この武力紛争は、張鼓峰の頂上稜線を国境と信じていたソ連軍に対して、国境はその遥か東側と信じる日本軍が攻撃したことによって始まった。

海軍は、張鼓峰事件によって対ソ戦が激化すれば、朝鮮海峡や津軽海峡の守備に兵力不足となり、中国沿岸の封鎖作戦を根本から再検討しなければならなくなるため、絶対反対だった。

「高木日記」には、次のように記されている。

「七月二二日(金)　晴　〈絶対極秘〉（取扱注意）

板垣征四郎陸相就任祝賀会
左から米内光政、板垣、東條英機
（昭和13年）

岡敬［印］

アト　臨調課長　高木［印］

極秘情報　　１３，７，２２，１８００

１、問題と三相会談　張鼓峰問題に関する陸海外三相会議に於いて、海相は強硬に実力行使の不可なる所以を力説し、若し其の主張容れられざるに於ては到底留まりて責任を執る能はざる旨決意を表明したる為、会議は纏らずして散会し、陸相は大に凹み、『困った、困った』と頭を掻きつつ退出せり。

２、陸軍の兵力行使の奏請不裁可　参謀総長の御允裁は御手元に留め御裁可の運びとならず。侍従武官長を通じて陸相に国境問題にて兵力行使の件なれば、御裁可の御模様なく、拝謁の徒労なるべき皆を予め内報せられたるに拘らず、強て拝謁を奏請したり。（中略）然るところ陛下の御気色厳しくして御語気頗る強く、『陸軍は朕の命を奉ぜざるか、柳条溝事件然り盧溝橋事件亦然り、陸軍は国家の安危を何と心得居るや。仮令一兵と雖も朕の命に依るにあらざれば、之を動かすべからず』と仰せしたり。陸相恐懼措くところを知らず」

張鼓峰事件における戦死傷者は、日本軍一四四〇名、ソ連軍八四七名だった。両軍の死傷者の比率は１・７対１で、日本軍は苦戦した。ところが日本軍はこの事件でも懲りずにノモンハン事件を引き起こすことになる。

ノモンハン事件起こる

昭和一四年五月一二日、ノモンハンの南西一五キロ付近で、外蒙騎兵約七〇〇騎がハルハ河を越えて来たため、満州軍警備隊と衝突した。満州国の建国以前は外蒙領だったが、満州国はこの河を境界線としていた。

小松原師団長が率いる第二三師団はハイラルに司令部があった。そこで日本側では、東八百蔵中佐の騎兵二三連隊の主力支隊を急派したところ、外蒙軍はハルハ河の南岸に避戦した。このため東支隊が引き上げると、一六日からまたハルハ河を超えて侵入して来た。

このため今度は山県連隊長の約一〇〇〇名の部隊が駆け付けてみると、優勢な外蒙・ソ連軍の攻撃のため包囲されて、全滅する事態となった。

六月二日、スターリンは、名将ジューコフ将軍に対して、ノモンハン方面の指揮を執ることを命じた。当時は日独伊三国軍事同盟の動きがある一方で、独ソ交渉も始まっており、スターリンとしては、まず東の日本軍を叩いた上で、ヨーロッパでの戦略に専念したいと考えていた。

ソ連の軍備増強を察した関東軍は、第二三師団に対して、当時日本軍で唯一の戦車軍団（安岡戦車団）を増強し、さらに第二飛行集団（一八〇機）を含む一万五〇〇〇の兵力による攻勢計画を策てて、七月三日未明、ハルハ河を渡って奇襲攻撃をかけた。当初は自信満々の関東軍だったが、渡河して攻め込んだ第二三師団は数百台のソ連軍戦車や装甲車によって粉砕されてしまった。

七月二三日、関東軍は砲兵戦で挑んだものの、ソ連軍の前に大損害を蒙って、三日で攻撃を中止せざるを得なくなった。

八月二〇日、ソ連軍は、五万七〇〇〇名という日本軍の数倍の大兵力と最新型の戦車や火器でもって、総攻撃をかけてきた。このため各戦線で日本軍は分断されたが、ソ連軍がノモンハンの国境線で停止したため、かろうじて全滅を免れることになった。

この紛争における日本軍の死傷者は約一万八〇〇〇名に上り、主力の第二三師団の死傷率は七二%にも達した。

総攻撃の最中の八月二三日、独ソ不可侵条約が締結された。そして九月一日、ドイツ軍のポーランド侵攻によって、第二次欧州大戦が始まる。

2　防共協定強化問題と高木惣吉

日独政治提携強化問題

今日、「日独防共協定強化問題」および「日独伊三国軍事同盟締結」に関する研究の基本資料は、高木惣吉が記録した資料(『日独伊協定問題経緯』や「日独伊軍事同盟成立の経緯」〈『世界』昭和二五年一一月号〉)と、その他には『現代史資料⑩日中戦争①』(みすず書房)に所載されている「日独伊三国協定問題の経緯」(昭和一四年一月九日、陸軍省軍務課)、「防共枢軸強化問題経過覚」(昭和一三年二月一〇日、外務省欧亜局二課)、「日独伊三国協定問題経緯」(昭和一四年八月一一日、海軍省軍務局一課)などに依拠している。

高木は昭和一二年一〇月二五日、海軍省臨時調査課長に就任した。続いて昭和一四年三月三一日からは「臨時」が取れて海軍省調査課長として、日独伊防共協定強化問題から日独伊三国軍事同盟締結に至るまでの過程を、日々克明にフォローして、海軍省首脳の米内海相、山本次官、井上軍務局長に報告した。

陸軍の組織は海軍に比べてはるかに大所帯で、陸軍省、参謀本部、各師団、関東軍、その他に分かれているため、その政策を一本化することが難しかったのに対して、海軍の場合は海軍大臣の下でその政策が統轄されていた。

このため海軍政策（海軍が内外に発出する外交、内政、その他の政策）は、高木調査課長の下に集められ練られて、軍務局長―次官―大臣へと上げられていった。したがってこの期間、一貫して海軍省調査課長にあった高木が遺した日記や多くの資料の数々は、日本海軍の政策を研究する上で非常に重要になってくるのである。

本節では、日独伊防共協定問題と日独伊三国軍事同盟締結に至る経緯について、筆者が所蔵している高木資料の他、高木惣吉の『自伝的日本海軍始末記』（昭和五四年、光人社）や『太平洋戦争と陸海軍の抗争』（昭和五七年、経済往来社）、その他の著書に準拠して考察する。

戦後になって著書を執筆する高木と妻静江（昭和21年）

さて、満州から中国におよぶ大陸国防を担う軍事的責任者としての陸軍が遮二無二《しゃにむに》にしがみついたのが、この「日独伊防共協定強化」を名目とする日独伊三国軍事同盟であった。

一九三三（昭和八）年一月、政権の座についたヒトラーは、一九三五年三月再軍備宣言を行い、翌一九三六年三月にはラインラントの非武装地帯に進駐し、次々とヴェルサイユ体制の打破を強行した。

一九三七年一一月五日、ヒトラーは閣議において、ドイツのレーベンスラウム（生存圏）を拡大するために、近い将来ヨーロッパの領土問題を解決することを明言した（ホスバッハ覚書）。ヒトラーがこの計画を実行すれば、ドイツとフランスやイギリスとの間で早晩戦乱が生じることは明らかだった。

一九三八年一月二日、ナチス党外交部長リッベントロップは、対仏英牽制を狙いとする日独伊同盟結成の覚書をヒトラー総統に提出した。さらにリッベントロップは、新年の挨拶のためベルリン近郊のゾンネンブルグの彼の別荘を訪れた大島浩駐独武官に対して、日独関係の強化を希望した。

二月四日、ナチス党外交顧問から正式に外相に就任したリッベントロップは、日本軍部の信頼を得るべく、それまでのドイツの対中国政策を改めることにした。二月二〇日、ドイツは満州国を承認し、ドイツ軍事顧問団の中国からの引き上げや、対中武器輸出の禁止などの新政策を打ち出した。

一方日本では五月二六日、近衛首相は内閣を改造して、外相に宇垣一成陸軍大将、蔵相兼商相に池田成彬、文相には皇道派の領袖である荒木貞夫陸軍大将をそれぞれ任命した。

リッベントロップおよびカイテル将軍らによる日独提携強化の要望の連絡を大島武官から受けた参謀本部では、対応策を練って六月、大島武官に送付した。

七月一九日、五相会議（近衛首相、宇垣外相、板垣陸相、米内海相、池田蔵相）において、「日独及日伊間政治的関係強化に関する方針案」が協議され、「独逸に対しては防共協定の精神を拡充して之を対ソ軍事同盟に導き、伊太利に対しては主として対英牽制に利用し得る如く秘密協定を締結する」旨を決定した。

この間、大島武官とリッベントロップ外相の話し合いは一段と進展して、大島武官が私案として対ソ協定案を提示するまでになった。これに対してリッベントロップは、一般的相互援助条約を希望した。

大島とリッベントロップは協議の結果、まず日本の陸海軍に打診することにした。

大島は、昭和一一年一一月に締結した防共協定の内容が直ちにソ連に洩れたことに鑑みて、機密保持の観点からドイツ出張中の笠原幸雄（宇垣大将の義弟）少将にリッベントロップ私案を託して帰国させることにした。

帰国した笠原は、八月七日、陸海軍首脳会議の席上、このドイツ案を披露した。陸軍はこの案に直ちに同意したものの、海軍はこの種の重大問題は五相会議にかけるべきものと主張して慎重な態度をとった。しかしまたその内容がソ連に限定するものならば、主旨として異議ない旨も回答した。

八月一二日、五相会議が開かれ、宇垣外相は、七月一九日の五相会議の決定の線に沿って作成されたところの、軍事同盟ではなく相互援助を主旨とする「日独政治提携強化方針要領」と「日伊政治提携強化方針要領」の外務省案を提出した。これに対して板垣陸相は、ドイツ側は日独伊三国を一つの協定で結びたい意向だとして反対した。

八月二三日、陸軍、海軍、外務の三省の事務当局による協議が行われた。続いて八月二六日の五相会議では、笠原が携行してきたドイツ案に修正が施されることになった。この修正の要点では、前文に「共産主義に対する防衛の日独伊の共通の利益」を掲げ、自動的参戦を避けるために「他から攻撃を受けた時には直ちに協議に入る」ものとした。

この修正案は八月二九日、陸海軍次官から大島陸軍、小島海軍の両武官に陸電第二三五号として打電された。その冒頭には「陸海軍ともドイツ案の趣旨に同意」の旨を記した。

さらに同日、陸電第二三六号電で、陸軍次官より大島武官に対して、本協定はソ連を主目標とした防御的なものであることと述べた。大島はこれを、「協定の対象はソ連を主とするが、正面の敵とする印象を与えないように用語上注意すれば、ソ連以外の国も従たる対象に含む」と理解した。九月一日、大島はリッベントロップ外相に「日本政府はドイツ案の趣旨に同意である」と語った。

その前日の八月三一日、宇垣外相は東郷茂徳駐独大使に、ドイツ案およびこれに対する五相会議の修正案を伝えた。東郷大使は、「日独伊同盟は防共協定強化の賛成者が論ずる如く、日支事変の解決に貢献するものではない。尚ドイツの勃興を以て自己の力によるものと信じて、目的達成の為には凡てをリスク傾向の強いヒトラーと協力することは、二千有余年の歴史を有する我国として甚だ危険である。又三国同盟は欧州における戦争惹起に悪用される可能性が多く、而して結局日本も巻き添えを喰う事があると認められることから、本件同盟交渉は之を取り止むる事可然」との反対意見を具申するとともに、さらに「重ねて日独関係を現存の線以上に進むることの不可なることを強調し、陸軍武官をして、斯かる軍事関係以外の事を取り扱わしむる事が不当である」旨具申した（東郷茂徳『時代の一面』一一四〜一一五頁）。

ところが九月末、宇垣外相が辞職すると東郷大使も更迭され、代わって大島武官がドイツ大使に昇格することになった。また有田新外相になると、堀田駐伊大使に代わって、外務省革新派のリーダーである白鳥敏夫が駐伊新大使に任命された。

防共協定強化問題をめぐる陸海の対立

海軍内では、米内、山本、井上の首脳部は、大島提案の日独伊防共協定強化案に強硬に反対しているものの、岡軍務局長以下の事務当局ではむしろ賛成論の方が多かった。

高木は、三国同盟推進を抑止するのであれば、次のような配慮がなされるべきであると考えていた。

①当時国内には是が非でも日独提携してソ連を東西から挟撃したいという陸軍の宿命的な日ソ必戦論があり、これを思い止まらせる必要があること。このことを血気にはやる中堅層や独伊駐在武官に浸透させる必要がある。

②英米側としては、反日政策および援蒋政策の転換があってしかるべきであること。日本の国力と、海外資源に依存する日本の弱点を見くびった押せ押せ政策の緩和と反省があるべきであること。

③日本の政軍の指導者には、強いリーダーシップと信念がなければならないこと。保身術に明け暮れたり、若い狂信将校の脅しなどにびくつかない勇気が必要であること。

④陸軍を事実上動かしている、課長以下の中堅層の認識を改めさせる必要があること。

⑤海軍の首脳部は事務当局に対して、肚から枢軸提携が危険だという事を納得行くまで説得しなければならないこと。

高木としては、陸軍を説得することが出来ず、また英米の対日圧迫も緩むことがないとすれば、防共協定強化↓軍事同盟↓対米英関係の一層の悪化と進むことは避けられないと考えていた。

一九三八年九月二九日~三〇日にかけて、ズデーテン地方のドイツへの割譲を決めた英仏独伊の四か国首脳によるミュンヘン会談が開催された。この会談の際リッベントロップは、笠原携行案に対する日本側の回答を斟酌して一部を修正した日独伊三国協定案を、チアノ伊外相に手渡した。

さらに一〇月二七日、ローマに赴いたリッベントロップはムッソリーニに、日本側では三国同盟への関心が高まったと告げ、挑発によらざる攻撃に対する防衛条約を三国間で結ぶ必要性を訴えた。また、「かかる条約を締結する以上、締約国の何れかが直ちに有効に利用し得ることがヒトラー総統の希望であり、イタリアにおいても即時締結に同意されたい」と説いた。

ムッソリーニはこれに基本的に同意したものの、国内宣伝の上から締結の時期を来年三月まで待つように要望した。

一一月一日、大島大使は、ドイツ側の条約案を有田外相に報告した。その中で大島は、「ドイツ側立案ノ条約案ハ、ドイツ側ヨリ我方へ正式ニ提案セル次第ニ非ルモ」と断っていたが、ともかくもこれによって防共協定強化問題は正式に外交ルートに乗ることになった。

一一月一一日の五相会議では、大島大使から送付されてきたドイツ案に対する日本側の態度について協議が行われた。協議の核心は、協定の対象をどうするかにあった。

その結果、有田外相より示された見解、すなわち「本協定はソに対するを主とし、英仏等はソ側に参加する場合において対象になるものにして、英仏等のみにて対象となるものに非ず。勿論仏が赤色化したる如きは対象たるべし」ということに全員が賛成した。

ところが一一月二四日、大島大使より有田外相に「武官時代に受け取った電報の理解とは異なる」との強硬な反対電報が送付されてきた。

この大島電に対して東京の外務省は、「本件に対する国策は、終始一貫防共に限定せられ居り、何等変更せられたる非ず。曩《さき》に訓令したる案にても英仏に対し大なる睨みを利かし、有効なる政治的効果を納め得べし」との外務省回電案を作って、一二月九日の五相会議に提出した。

しかし板垣陸相から異議が出され、一二月一二日、外務省案に「即ち本協定が『ソ』に対するを『主とする』意味は、支援及援助は『ソ』に対する場合に重点を置くことを示すものにして、『ソ』以外に対するものを全然除外するものに非ず」とする字句を挿入する陸軍側の修正案が出された。

一二月一二日、外陸海の主務者はこの修正案に同意した。このため米内海相としても、この際明確な日本海軍としての見解を表明する必要性が出てきた。一二月一三日、海軍側の主務者が米内海相に上記の修正案を提出したところ、第一条、第二条とも、「英仏は範囲外」であることが明らかになった。

ここに至って、過去四ヵ月に亙って陸海の主務者が考えてきた解釈は、八月二六日の五相会議で決定された第三国についての解釈とは全く違っていたことが明らかになった。

一二月一三日、四相会議（近衛首相欠席）が開かれた。

板垣陸相は、「八月二六日の五相会議の決定は、ソ連を主とするが、従として英仏をも対象とする趣旨であって、ソ連以外に対するものを除外するものではない。一一月一一日の五相会議の決定もその趣旨である」と、大島大使の主張に沿った発言をした。これに対して、海軍、外務、大蔵の三相は真っ向うからこれに反対した。

一二月一四日と一六日に開かれた四相会議でも、陸相と他の三相の意見は完全に対立したため、海軍の主務者は内閣の崩壊を避けるため、次の妥協案を作成した。
（1）条約文は、一一月一一日外務省案、其の儘とす。但し付属秘密協定にある武力援助はソ連のみに限るの項は陸海軍意見の通り、之を削除す。
（2）右条約を日本案として独伊に提示し、之を成立せしむるも、本協定実施に関し、次の如く諒解す。
（イ）兵力の実施は、ソが単独に又第三国と協定して、締約国の一を攻撃したる場合に限るものとす。
（ロ）第二条の実施も、英仏がソに加担せざる限り、現情勢に於いて、英仏を対象とする意思なし。従って具体的細目協定の場合、本領の趣旨に反せざる如く措置するも、独伊に対しては我が態度を察知せられざる如く適宜折衝す

（『現代史資料⑩』一九六頁）

陸軍側はこの妥協案に同意した。外務省側も欧亜局長まで同意し、一二月一九日、有田外相に提出された。しかし有田外相はなお熟考したいとして同意しなかった。二三日に開かれた五相会議でも意見の一致を見ることはできず、したがって大島大使に対して政府回訓を送付することが出来なかった。

そうこうしているうちに、昭和一四年一月四日、近衛内閣は総辞職し、平沼騏一郎《きいちろう》内閣が成立した。陸相板垣征四郎、海相米内光政、および外相有田八郎はそのまま留任した。

「小田原評定」を繰り返す五相会議

昭和一四（一九三九）年一月五日、平沼内閣が正式に成立すると、高木の身辺は急に慌ただしくなった。

一月一七日夜、高木は、軍令部の小野田捨二郎中佐以下五、六名の若い参謀たちに水交社に呼ばれて、大いに海軍中堅層の不満を聞かされた。

彼らの言い分によれば、参謀本部と軍令部とが三国同盟問題で折衝しようとする際、海軍側は次長直属の横井忠雄大佐（海兵四三期、海大首席卒）を中心にして出かけるものの、陸軍の方は秩父宮を交渉の表に立ててくるという。こうなると海軍側が位負けしてしまって、いつも歯

ぎしりせざるを得なくなる。小野田や藤井茂らの参謀たちが古賀峯一次長に窮状を訴えても、反対に叱り飛ばされるだけでどうにもならなかった。このため高木に何とかして欲しいと泣きついてきたのだった。

小野田らが言うには、従来皇族は、政治不関与の伝統から実際の政策問題に口を挟むのは厳禁とされていたはずである。それが今は守られていない。海軍側は、秩父宮が政策問題に興味を持って深入りするのは危険な火遊びになるとして憂慮しているとのことであった。

中堅層のもっともな訴えを聴いた高木は、この微妙な問題を西園寺公秘書の原田熊雄男爵に耳打ちして、宮中方の善処を求めることにした。

さて平沼内閣の成立直後、ドイツから正式に三国同盟案が日本とイタリアに送られてきた。一月一七日、五相会議が開催され、ドイツ案を支持する板垣陸相と、それに反対する他の閣僚との間で、次のような激論が展開された。

板垣陸相　ソを主たる対象とすることは固よりなるも、英仏をも対象たらしめることを排撃することとなし。武力援助に於いては、ソを対象とする場合は、之を行ふこと勿論なり。英仏を対象とする場合は、之を行ふや否や及其の程度は、一に状況に依る。……三国関係強化の議起こりたる時に比し、今日の情勢は変化せるに付、自主外交が必要なり。是れ陸軍案を可とする所以なり。

米内海相　三国同盟を強化せば、英仏を向ふに廻して成算ありや。蔵相の意見を承り度。また国際協定に於て自国の不利を忍で迄、先方の利益の為、之を締結せざるべからざるものなりや。独伊日夫々対象とする国を若干異にするものを、一纏めにせんとする所に無理ありと認む。

石渡蔵相　我経済の対手を、今日英米より独伊に変更することは、困難なりと認む。然し米英の側に付く様になることは恐るべき事なり。少なくとも独伊を我より離さぬ程度の協定は必要なりと思ふ。

米内海相　陸軍案の如きもの纏まりしものと仮定したる場合、支那事変の解決上、直接如何なる効果ありや（甚だ疑問）。

このように五相会議は、米内海相と板垣陸相の意見が全面的に対立したため、完全に行き詰まることになった。そこで有田外相は一月一九日、以下のような妥協案を提出して、ようやく五相会議の採択するところとなった。

（イ）対象　ソを主たる対象とすることは固よりなるも、状況に依り第三国をも対象とすることとあるべし。

（ロ）武力援助　ソを対象とする場合は、之を行ふこと勿論なり。第三国を対象とする場合、之を行ふや否や及び其の程度は、一に状況による。

（ハ）有効期間　五ヶ年。

（ニ）第三国への説明　コミンテルンを対象とすと説明す。

（ホ）秘密了解事項として、左の二項を取極む。

①兵力的援助は、ソが単独に又は第三国と協同して締約国の一を攻撃したる場合に行はるるものとす。

②第三国に対しては、本協定は防共協定の延長にして、共産主義の破壊工作に対する防衛を目的とするものなりとの趣旨にて説明す。

高木を側面から援護する元老西園寺公秘書の原田熊雄

一月一六日、高木は麻布永坂町にある池田成彬前蔵相邸に、松平康昌、原田熊雄の両氏とともに呼ばれた。池田前蔵相は、近衛内閣時代の五相会議の状況について憤りを込めて語った。席上高木は、海軍の中堅がなぜ三国同盟に傾いているかについて説明したが、当時の高木が、米内海相・山本次官・井上軍務局長ら首脳陣の日独伊三国防共協定強化反対の方針に飽き足らなく思っていたことは、「高木日記」の記述からもうかがえる。

「三国協定問題につき昨日の五相会議にて、『武力援助は英仏のみを対象とする場合は、現在は勿論、近き将来に於ても之を行はざる方針とす』る旨の修正決議あり。海軍大臣の当初よりする三国協定に対する深き考察の足らざるを遺憾至極に痛感す」（昭和一四年一月二三日）

高木と原田は情報交換には、人のまばらな東海道線の「二等車」を使っていたが、一月二一日朝、新橋までの東海道線の車中（二等車・現在のグリーン車）で、二人は顔を合わせた。原田は、「この間の（秩父宮の件）話は、湯浅（倉平）内府も憂慮して陛下のお耳に入れたので、今後は（秩父）宮様が海軍相手の論争の表に出られないように、陛下からご注意があった」と高木に話した。

同日の「高木日記」には、次のように記されている。

「一月二一日、土、晴　〇八五八の上りにて原田男爵と新橋まで同道。参謀本部、今田（新太郎）中佐の件、爾後進捗の状況を聞く。五相会議決定、海軍中堅の真意（三国協定に対する）につき説明（原田男爵に）」

防共協定強化問題が五相会議で紛糾している最中、高木は原田から、「一月一八日午後に西田幾多郎博士が見えるから来ないか」と誘われた。

高木は、日本海軍の採るべき政策を懸命に模索している時でもあったので、その打開策のヒントを得べく、喜んでこの誘いを受けた。

昭和一四年二月一八日、大磯にある原田の別邸「高麗山荘」には、西田博士と三井財閥の重鎮の池田成彬、当時学習院院長だった野村吉三郎海軍大将、高木が招かれていた。西田幾多郎博士は『善の研究』を著わした高名な哲学者で、京都学派の中心的人物である。

西田とは初対面の高木は、隅の方で四人が話すのを黙って聞いていた。どんなきっかけかは定かでないが、高木は西田に、日本精神と日本文化、英米世論と対独伊提携問題など日頃の疑問をぶつけてみた。すると西田は目を輝かせて、戦争の話から政治、文化に至るまで広汎な分野にわたって明快に寸評してくれた。

対独伊提携問題について西田は、現在のヒトラー率いるナチドイツの文化は、かつて隆盛を誇っていたドイツ文化とは似ても似つかぬほど低俗になっていると批判し、日本としては独伊との提携には慎重であるべきであると語った。

この西田の見解を聴いた高木は、それまで胸中にあったもやもやが晴れた思いがした。

大島、白鳥両大使の強硬姿勢

さて二月二八日、有田新外相の訓令案を独伊駐在の大島、白鳥両大使と陸海武官に説明するために、伊藤述史公使、阿部勝雄少将（海兵四〇期、軍令部第三部長）、辰巳栄一大佐（参謀本部課長）が派遣されることになった。

外務省で作成された日本側対案は、上記の既定方針に従ってドイツ案を字句修正したものだが、日本側案の最も明瞭な意図は「秘密了解事項」に示されていた。すなわち「事実上ソ連以外の国を対象とする武力援助は行わないこと、第三国に対しては防共協定の延長であると説明すること」となっていた。

ベルリンに到着した伊藤使節団一行は、三月二日から三日にかけて、大島、白鳥両大使に対して、訓令および日本側対案の説明を行った。しかし大島、白鳥両大使はこれに納得せず、「①秘密了解事項は第一項、第二項共に有害無益にて、之を削除するを可と認む、②特使携行の政府案にては、独伊の反対すること明らかなるを以て、之を以て正式交渉に移すことは到底同意すること能はず」とする反対意見を本省に送付してきた。

この両大使の反対意見に対処するため、その後四回に亙って五相会議が開催され、三月二二日、次の要旨の訓令を打電することにした。

（1）特使携行の案で、とにかく一応正式交渉をすべし。

（2）①武力援助は、ソ以外の第三国に対しても、之を行ふを原則とするも、帝国諸般の事情よりも見て、現在及び近き将来に於いて有効に実施することを得ざること。

②説明法に付、条約は条約文通りなるも、『現在世界情勢に於て、帝国に実際脅威を与えつつあるものは共産インターナショナルの破壊工作のみなるを以て、帝国に関する限り右以外は協定対象として念頭に置き居らざること。（『現代史資料⑩』）

三月二五日、訓令発電に関して平沼首相が参内した際、天皇は、「もし例の防共強化問題について、大島、白鳥両大使が中央の訓令を奉じない場合どうするか?」、さらに「これ以上さらに協定の内容を変えるようなことはないか?」と下問した。

これに対して平沼首相は、「もし両大使が中央の訓令を奉じない場合には、召還又は然るべき処置を致します。またこれ以上更に内容を変えるやうなことがございましたならば、中央から出先に言ってやった強化の問題は最終的なものでありますから、それで駄目ならば、交渉を打ち切るも止むを得ないと存じます」と奉答した。

しかし天皇はこの平沼首相の奉答に納得せず、「念書」にして提出するように求めた。このため三月二八日、五相の署名のもとに、平沼は天皇に念書を提出した。

前述の有田電に対して、折り返し大島と白鳥の両大使から、「独伊は日本に全面戦争を期待せず。ただ独伊側に立ち、極東に於て応分の兵力使用を希望し有。従って此の程度の事を日本が躊躇するに於いては成立の見込なし」とする反駁電報が届いた。

このため四月一三日、有田外相は平沼首相に、本件が最後の段階に達し、既に交渉の余地はないと報告した。同日平沼首相は、米内海相、板垣陸相を招いて協議をしたが、その際米内海相は「我案は最後案なるを以て之にて交渉を打ち切り、両大使を召還するの外なかるべし」と切言した。

翌四月一四日の五相会議で、有田外相は交渉の打ち切りを提案した。ところが板垣陸相が有田の提案に強硬に反対した。このため五相会議は、最初の方針通りの案でもう一度押し返して交渉する訓令を出すか、あるいは独伊両大使を介さずに直接ヒトラーと交渉するかについて、さらに協議することにした。

四月二一日、五相会議で有田外相は、「事ここに至れば、最後の手段として、平沼総理からヒトラー総統およびムッソリーニ首相に直接電報を発し、日本側の考え方を率直に述べると同時に、従来の交渉経過についても十分詳細に記述し、遺憾ながらこれ以上の妥協の余地なき事情を付言し、ヒトラー、ムッソリーニのステーツマンシップに訴えてみる他ないだろう」と提案して、他の四相の同意を得た。ところが二三日開催の五相会議で、平沼首相は一転して有田外相の提案に消極的な態度をとった。

板垣陸相もまた陸軍部内の反対に遭い、前言を翻して再度大島大使に交渉させることを強く主張した。このため有田外相は、無駄と知りつつも前回の電信を再度両大使に送った。

ところが四月二四日、大島、白鳥両大使より、「帝国政府ニ於テハ、依然トシテ武力援助ノ対象ヲ一般的トスルヲ躊躇セラレ居リ、参戦ノ義務ニツイテハ之ニ特別ノ解釈ヲ附シテ、普通ノ意義ノ参戦義務ヲ負フコトヲ避ケントスルノ御方針ナリト認メラルル」のでは、「本件交渉ハ茲ニ絶望トナリ、此ノ上何等策ヲ施スヘキヲ知ラス。斯ル重要国策ノ遂行ニ関シ蹉跌ヲ来シタルハ、本使等ノ不徳ノ致ストコロニシテ恐縮ニ堪エス。就テハ直チニ本使等ヲ御召還相成度シ」と開き直った電報を送付してきた。

四月二五日、二七日、二八日の五相会議では、交渉を打ち切るのか、両大使を召還するのか協議が行われたが、堂々巡りに終わった。

しかし二八日の五相会議は、有田外相が先に提案した趣旨と異なり、両大使の交渉を支援するため、在京独伊大使を介して「平沼首相メッセージ」を送付することを決定したが、メッセージの原案の「日本は中立の態度を執らず」という文言は、外相と海相の強硬な反対により削除され、五月四日付で、次の「平沼首相メッセージ」が在京独伊大使に手渡された。

「右強化の内容に関し日本としては独伊が蘇を含まざるの第三国の攻撃を受けたる場合にも独伊側に立ち、之に政治上経済上の援助を与へ、且可能なる武力援助を行ふの決意を有し居るものにして、右決意は不動のものなり。帝国は右の如く協約に依り独伊に武力援助を与ふることを原則とするも、諸般の情勢により、現在及近き将来に於て有効なる武力援助を与ふることを得ざる実情にあり」
開き直りとも思える大島・白鳥両大使の言明は、陸軍中央の枢軸派としめし合わせの上、政府に既成事実を呑ませようと企てた結果であると高木はみていた。(『自伝的日本海軍始末記』一六二頁)

ドイツの妥協案も陸海軍が対立

「平沼首相メッセージ」と入れ違いに、五月三日、リッペントロップ外相の指示に基づいて、ドイツ外務省のガウス条約局長が作成した妥協案(いわゆる「ガウス試案」)が送付されてきた。五月七日と九日の両日の五相会議は、この「ガウス案」について協議した。席上首相と陸相は賛成したが、海相と外相は勿論これに反対した。

五月一五日、陸海の主務者が協議を行った。結局陸海軍の見解の相違は、次の点に集約された。すなわち海軍は、出来るだけ戦争に巻き込まれないように、参戦するにしても、米ソの動向やその他一般的情勢を考慮して決定するとしていた。一方陸軍は、「本協定が対等・双務的の原則をとる以上、日本が欲しない場合でも原則として参戦義務を負うものの、当分の間は留保する程度のものにする」というものであった。

協議の席上、日独間の協定と日中戦争の関係に関して、次のような議論が交わされた。

陸軍　英米の対支援助を変換せしむ。

海軍　対支援助を強化する公算大との見方もある。

陸軍　支那の容共抗日勢力を委縮さす。

海軍　支那は、英仏ソ米は対支援助を強化すべしとの観察をなし居ると考へられるを以て、却って反対の結果となることもある。
陸軍　英米仏より経済的圧迫を受けたる最悪の場合、独伊から物的援助を受け得る。
海軍　その量たるや、大なるを期待し得ず。
陸軍　支那新中央政府樹立したる場合、独伊より支援を受け得る。
海軍　大したものに非ず。（『現代史資料⑩』二八七〜二八八頁）

ここに示されているように、陸軍側は、日独間の協定は日中戦争処理上、わが方にとって有利と考えていたのに対して、海軍側は、日本にとっては大した利益とならず、対英仏戦の場合の自動参戦義務を負う不利を忍んでまでも締結するものではないと考えていた。

八月八日の五相会議で、板垣陸相は、八月三日に行われた陸軍三長官（陸相、参謀総長、教育総監）会議における決議、すなわち「遅くも八月下旬迄には三国協定の締結は絶対に必要とし、之れ以上の遷延を許さず、而して従来の交渉の結果に鑑み、協定成立せしむる為には、条約上当然の義務を負ひ、苟も留保と見做さるる如き条件に付せざるを要件とす」ることを強く要求した。

こうした中でも元老の西園寺だけは、「陸海軍の対立がいけないとか、いいとかということは問題じゃない。悪いものが一緒になってしまっては、かえって国家のためによくない。悪いものとよいものが対立して初めて意味をなすんで、陸軍が悪けりゃ海軍が正しい立場を守ってくれてこそ、バランスがとれるんじゃないか」と述べていた。

一方この頃ドイツはその関心を、ソ連に向けるようになった。一九三八年九月、ミュンヘン会談において、英仏はドイツに対して宥和政策をもって臨んだ。その結果、同年一〇月独軍はズデーデンに進駐した。

その後ヒトラーは、ポーランド侵略をその時間表に載せた。一方英仏は、ソ連と提携しようとした。しかしながら英仏ソによる軍事交渉は、ポーランド政府が反ソ的態度をとってソ連軍の領内通過を認めなかったため、暗礁に乗り上げてしまった。

この間にドイツは東西に正面作戦を避けるために、密かにソ連と、ポーランド分割という餌の下に交渉を行った。

一九三九年八月一八日、英仏ソの軍事会談が停滞するや、八月二三日、ドイツはすかさずモスクワにおいて独ソ不可侵条約を成立させた。この協定成立は、独ソは不倶戴天の敵と固く信じ込んでいた日本政府と軍部にとっては、天地がひっくり返るほどの衝撃であった。

かくして八月二五日、日本政府は大島大使に交渉の打ち切りを打電し、八月二八日、平沼内閣は「欧州の天地は複雑怪奇なる新情勢を生じた」との声明を残して総辞職したのである。

3　日独伊三国同盟の成立

親英米派の阿部信行内閣、わずか四ヵ月で崩壊

ここで、この当時の高木の心境について述べてみよう。

話は前年の昭和一三年五月まで戻るが、三国協定問題で五相会議が連日のように開催され、陸相と海相の間で激論が交わされていた時、頑として独伊との提携強化に反対した米内海相の真意を、高木は次のようにみていた。

「協定による日本の武力援助義務は、結局は海軍が一手に引き受けることになるが、英仏プラス米国を相手にする危険性は、ドイツとイタリアとの握手で償えるものではない。陸

軍はドイツ陸軍さまさまで、先方の言葉を信じて左団扇で宜しかろうが、海軍は第三国対象の援助義務—米一国さえもてあましている—は引き受けたくない」（『自伝的日本海軍始末記』一六二頁）

五月四日に届いたガウス試案についても海軍、外務、大蔵の三相と陸相の間で意見が対立したが、平沼首相は、メッセージの発電の前から陸軍の威力に押しまくられて、「政府は最後案で協定が出来ても、独伊対英仏戦となれば、日本は独伊側に立つべきである」と答えた。

五月九日、閑院宮参謀総長は、三国協定を必要とする旨の帷幄上奏をした。

高木は、協定の内容の大半が軍事的なものであっても、それは政策問題であり、外交交渉であって、統帥部がそれを云々すべきではないと考えていた。

高木をはじめとする海軍の事務当局は、英米特に米政府の態度が高圧的な原則主義で、アジアの現実を無視しているため、国際的孤児になるよりは独伊と手を組んで外交を背景にした方がマシではないかとの考えから、陸軍の希望も多少取り入れて、大臣や次官の強い反対意見との折衷案を作るのに苦心してきた。しかし総理の周りに国本社系の右翼が控え、陸軍はナチスの軍容にベタ惚れしてアバタもエクボにみえるようになり、遂には総長宮を使って帷幄上奏をやらせるようになったため、これではとてもついて行けないと考えるようになった（『自伝的日本海軍始末記』一六二～一六四頁）。

平沼内閣総辞職を受けて、昭和一四年八月三〇日、突如阿部信行陸軍大将内閣が成立した。

重臣の間では首相候補として、近衛文麿、池田成彬、広田弘毅、林銑十郎、小林躋造などの名前が上がったが、いずれも見送りとなり、結局「未知数の魅力があり、軍部が推すからといっても長老であり、そう陸軍のロボットになることはあるまい」との期待から、阿部信行が推挙されることになった。

昭和天皇は、「阿部を総理にして、適当な陸軍大臣を出して（陸軍を）粛清しなければ、内政も外交も駄目だ」と考えていた。

八月三〇日付「高木日記」には、大命降下に際しての天皇の心境が書かれている。

「従来の内治外交共に甚だ乱れたるは、其の根源陸軍の不統制に在り。卿は陸軍の長老として這般の消息には精通しあるべく、又如何なる要点を押ふれば可なるかも熟知するならん。朕は自ら一線に立ちて此の問題の解決に当る決心なるを以て、卿之を補佐せよ。陸軍大臣は畑、梅津（美治郎）両人の中より選定せよ。要すれば朕は畑を手放さん。卿は梅津にて陸軍が纏りて推薦出来る様試みよ。又、朕は内務、大蔵、外務、司法各大臣の詮衡には深き関心を持つものとなることを伝へ置く』旨の御諚あり。阿部大将退下時の容色沈痛凄烈なるものあり。内大臣は御辞退申し上ぐることならずやと憂慮せし趣なり」

阿部内閣が発足した二日後の一九三九（昭和一四）年九月一日、ドイツはポーランドに侵入を開始し、九月三日イギリスはドイツに宣戦布告した。

九月四日、阿部内閣は、「今次欧州戦争の勃発に際しては、帝国政府はこれに介入せず、専ら支那事変の解決に邁進せんとす」との声明を出した。

こうした中にあって親独派の存在は希薄になり、反対に重臣、外務、海軍、財界方面の親英米派が存在感を増してきた。

九月二五日、親英米派として評判が高かった野村吉三郎海軍大将が外相に就任した。一方、大島、白鳥両大使は更迭され、代わりに来栖三郎と天羽英二が駐独・駐伊大使にそれぞれ任命された。

ところが阿部内閣は、外交面では英米の信頼を取り戻すべく努力したものの、国内経済面で無能ぶりを曝け出したため、昭和一五年一月一四日、発足わずか四ヵ月半で崩壊してしまった。

日独提携に消極的な米内内閣

昭和一五年一月一六日、世間の予想を裏切って、組閣の大命が米内光政海軍大将に降下した。

高木は、第一次近衛内閣の時から米内海相の下で調査課長として全力を傾注してきた。昭和一四年八月のこと、連合艦隊司令長官として転出する山本五十六次官に対して、「次は是非艦隊勤務をお願い致します！」と申し出ていたにもかかわらず、一一月一五日、海大教官に逆戻り人事になった。このため海軍省で山本に会った折に、そのことの不平を述べると、「よく言っておいたから、そんなはずはないがなあ」と軽くいなされてしまった。

一九四〇年春、ヨーロッパ西部戦線でのドイツ軍と英仏軍との対峙の状態、いわゆる「偽りの戦争」は終わりを告げ、四月九日、ドイツ軍はデンマークを占領し、ノルウェーのオスロ、ベルゲン、トロンハイム、ナルヴィクに上陸占領した。

五月一〇日、ドイツ軍はベネルックス三国に侵入し、一四日オランダが降伏し、一七日にはベルギーの首都のブリュッセルが占領された。そして六月四日、英国はダンケルクから

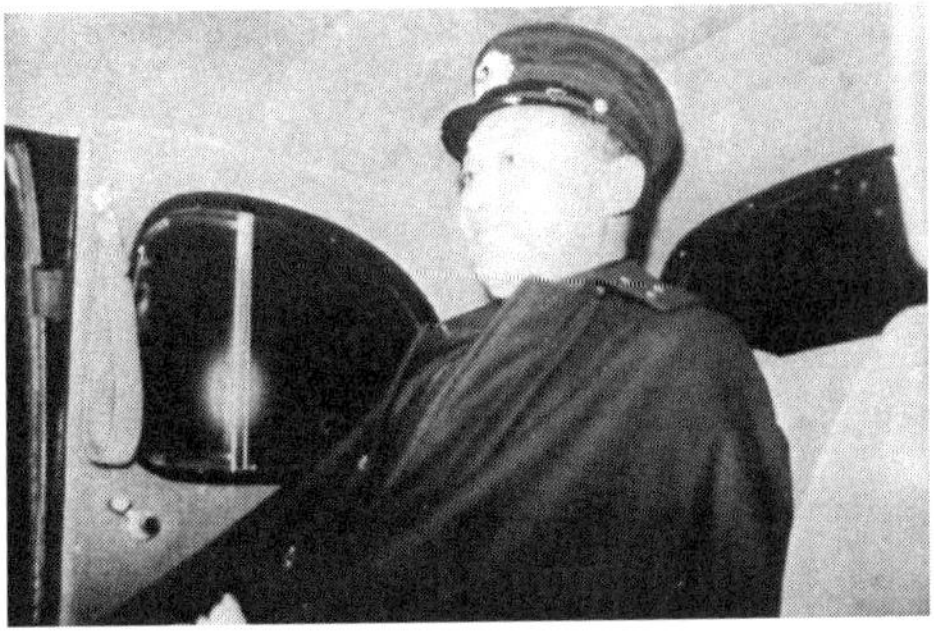

宮中に参内する米内光政（昭和15年1月14日）

撤退した。六月一四日ドイツ軍はパリ入城を果たし、二二日にペタン政権との間で休戦協定を結んだ。

ドイツ軍の圧倒的勝利は日本の朝野を湧き立たせ、しばらく鳴りを潜めていた親独派を再び勢いづけることになった。陸軍内では、ドイツ軍による英本土上陸作戦が間もなく行われるとの観測が一般的だった。

六月二一日付「木戸幸一日記」には、「駐英、瑞西武官よりの報告によれば、従来は英国が仮令仏が降伏するとも容易に屈服せざるべしとの観測行はれ居りしところ、今回の武官報告によれば、英国も亦結局打倒せらるるに至るべしとのことにて、此点注目に値す」と記されている。

日本は、ドイツの勝利に目を眩ませた。「バスに乗り遅れるな！」のスローガンの下に急速に南進論が台頭し、ドイツとの提携を望む声が高まった。こうした声に押されて有田外相は、日本の参戦を義務付けられない程度に、ドイツと最大限に提携しようとした。

この有田外相の方針に従って、六月一九日、来栖三郎駐独大使はヴァイゼッカー外務次官を訪ねて、日独の重工業における提携強化を希望した。

さらに有田外相は、六月中旬、訪伊使節団長としてローマに滞在していた佐藤尚武《なおたけ》大使をベルリンへ派遣することにした。

七月八日、佐藤はリッベントロップ外相を訪ねて、日本政府の外交方針を説明した。七月一二日、日独伊提携強化に関する陸海外三省担当者による協議が行われ、安東義良《あんどうよしろう》課長起案の「日独伊提携強化案」を審議した。

しかしながら陸軍側から見ると、米内内閣の日独提携および南進策は、余りにも消極的で物足りなかった。「バスに乗り遅れまい」として焦る陸軍は、畑陸相を辞任させることによって米内内閣を倒壊させる強行策に出ることにした。

その前日の七月一一日、武藤軍務局長は石渡内閣書記官長に対して、「この内閣は既に国民の信望を失っている。速やかに退陣したらよかろう」と述べていた。

七月一二日、畑俊六《はたしゅんろく》陸相は米内を訪ねて、「現情勢においては、独伊と積極的に手を握り、大東亜を処理する方針に出るの要ある」べき旨を申し入れた。

七月一四日、畑陸相は、「今や世界情勢の一大転換期に際会し、国内体制の強化、外交方針の刷新は焦眉の急となっている。しかるに政府は何等なすことなく、いたずらに機会を逸している。これでは事変処理のためにも支障がある。すべからくこの際人心を一新し、新体制の確立を促進するため、現内閣は進退を決すべきである」との文書を提出して、米内内閣に総辞職を迫った。同日、天皇は木戸に対して、今もなおこの内閣を信任していることを米内に伝えるように依頼した。しかし木戸は、この天皇の意向をすぐに伝えようとはせず、翌一六日米内内閣総辞職後に伝えた。

七月一六日、米内は畑を招いて、「陸軍の所見は現内閣とは異なるから、都合が悪ければ辞めて貰いたい」と述べると、畑は辞表を提出した。そこで米内が後任の陸相の推薦を求めたのに対して、陸軍側は三長官会議の結果、後任陸相の推薦に応ずる者がいないとして断った。ここに至り、米内はその日の午後七時、天皇が滞在している葉山に赴き、辞表を提出した。

七月三一日付「高木日記」には、米内内閣倒閣の理由が次のように記されている。

「(イ)米内、有田のコンビにては、親独外交への転換は不可能なること。
(ロ)南方発展、其他に対する統帥方針と、外交方針が不一致なること。

（ハ）強力なる国内新体制をとるためには、米内内閣にては不適当なること。
（ニ）支那事変の解決近きにありと陸軍にて観測しあるところ、事変収拾の功名を米内内閣に与へたく無きこと」

松岡外相、三国同盟に奔走

昭和一五年七月一七日、組閣の大命が近衛文麿に降下した。組閣に先立つ七月一九日、近衛は陸海外相の予定者である東条英機中将、吉田善吾中将、松岡洋右を、荻窪の私邸「荻外荘《てきがいそう》」に招いて、今後の方針を協議した。

七月二二日、第二次近衛内閣が成立した。近衛内閣発足の当日、水交社において、陸海の最高幹部懇談会が開かれた。陸軍側から阿南次官、武藤軍務局長、沢田参謀次長、富永恭次参謀本部作戦部長、海軍側から住山《すみやま》徳太郎次官、阿部勝雄軍務局長、近藤信竹《のぶたけ》軍令部次長、宇垣纏第一部長が出席して、独伊との提携問題について協議した。

陸軍側が三国同盟の締結を主張したのに対して、海軍側は七月一六日の陸海外の三省当局間で決定された日独伊提携強化案以上のものは考えていない、と述べた。

松岡は外相に就任した直後、担当の安東義良課長から、日独伊提携強化問題経緯についての説明を聞いた。この時安東は七月一六日、陸海外の事務当局者によって決定された「日独伊提携強化案」を提出したが、翌日、松岡は安東に対し、「こんなものでは駄目だ」といって書類を突き返した。

安東がその書類に目をやると、その書類の欄外には、「虎穴に入らずんば虎児を得ず」と書き込まれていた。これによって安東は、松岡が陸軍に同調して、日独伊三国軍事同盟締結を望んでいることを察知した。

七月二六日、近衛内閣は「基本国策要綱」を決定し、翌二七日、大本営政府連絡会議は「世界情勢の推移に伴ふ時局処理要綱」を決定した。しかしこの時点では、日独伊三国の提携を軍事同盟まで進める件は、海軍の反対のため停止していた。

ところがヨーロッパの戦況が、ドイツの対日姿勢を変化させることになった。

七月一六日、ヒトラーは英本土上陸作戦である「あしか作戦」を命じ、その前哨戦として八月八日、ドイツ空軍は英本土に対する白昼空襲を開始した。このため一〇月末まで「バトル・オブ・ブリテン」が展開されることになったが、イギリス空軍の抵抗がしぶとく、ドイツはどうしても制空権を奪うことが出来なかった。

一方八月一七日「米加共同防衛協定」が結ばれ、八月二〇日、イギリスはアメリカに基地を貸与することを発表した。このためドイツは、対英戦略のため、および米国の参戦を牽制するために、日本との同盟を希望するようになった。

八月二三日、来栖大使はリッベントロップ外相より、スターマーを公使の資格で日本に派遣したいとの連絡を受けた。スターマーの来日に備えて、松岡は八月二八日、斎藤良衛と白鳥敏夫を外務省顧問に任命して、外務省人事の強化を図った。

九月一日、斎藤、白鳥両顧問及び大橋忠一次官、西春彦欧亜局長を加え、すでに陸海軍の承認を得ていた「日独伊提携強化ニ関スル件」の再検討を行った結果、四相会議に提出すべき外務省案として、九月四日付「軍事同盟交渉ニ関スル方針案」という文書を作成した。前案に比べれば、この案ははっきりとイギリスおよびアメリカをも対象とした軍事同盟になっていた。

九月六日、四相会議が開かれた（九月五日に吉田善吾海相が病気のため辞任、後任に及川古志郎大将が就任)。

この会議において「軍事同盟交渉ニ関スル件」が採択されたか否かは不明であるが、この日、別に提出された「日独伊枢軸強化ニ関スル件」は採択された。

九月七日、スターマー公使はシベリア経由で東京に到着して、次のように日本政府の要路者を口説いた。

①独は対英仏戦に日本の参戦を必要としない。また今後もそういう考えは持っていない。
②独は世界戦争に拡大することを欲しない。従って米国の参戦は極力避けたい。
③ソ連と協議して、日ソ関係を調停するオネスト・ブローカー（忠実なる仲介者）になる用意がある。
④日本は、米国の対独参戦を防ぐため、米国を牽制して貰えば十分である。それには日独の協力が是非とも必要である。（戦史室『基本国策関係・其の二』）

一方の松岡外相は、以前から次のような見解を持っていた。

①米国と妥協するには下手からでは成功せず、力の背景が必要であること。日独にソ連を加えて対米交渉を行えば成功する。
②日本は欧州戦争には介入しないものの、ドイツは必ず欧州で覇権を握る。
③日本が対米ソ関係を改善すれば、支那事変は解決する。
④日本は支那事変を抱え、英米外の感情が対立している上に、独ソとも離れれば世界の孤児となる。それ故欧州戦が一段落したら、日本は両陣営から挟撃されることになる。（松岡洋右伝記刊行会『松岡洋右―その人と生涯』）

従来の海軍の三国同盟反対の懸念を全部外したこの松岡外相の論理に、海相となったばかりの及川海相と豊田貞次郎次官はまったく太刀打ち出来なかった。

「新体制問題」に振り回される高木

昭和一四年一一月に海軍省調査課長から海大教官に舞い戻っていた高木にとって、中南支作戦とか北部仏印進駐のごたごたなどは遠い世界の出来事のようだったが、昭和一五年八月七日、突然人事局から「教務を打ち切って至急本省に帰るように」との電話がかかって来た。

この頃国内では、「新体制問題」でもちきりだった。「新体制問題」とは、近衛文麿を中心に起されたファッショ的政治体制樹立のための政治運動のことである。

昭和一二年七月の日中戦争開始以来、国家総力戦体制を樹立するため、強力な権力集中と国民総動員を実現することが、支配層にとって緊急な課題となった。そのために政界再編成が問題となり、昭和一二年以降政党人を中心とする新党運動が政界の表裏でたびたび企てられた。いずれの新党運動も近衛を総裁とする一大政党の実現という点では一致していたが、近衛が出馬しないため、なかなか日の目を見ないでいた。

しかし日中戦争の長期化に伴って、昭和一四年後半からインフレ、物資不足、労農争議の増加、国民精神の弛緩などの危機的な状況が現われてきた。こうした事態を乗り切るために、近衛とその側近である有馬頼寧《よりやす》、風見章、後藤隆之助らは、昭和一五年三月から近衛新党と、それに立脚する強力な近衛内閣を組織し、軍部を抑制して日中戦争の解決を図ろうと考えた。

彼らの新党構想は、ナチス流の国民再組織論を背景にして、在野で新党運動を推進し、既成政党中の自由主義分子を排除して近衛新党を作り、その上で近衛内閣を組織するというものであった。新党が政党の離合集散であるという既成観念を打破するため、特にこの運動を「新体制運動」と呼んだ。
さて在日ドイツ大使館の策動も活発化した。ドイツは、欧州平定後は蘭印を自由に処分するかも知れないなどと吹聴した。こうした中にあって、建川美次《たてかわよしつぐ》陸軍中将（昭和一五年一〇月、松岡人事で駐ソ大使に就任）や松岡は、召還された大島、白鳥大使らと結託して、米内、有田、石渡荘太郎《いしわたりそうたろう》書記官長ら親英米派の打倒を策した。

八月一五日、高木は海大教官兼務のまま海軍省に出仕した。早速軍務局長の阿部勝雄少将に会うと、「新体制問題では陸海軍務局長と書記官長が幹事役となっているが、自分は多忙のため高木に代理を務めて欲しい」旨の依頼を受けた。

及川古志郎大将

近衛は、第一次内閣の体験と斎藤実内閣以後の中間内閣の実績を見るにつけ、常に陸軍が内閣の死命を制し、統帥部に引きずり回されてきたことに鑑みて、国民世論を背景に、既成党三分、新興勢力三分の割合の組織を作って、軍部を抑えて日中戦争を解決したいと考えていた。しかしながら「新党」と銘打つと、政権亡者の離合集散と誤解される恐れがあるため、「政治新体制の確立」という表看板にした。

九月四日、吉田善吾海相は極度のノイローゼに陥り入院したため、翌五日、横須賀鎮守府長官の及川古志郎大将が後任の海相として着任した。これに伴って九月七日、豊田貞次郎次官は住山徳太郎中将に代わった。

三国同盟に海軍も同意

さて九月一〇日、松岡外相はスターマーに対して、次のような日独伊三国同盟条約の試案を提出した。

①日本はヨーロッパにおける新秩序建設におけるドイツ及びイタリアの指導的地位を認め、且これを尊重すること。

②ドイツ及びイタリアは大東亜における新秩序建設に関し、日本の指導的地位を認め、且これを尊重すること。

③日本、ドイツ及びイタリアは、前述の趣旨に基づく努力に就いて相互協力し、且各自の目的達成に対する総ての障害を克服するため、有効な方法について相互に協議することを約束すること。

これに対してスターマーは、翌九月一一日、松岡案の第三条を、「日本、ドイツ及びイタリアは、前述の趣旨に基づく努力に就いて相互に協力し、且つ協議すること、並びに右三国のうち一国が現在のヨーロッパの戦争または日支紛争に参入していない一国によって攻撃された場合には、あらゆる政治的、経済的及び軍事的方法によって相互に援助すべきことを約束すること」（戦史室「基本国策関係・其の二」）と修正して、対米軍事同盟の性格を明確にしたドイツ側対案を提出した。

このスターマー対案をめぐって、九月一二日朝、四相会議が開かれた。席上、松岡外相と東条陸相が受諾を主張したのに対し、及川海相は留保したため、結論を出すことが出来なかった。

このため同夜、松岡外相と豊田貞次郎次官、岡敬純軍令部情報部長が会談をもった。海軍側は、本文の他に新たに付属議定書と交換公文を設けて、この中で事実上参戦の自主的判断を各国政府が保有するということで、最終的に同意した。

翌一三日、海相官邸で、省部首脳（伏見宮総長を除く担当局部長、すなわち及川海相、豊田次官、阿部軍務局長、近藤信竹軍令部次長、宇垣纏《まとめ》第一部長）による会議が開かれ、この妥協案に対する海軍側の同意を再確認した。席上及川海相は、「もう大体やる事にしては如何かね」と言った。反対したのは、宇垣纏第一部長だけだった（宇垣纏『戦藻録』一〜三頁）。

かくして九月一四日、四相会議が開催され、続いて連絡会議が行われた。出席者は、近衛首相、松岡外相、大橋忠一外務次官、東条首相、阿南陸軍次官、武藤軍務局長、沢田参謀次長、及川海相、豊田海軍次官、阿部軍務局長、近藤（信竹）軍令部次長であった。

近藤軍令部次長　海軍は対米の開戦準備しておらず、来年四月になれば完成する。それまでに既設艦艇を艤装、商船二五〇万トンを武装する。それが完成すれば、米国との間には、速戦、速決ならば勝利を得る見込みがある。しかし速戦速決でなく、アメリカが遠洋長期に出れば、非常に困難である。一方においてアメリカはドンドン建艦をやり、比率に差が今後ますます大きくなっても日本は到底追いつかず、その意味から言えば、今日戦争としては一番有利である。

松岡外相　もはや日独伊と結ぶか、独伊を蹴って米英の側に立つか、日本としてははっきりした態度を決めねばならぬ時機に来ている。ドイツは、米と妥協し、英　蘭等をヨーロッパ連邦の植民地をして日本に一指も染めせぬだろう。日独伊同盟を締結すれば、対米関係は最悪の場合、物資の面では難しくなり、国民生活維持の上で非常な困難が来る。それを回避するためには、独伊とも米英とも結ぶということは一つの手で、全然不可能とは考へぬ。しかしそのためには、支那事変は米国の言ふ通り処理して、東亜新秩序等の望みは止め、少なくとも半世紀は米英に頭を下げるつもりでなければならぬ。それで国民は承知するか？　十万の英霊は満足出来るかどうか判らぬ。況や蒋は親日ではなく、侮日排日は一層強くなる。宙ぶらりんではいかぬ。米との提携は考えられぬ。したがって残された道は独伊との提携以外にない。

及川海相　それ以外道はない。ついては海軍軍備について、政府殊に陸軍当局にも考慮して貰いたい。（戦史室「近衛史料・七」）

この日は土曜日であったが、高木は早朝から調査課において新体制問題に関する経過説明に追われていた。このため「高木日記」には、「九月一四日、大本営連絡会議にて、日独軍事同盟問題決定」とだけ記されている。

昭和一五年九月一六日、閣議は日独伊三国同盟を承認した。近衛首相がその報告のため天皇の許を訪れると、天皇から次のような言葉があった。

「今回の日独軍事同盟については、なるほどいろいろ考へてみると、今日の場合已むを得まいと思ふ。アメリカに対しても、もう打つ手がないといふのならば、致し方あるまい。しかしながら万一アメリカと事を構へる場合には、海軍はどうなるだろうか？

よく自分は、海軍大学の図上作戦では、いつも対米戦争に敗けるのが常である、といふことを聞いた

陸海軍作戦会議（昭和15年）前列右端が高木

が。大丈夫だろうか？自分はこの時局が実に心配であるが、万一日本が敗戦国になった時に一体どうだろうか。かくの如き場合が到来した時には、総理も自分と労苦を共にしてくれるだらうか？」

九月一九日、高木は「原田男爵より豊田海軍次官に伝言の件」と題する報告書を書いた。これには及川海相と豊田次官とも、「読了」の認印を捺している。

「二、平沼内閣以来、幾度か陸軍は、或は参謀総長を以て、或は陸軍大臣を以て、日独伊同盟を申し上げたるが、最初より御同意なきに拘らず、執念に御裁可を仰げり。遂に如何にしても御裁可なきて、平沼内閣の瓦解となれり。之等の理由に就いては、米内、有田等が承知しある故、実際の経緯を聞かれたる上にて考察せられざれば、近衛の名に幻惑されて、その進むところに従ふは危険なり。近衛の言ふことは聡明なれども弱し。真に彼を助けんとするならば、何が国家の為に彼を御奉公させる所以なるかを考察されて貰はざれば危険なり。

国民一般の情況見るに、事変の終局に莅《のぞ》みて、新たに非常なる負担を買て出ることは、一般識者及国民を失望せしむるものなり。茲に於て外交政策に於ても国の実力に就いても海軍の考へ方は、今迄は国民一般の最も信頼するところなりしが、陸軍に対する不安と不信用は、日に月に濃厚となりつつある時に、之に海軍が巻込るる様になることは、上下の失望の限度量り知るべからず。

木戸侯は学生時代より友人にして、個人としては縁者に当たるも、彼には時流は解るも、大勢は解らず、且悧巧過ぎる人物故、木戸といふ噂のみにて信頼されざるを要す。

三、今元老重臣の立場にて色々発言することは、却て反対の方向に物事を進むる惧れあるを以て、鳴りを鎮めて沈黙しあるも、西園寺公等も現在尚頭も良く気力も有り、深く心配しつつあるも、稍《やや》諦めて居らるる形に見ゆ。之は御上に対し、申し訳なき次第なるも、致し方なし。国内状勢の取返しは何とかなるも、国際的に其の渦中に這入れば、一度の過誤は取返しつがざるべし。西園寺公は此度の問題に就て心痛しあり。唯一の頼りになる海軍が能く深く現在迄の経緯を稽へ、将来の帰趨を研究せられて善処せられんことを希望す。本件絶対に他に洩せざる様御願すとの依頼あり。

(高木註)

(1)近衛公、木戸侯と原田男との間は、近来しつくりせぬこと確実なり。

(2)近衛公の再出馬に際し、西園寺公は奉答せざりし関係もあり、近衛公、木戸公と元老との間柄も、若干釈然たらざるものあるが如し」(昭和一五年九月一九日付「高木日記」)

一〇月一五日、新軍務局長として軍令部第三部長の岡敬純少将が着任した。高木も新体制運動の実りのない騒ぎに巻き込まれて、軍務局と海大の間を行ったり来たりして無駄骨を折っていたが、昭和一五年一一月一五日付で、また元の海軍省調査課長に戻った。これに伴って海大教官の方は、前調査課長の千田金二大佐と入れ替わった。

昭和一二年から一四年一〇月まで、海軍省軍務局長の職にあって、米内海相、山本五十六次官と共に、三国同盟に反対した井上成美は、戦後、次のように回想している。

「私の軍務局長時代の二年間は、その時間と精力の大半を三国同盟問題に、しかも積極性のある建設的な努力ではなく、ただ陸軍の全軍一致の強力な主張と、これに共鳴し出した海軍若手の攻勢に対する防御だけに費やされた感じである。私はただ米内、山本両提督の下働きをやったに過ぎない。当時軍務一課長は岡敬純大佐、先任局員は神重徳中佐で、いずれも枢軸派の急先鋒で、既に軍務局でも、課長以下と局長の意見が反対なのだから、誠に始末が悪かった。陸海軍の交渉、回を重ねるに従い、論争の焦点は、段々絞られて、『独または伊が戦争状態に入って場合、日本は自動的に加担する』の条文一つになった。陸軍はこれでいいんだと主張するのに対して、海軍は絶対反対で対立する様になり、またその頃には、海軍でこれに反対しているのは、大臣、次官、軍務局長だけだと世間一般で言われ、それが遂に事実になって行った」（井上成美伝記刊行会『思い出の記』昭和五七年）

4　ブレーン・トラストと高木惣吉

ブレーン・トラストの編成に着手

昭和一五年一一月一五日、海軍省調査課長に復帰した高木は、これを機に各方面の知識人に海軍への助力を頼むことにした。高木は、海軍が知識人から率直な声を聞くとともに、こうした知識人を通して国民にも海軍の考え方を理解してもらいたいと考えた。そして陸軍と比べて非力な海軍の政治力を補強したいと思った。このためいわゆる「ブレーン・トラスト」の編成と、それに必要な機密費を豊田貞次郎次官に上申したところ、意外にもあっさり承認され、月額七千円の官房機密費が出ることになった。

高木が東京の組織とは別個に、田辺元教授を中心とする京都大学文学部哲学教室のいわゆる「京都学派」に属する教授・助教授たちに特に期待したことは、アジア一五億の有色人種の先頭に立つと自負する日本が、この複雑な各民族に対していかなる思想や政治的な理念を提示できるのかについての助言であった。

しかし京都は遠方のため、西田のアドヴァイスに従って、高山岩男京大助教授に東京の「ブレーン・トラスト」との連絡役に当って貰うことにした。

実は高木がブレーン・トラストの結成を真剣に考える直接的契機となったのは、昭和一三年一一月二五日夜、芝の水交社で行われた陸海軍中堅による意見交換会であった。

この会合に参加したのは、陸軍からは軍務課長影佐禎昭大佐、軍事課長田中新一大佐、岩畔豪雄、山本茂一郎、富田直亮《なおすけ》の三中佐、そして西村少佐の六名で、一方海軍からは、軍務局第一課長岡敬純大佐、堀内茂忠、山本善雄《よしお》、神重徳、藤井茂の四中佐、そして海軍省調査課長の高木であった。

この頃陸軍では、徐州作戦、武漢攻略、広東作戦が進行中で、対中強硬派と「親独反ソ派」の勢力の台頭が顕著だった。

このような中で海軍側は、「一九四一、二年頃は、英米ともその海軍拡張計画がほぼ完成する時期であり、両国が協同すれば無論のこと、単独でも日本を圧倒しうる態勢となる。もしそういう事態になれば、せっかく大陸に獲得した日本の特殊権益は消滅する危険性がある。またソ連は積極的攻勢には出てこないように思うが、そうだとすれば対ソ戦の目的は一体何なのか」と問いかけた。

これに対する陸軍側の答えは、次のようなものであった。

「日ソ戦は宿命的必至の情勢にある。日華事変を解決するためにも、その黒幕たるソ連を始末しないと駄目だ。ソ連は自国の準備が完了すれば、積極的に挑戦して来るであろう。ソ連を討つ終局の目的はその崩壊にある。ソ連内には数十の民族があり、もし対日戦に一敗すれば、十数個の小国に分裂することもあり得る。またひとたび日本が立てば、ドイツも参戦するであろうし、ドイツにウクライナを攻めさせて謀略戦を仕掛ければ勝算がある。ソ連は再建するのに二〇年ほど要するであろうから、その間は安心出来る。英米の対中国援助は政治的経済的援助に過ぎないが、ソ連の援助は軍事的であり、思想的に深く食い込んでくる。したがって、まずソ連を討って、極東の安全を図った上で、国力を総動員して英米に備えれば成算がある。英米との戦いは、今後一〇〇年、二〇〇年後のことである。英米に対する海軍軍備と、ソ連に対する陸軍軍備とを並行して整備することは、わが国の財政経済力にとって限界を超えた負担となるから、まずは地理的にも運命的にも衝突必至の対ソ陸軍軍備を優先すべきである」（昭和一三年一一月二五日付「高木日記」）

このように日ソ戦争宿命論と対ソ討伐を掲げる陸軍の主張に対して、高木をはじめとする海軍側は次のように反論して、陸軍側の強硬論をたしなめた。

「中国に対して大きな影響力を持っているのは、ソ連よりも英米の方である。もしソ連が積極的な対日挑戦の意図を持っているとするならば、日華事変に大兵力を投入している張鼓峰事件（昭和一三年七月）当時が最も有利な時期ではなかったか。日本の一撃でソ連が崩壊するというのが陸軍の判断であるが、これが当たっているとすれば、ソ連としては自ら挑戦するような愚挙はしないであろう。日本とソ連とが戦うとすれば、必ずや長期戦になることは日華事変に照らしても明らかである。いずれにせよ、日本から挑戦することは甚だ危険である。今日わが国としては、まずは日華事変の解決に全力を傾けて、これを解決して国力を長養する。このようにすれば、極東においては、ソ連、イギリス、アメリカに対して、戦わずして目的を達することが出来よう。これこそが最善の戦略である。もし日ソ戦にドイツが参戦するようなことになれば、イギリス、フランスは黙止しないであろうし、その結果大戦ともなれば、再びアメリカがキャスティングボードを握ることになるから、日本としてはアメリカの向背までも考慮しなければ、開戦を決意することは出来ないことになる。仮に日ソの衝突は避けられないにしても、英米海軍が整備する時期に、我方から挑戦するのは過早ではないか。国家の生命を永遠なるものと考えるならば、急いで事を仕損じるよりも、安全確実を第一義とすべきである。対ソ戦に幸い成功して十年後に栄えても、二十年後に衰微するならば、賢明な策とは言えまい。……英帝国がその国策を定めるに当たり、常に長期的視野の下に隠忍して斬新策を採ったのに反して、ナポレオンの率いた仏国、カイゼルの率いた独国など、いずれも功を急ぎ過ぎて国家百年の大計を誤った。日本としては、今が最も自戒すべき時期だと思う」

しかし当時の陸軍には、高木ら海軍の至極まっとうな考え方を聴く耳はなかった。

高木は、この意見交換会から、陸軍には日華事変を理由として陸軍軍備の拡張には邁進するものの、真面目に事変を解決しようとするつもりはないこと、また日華事変と並行して独伊と通謀して対ソ二正面作戦の強い意図を秘めている、との印象を強く持った。ところがこうした陸軍の強烈な意図を阻止しうる力は、当時の海軍にはなかったのである。

このため高木は、心ある知識人を糾合して、陸軍と対抗する「ブレーン・トラスト」づくりに邁進することになった。

ブレーン・トラストの陣容

既に海大研究部内には、昭和一四年一一月に発足した三枝茂智明治大学教授（国際政治学）、高木友三郎法政大学教授（経済学）および海軍天川《あまかわ》勇《いさむ》嘱託の小規模な研究グループがあったが、今回高木が組織したブレーン・トラストは、次のような人々から成っていた。
◎思想懇談会─安倍能成（一高校長）、岸田国士（劇作家）、関口泰（朝日論説）、谷川徹三（幹事・法大教授）、富塚清（東大教授）、服部静夫（東大教授）、藤田嗣雄（東大教授）、和辻哲郎（東大教授）
◎外交懇話会─伊藤正徳（時事新報）、稲畑勝治、神川彦松（東大教授）、三枝茂智（幹事・明大教授）、斎藤忠、高木八尺（東大教授）、田村幸作、松下正寿（立大教授）
◎政治懇話会─岸本誠二郎、佐々弘雄（朝日論説）、杉原荒太（外務省）、田中二郎（東大助教授）、細川護貞、矢部貞治（幹事・東大教授）、湯川盛夫（外務省）
◎総合研究会─板垣与一（東京商大教授）、大河内一男（東大教授）、三枝茂智、高山岩男（京大助教授）、谷川徹三、武村忠雄（慶大教授）、永田清（慶大教授）、矢部貞治（東大教授）
◎直接連絡の嘱託（海大講師を含む）─天川勇、江沢譲爾（東京商大助教授）、大熊信行（高崎高商教授）、大串兎代夫、加田哲二（慶大教授）、清水澄（東大）、清水幾太郎、杉村章三郎（東大助教授）、高木友三郎（法大教授）、溜島武雄、田中耕太郎（東大教授）、田中精一、谷口吉彦、中山伊知郎（東京商大教授）、本位田祥緒男、穂積重遠（東大教授）、安岡正篤、蝋山政道（東大）
◎海軍省顧問（司政長官を含む）─井上庚二郎、岡田文秀、竹内可吉、藤原銀次郎、藤山愛一郎、松江春次、山崎巌。なお東竜太郎、湯川盛夫、その他の多くの人々が司政官として第一線に赴任。

各懇談会では、その名称の枠にとらわれることなく、政治、経済、外交、思想、文化などに関して自由に議論することが出来た。とはいっても緊急性を持っていると思われるテーマにつ

横須賀鎮守府を訪れたブレーン・トラストのメンバー（昭和16年4月）
前列右端が高木

いては、特に研究を依頼した。

　司政官（太平洋戦争中に日本軍が占領行政のために現地に置いた臨時の職員）や嘱託の身分は人事局の所管で、手当は海軍省経理局となるが、軍政部と連絡や研究などは調査課に任されていた。

　懇談会のメンバーの人選は谷川徹三、三枝茂智、矢部貞治の三氏に任せた。

　当時知識人の多くは、統帥権を振りかざして日華事変やソ連との戦争に突っ走る陸軍を深く危惧していた。そのため彼等は、陸軍を抑え得る対抗勢力として海軍に大いに期待していたのであった。ところが当時日本海軍は、昭和五年のロンドン海軍軍縮会議以後二つの派閥に分裂しており、特に昭和八年の大角海相以降は、陸軍に同調する「艦隊派」が勢力を伸ばしたこともあって、陸軍を制することがほとんど出来なくなっていた。

「海軍の政治力は陸軍の三、四割」というのが高木の実感であり、各界の有識者を介して、国民から強いバックアップを得たいと考えた。

京都学派に期待する高木

高木が、「京都学派」および西田幾多郎博士に期待した理由の一つに、兵学校で同期の有馬正文（台湾沖航空戦で特攻を敢行して戦死、中将）の勧めで、初級士官の時に西田の名著『禅の研究』を読んで、感銘を受けていたことがあった。

またもう一つは、原田熊雄から、昭和一四年二月一八日に西田を紹介されてから、一層西田に傾倒するようになったことがあった。

昭和一四年九月、高木は単身で鎌倉姥ヶ谷の西田宅を訪ねて、日頃から疑問にあった日本の政治思想の貧困さや軍事行動などについて問うてみた。さらにそれから半年後の昭和一五年春、高木は思い切って西田に対して、海軍のバックボーンとなるべき思想について、西田の協力を要請してみることにした。

高木は率直に、「海軍内部にも精神右翼が少しずつ流入しているが、幸か不幸か、もともと海軍は、思想だとか政治などに関心を寄せる体質でない。しかしこれからは、海軍が軍政面で強い発言をしなければならなくなると思っている。政務に関与する者はもちろんのこと、これを補佐する者にも、海軍としての正しい思想や世界観というものを持っていなければならない。幸いなことに海軍の戦力は、元来科学技術の上に成り立っているので、海軍士官のものの考え方の根底には、非合理、非科学、あるいは偏狭な独善性などを排除する精神が存在している」と述べた。

これに対して西田は高木の申し出を快く了承して、「京都学派の協力を求めるなら、高山君が連絡係として適任である。しかし京都には東京と違って機微な点があり、また今は田辺元博士が中心であるから、順序としてまず田辺教授に納得して貰う必要がある」と述べた。

この日の西田の助言に従って、後日高木は京都を訪れることになった。

ブレーン・トラストの研究課題

さて高木が構想したブレーン・トラストの研究課題は、滑り出しの頃の昭和一五年八月頃は「新体制の問題の研究」、九月頃は「国防国家体制」、一〇月頃は「戦時経済への編成」、そして昭和一六年一月頃は「当面の外交政策」などであった。

矢部貞治に委嘱された「国防国家体制」は、昭和一六年早々、数名のメンバーによる討議を経て「帝国国防国家論」としてまとめられ、その他の懇談会も、最初の間は月二、三回の会合を持った。これらの会合には調査課から扇一登中佐（昭和一六年一月着任）が世話役として必ず出席した。

高木の要請によって既に海軍嘱託となっていた矢部貞治は、早々にこの「新体制の研究」に取り組むことになった。矢部は日記の中で、昭和一五年七月一〇日頃、千田金二調査課長以下の面々と現下の国内政治問題について話した時の印象について、「何もかも僕に質問するだけで、調査などは全部委任という態度だ。この調子だと、僕はまるで海軍だけの雇人のような形となる」とボヤいていた。

この時矢部は海軍側から、「政治機構革新大綱」と題するペーパーを見せられたが、これはだいぶ前に「昭和研究会」において矢部自身が起案したものだった。このように「新体制」に関して、海軍当局には何の研究も用意もなかったため、最初から矢部に全面的に依存することになった。

この大綱の中で矢部が最も強調したことは、「新体制」の基礎は国民運動とその組織に置くものの、公事結社でなければならず、陸軍が主張する政治結社では一党支配のファッショ政治になるため、絶対にこの点を譲ってはならないとするものであった。

ところが「新体制」については、高木が呉越同舟と玉石混淆を集めただけの組織と嘆いていたように、革新右翼は親軍色が強く、三国同盟支持派で一国一党を望んだ。また観念右翼は、国体明徴論に重きを置いて、共産主義やナチズムを排撃した。その一方、政党人の近衛擁立一派や右翼以外の人々は、陸軍の独走と専横に対して国民的結束でもってこれを阻止しなければならないと考えていた。

ナチス張りの一国一党として陸軍の勢力下に置こうとする武藤章と、公事結社で行こうとする後藤隆之助グループらの近衛側近たちとの正面衝突があったりして、前途多難を思わせたが、結局「大政翼賛会」という名称の下に、「大政翼賛」と「臣道実践」をスローガンにして政府に協力することになった。

大政翼賛会は、総理大臣を総裁とし、道府県に支部長（知事の兼務）を置き、町内会、隣会などを下部組織とすることとし、事務局長に有馬頼寧、企画局長に小畑忠良、組織局長に後藤隆之助、議会局長に前田米蔵、政策局長に太田正孝、国民協力会議議長に末次信正という陣容で、昭和一五年一〇月一二日発足した。

ところがこれでは政治結社でないため、政治を志す人たちは、昭和一六年九月、「翼賛議員同盟」を作った。そして昭和一七年四月に行われた東条内閣による強烈な選挙干渉の結果、事実上一党支配の政治体制が実現されることになった。

5　「日米了解案」と高木惣吉

新駐米大使に野村吉三郎海軍大将が就任

昭和一二年一〇月に海軍省臨時調査課長に就任してから昭和一七年六月に舞鶴鎮守府参謀長に転出するまでの六年半は、高木にとっては、日独防共協定強化問題、日独伊三国軍事同盟締結、そしてブレーン・トラストの組織づくり、さらには近衛新体制問題と日米戦争開始と、激動の数年となった。

そうした中にあって高木は、日々の出来事や課題を、詳細な報告書にまとめて、海軍大臣や次官、軍務局長に提出していた。高木がまとめたこれらの報告書は、海軍内では「特情」と呼ばれ、陸軍の動向と政治の裏面を的確に分析したものとして、高い評価を受けていた。

さて昭和一五年七月二二日、第二次近衛内閣が成立すると「新体制問題」が持ち上がった。このため、高木は調査課長と海大教官の兼務のまま、軍務局長代理を命じられた。

吉田善吾海相、住山徳太郎次官、阿部勝雄軍務局長の海軍首脳陣は、昭和一五年九月から一〇月にかけて、及川古志郎海相、豊田貞次郎次官、岡敬純軍務局長の陣容に一新された。高木は、一一月一五日付で再び調査課長に復帰した。

海軍の首脳部が総入れ替えという錯綜した時期の中、昭和一五年九月二三日、日本軍は北部仏印に進駐し、九月二七日、日独伊三国軍事同盟が調印された。

一〇月六日、高木は原田熊雄の招請で、大磯の原田別邸を訪ねた。そこで野村吉三郎海軍大将の駐米大使派遣問題に関する話があった。この時の模様を、翌一〇月七日、高木は豊田次官宛に、次のように報告している。

「木戸、結城（豊太郎）共に此際野村提督の出馬を要望しあり。自分（原田）も従来は現松岡外交に反対の見地より野村大将の出馬を諌止せる一人なるも、斯くの如き内外の情勢となりては、個人的の立場を離れ、国家の為の埋め草となる心境を以て、大将も政府の懇請を受容する様勧奨せんと考直せり」（昭和一五年一〇月一七日付「高木日記」）

実は野村大将は、山中湖畔での避暑の最中の八月二四日、松岡外相からの招電で上京し、駐米大使就任を懇請されていた。しかしこの時野村は、枢軸陣営の強化と日米親善は両立しがたいとして辞退した。

ところが海軍首脳陣の総入れ替えによって、三国同盟に対する海軍の立場は急に軟化した。このため一〇月二日、及川海相の意を受けた豊田次官は、野村の許を訪れて、「対米関係はますます重大になってきましたが、米国とは絶対に戦争とはならないように、あなたはルーズヴェルトに食い入ってやって頂きたい」と米国行きを熱心に勧めた。

それまで野村は、全く見通しもないまま大使を引き受けることにためらいを感じていたが、原田熊雄や日銀総裁結城豊太郎などからも就任要請があり、さらに一〇月二四日、松岡から「もはや湊川に行ってもよいのじゃないか」と説得されるに及んで、翻意することにした。

一一月七日、野村は近衛首相を訪問して、駐米大使就任を受諾した。

この際野村は「覚書」を提出し、日独伊三国軍事同盟が国際政治上に与えた影響を重視し、日米戦争の可能性を五分五分と見ることを明らかにしていた。

昭和一六年一月二二日、松岡外相は野村新大使に訓令を与えた。この中で松岡は、①日独伊三国軍事同盟を堅持し、②中国における日本の軍事行動は大東亜共栄圏樹立のための正義の戦いである、と明言した。

野村は、米国に行く自分を「湊川に行く楠正成」に喩えて、日米和平を念じていたが、松岡は米国政府への松岡外交のメッセンジャーボーイ役を期待していた。このように松岡と野村の間には、初めから外交理念上で大きな齟齬があった。

昭和一六年一月二三日、野村は東京を出発し、二月一一日、ワシントンに到着した。

高木、調査課長辞任を自ら申し出る

さて、調査課長に再任された高木は、新任の岡軍務局長から、翼賛会運動に関する研究が足りないとの叱責を受けた。

高木としては、「新体制問題」は、昭和一五年一〇月一二日の大政翼賛会の発足で一応けりがついていると考えていた。引き続いて研究すべき問題があるとすれば、それは当然軍務局第二課（石川信吾課長）が担当すべきであると思っていたので、岡軍務局長の叱責には納得がいかなかった。

高木の不満をさらに詳細にみれば、次のようなことになる。

第一に、高木が海大と調査課の間を往来している間に、軍務局の臨時の仕事が常に回ってきていた。第二に、岡軍務局長が、調査課を軍務局の下請けとする見方をしていた。そして第三に、軍務局第一課長の高田利種大佐は高木より二期後輩、第二課長の石川信吾大佐は一期上だが海大では同期であるにも関わらず、なぜ彼等の風下に立たされるのか、釈然としなかった。これに加えて第四に、「海軍第一委員会」のメンバーに高木は加われなかったこともあった。

こうしたことが、高木には甚だ不愉快であった。

昭和一六年四月四日、豊田貞治郎海軍次官が商工大臣に就任したため、代わって沢本頼雄中将が新次官になった。すると沢本は、急に調査課の機密費について猜疑の眼を向け始めた。このため高木の憤懣《ふんまん》は極限に達し、遂に調査課長の更迭を自ら申し出ることになった。

岡軍務局長は、自ら更迭を申し出たことから、高木が配置に不満を持っているのではないかと考えて、調査課長から適当なポストに配置転換することで高木を慰撫しようとした。

しかしそれでも高木が納得しないのがわかると、「それでは君は調査課を潰しても構わんと言うのか！」と怒鳴り出した。この岡の言葉にますます反発した高木は、「そうです！　今のままなら潰れた方がましです。私がいなくても、調査課は調査課でしょう！」と精一杯の啖呵を切った（『自伝的日本海軍始末記』一九九頁）。

結局、高木の調査課長辞任は認められ、昭和一七年六月一日、矢牧章が高木の後任の調査課長となった。矢牧は軍務局第二課長を兼務したままだったため、実質的に調査課は軍務局第二課に吸収合併される形になった。

「日米了解案」には陸軍の謀略の匂い

さて日米交渉の方であるが、昭和一五年一一月末、ニューヨーク州メリノールにあるカトリック海外伝道協会会長ウォルシュ司教とドラウト神父が来日した。

一二月五日、両氏は松岡外相を儀礼訪問した後、近衛首相の側近の一人で産業組合中央金庫理事の井川《いかわ》忠雄を訪ねた。これは、井川が大蔵省駐米財務官時代以来、特に親しく交際していたニューヨークの有力金融業のクーン・レープ商会のストラウスの紹介によるものであった。

一二月一一日、帝国ホテルを訪ねて来た井川に対して、両神父は日米国交調整の具体案を切り出した。その後間もなくしてドラウトから井川の許に、この提案を文書にしたものが送られてきた。一二月一四日、井川はこの文書を近衛首相に送付した。

この「ドラウト覚書」は、「日米了解案」の前身と言うべきものであった。これによれば、①日米が共同して極東モンロー主義を宣言することは、極東に対する欧州列強の帝国主義的進出を防止することになり、さらには日米両国が欧州戦争の仲裁者になることも出来ることから非常に有益であること、②このためには、この際法律的外交よりもむしろ感情に訴える外交が必要であること、③協定締結のための全権会談を東京かホノルルで開くこと、などが記されていた。

両神父は、一二月五日と二三日の二度にわたって松岡外相を私邸に訪ねて、日米関係改善について意見を交わした。

一二月二七日、両神父は井川や陸軍省軍事課長岩畔豪雄大佐を通じて、陸軍省軍務局長の武藤章少将に面会した。両神父が陸軍に話を持ち込んだのは、外務省筋の反応が冷淡だったためだったが、武藤は両神父の説く内容に、極めて好意的に応じた。

一二月二八日、両神父は新田丸で帰国する際、井川との間で、今後の連絡用の電報暗号を決めた。それは、「difficult（見込み無し）、good（各方面順調進行中）、satisfactory（大統領考慮中）、complete（準備完成）というものだった。

米国に帰国した両神父は、一九四一年一月二三日、民主党の有力者で、同党の全国組織委員長としてルーズヴェルト大統領の三選に貢献し、またカトリック信者として両神父とも親交のあるウォーカー郵政長官を通してルーズヴェルト大統領に会見した。

席上両神父は、東京における交渉の模様について報告し、「ウォルシュ覚書」を提出した。この覚書の前文には、「米国の経済制裁が成功を収めた結果、日本政府は対華政策を含めて、その外交政策を転換しようとしている。天皇、近衛、松岡、有馬、武藤などの保守派は、対独協調から対米協調に切り替えたいと考えており、米国政府の援助を求めている」と書かれていた。

さて日米間の私人間による国交調整に関する情報が、陸軍方面に知己が多い徳川義親侯経由で高木の許に届いたのは、昭和一六年一月中旬のことであった。

二月一〇日付「高木日記」には、「一五〇〇　井川（忠雄）氏来訪、第三内談室にて岡軍務局長と会談」と記されている。この時高木は井川に海軍省への来訪を求め、岡軍務局長も同席の上で、これまでの経緯を聴取した。

陸軍は既に一月二七日に岩畔大佐と武藤少将が井川および両神父と会っていたのに、外務省や海軍にはこれをひた隠しにしていたことから、高木はこの工作には陸軍が仕掛けた謀略の臭いがすると感じていた。

高木、南西方面海軍民政府政務部副長に内定

高木は、調査課長在任中の昭和一六年一二月、南西方面海軍民政府の政務部副長も兼務することになった。南西方面海軍民政府は、太平洋戦争中東南アジアにおける海軍占領地の軍政を司る機関として設立され、その民政府を統括するため民政府総監の役職が設けられた。

民政府は南西方面艦隊に属し、その任務はボルネオ島およびその付属島嶼、およびセレベス島および付属島嶼、および小スンダ列島における占領地行政と、海軍関係要務を司るものとさ

れた。編成は、文官である民政府総監の下に、官房と総務、財務、産業、衛生、交通土木、法務の六局が置かれ、昭和一七年八月、セレベス島マカッサルに開庁された。

当初は「南西艦隊民政府」とされていたが、一八年四月一日、第二南遣艦隊の指揮下に入ったため、「南西方面海軍民政府」と改称され、一九年二月第四南遣艦隊の新設に伴って南西方面海軍民政府の管轄は縮小された。

その後戦局の悪化に伴って、財務局と産業局が合併され経済局になるなど、組織の簡素化が進んだ。さらに昭和二〇年七月末頃までには、在マカッサル民政府職員の大半がスラバヤに後退した。

開戦後の占領地域の軍政の配分は、陸軍がマレー半島、蘭印などの資源の多い所を総なめにしたのに対して、海軍の担当は、セレベス、ボルネオ、スンダ諸島などの未開発地域だった。このため志望者を集めたのでは間に合わず、いろいろ手を回して、各方面から引き抜きせざるを得なかった。

南西方面海軍民政府の長官には、内務省出身の岡田文秀に就任して貰い、長官の下に民政部を、ボルネオとセレベスと小スンダに置いた。民政部長官は、ボルネオは井上庚二郎、セレベスは清水重夫と数藤鉄臣、小スンダは越野菊雄の三氏に依頼した。

民政府の官房長には水池亮氏を内定し初めから問題はなかったが、財務局長、衛生局長、海軍から任命する総務局長の選任については、かなり紆余曲折した。

岡田長官の希望としては、財務局長に迫水久常《さこみずひさつね》、植木庚二郎、中村建城の三氏の内から誰かということであったが、迫水は体質上熱帯勤務に適さないという理由から、また植木については大蔵省の配員上の都合から駄目になり、結局中村となった。

衛生局長については、東大と京大の両医学部の微妙な関係から、岡田長官と慎重に協議した結果、東竜太郎に依頼することにした。高木はすぐに平賀譲東大総長の許へ駆けつけて、占領地における民政府設置の主旨と海軍の方針を説明して、この人事を了承して貰った。

ところが総務局長については、民政府の世話をした調査課長（政務部副長）が行った方が、文官出身の各局課長との調和もうまく運ぶであろうということになり、岡田長官もそれを熱望したため、結局高木自身が転出することになった。そのため高木が軍医学校で健康診断を受けたところ、結核の後遺症のため「熱帯勤務不適」との診断が下されてしまった。

軍務局と医務局との間で押し問答をしたものの、結局高木のセレベス行きは中止となり、代わりに海兵同期の富永昌三大佐が総務局長に就任することになった。

高木は、昭和一七年六月五日付で舞鶴鎮守府参謀長として赴任することになった。

6　難航する日米交渉

高木、日米交渉を注視

ワシントンにおける日米交渉の行方を、高木は調査課長として注視していた。

昭和一六年二月二七日、ニューヨークに到着した井川忠雄は、早速ウォルシュとドラウトの両神父に連絡を取った結果、ウォーカーの存在を知り、直ちにウォーカー郵政長官を訪問した。

翌二月二八日、ウォーカーはルーズヴェルト大統領に「ウォーカー覚書」を提出したが、それには「極東問題解決のために米国政府と交渉する権限を与えられている日本政府の全権使節がワシントンに到着している」と書かれていた。

井川は、ウォーカーとの会談の後日本大使館を訪れて、野村大使と若杉要公使にこれまでの経緯を説明した。

三月一日、野村大使は松岡外相宛に、「同人（井川）ハ貴大臣ト如何ナル連絡ヲ有スルヤ」との電報を送った。三月六日の松岡の回答は、「最近井川ニ付兎角ノ噂アルモ、『ウ』、『ド』ノ工作ハ『デスカレージ』スヘキモノニ非サルニ付テハ」と素っ気ない言葉が連ねてあった。

当時の在ワシントンの日本大使館は、素人外交を操る井川に好意的ではなかった。一方野村大使は、井川の手引きでカールトンホテルにおいてハル国務長官と二時間にわたり秘密会談を行ったことで、彼の手腕を高く評価するようになっていた。

三月一二日頃、ウォーカーはハル国務長官宛に、既に協定案の準備を始めたことを記した二月二八日とは別の覚書を送った。これは三月一七日付「日米原則協定案」としてハル長官に提出された。これに岩畔大佐による修正が加わって、四月一六日の「日米了解案」に発展することになる。

四月一六日の野村・ハル会談の席上、ハルは、①あらゆる国家の領土保全と主権の尊重、②内政不干渉、③機会均等、④平和手段によらぬ限り太平洋の現状不変更、を前提として、これまでの話し合いをハル・野村の非公式会談に移し、「日米了解案」を基礎に交渉を進めても良いと述べ、また野村には、まずは日本政府の訓令を得ることを希望した。

しかし野村は、この「日米了解案」なるものが実は全く非公式なものであり、米国政府の見解を示すものでないことを本省に連絡しなかった。これが後々日米間で齟齬が生じる原因になる。

さて昭和一六年四月一三日、モスクワで、松岡外相とスターリン書記長との間で「日ソ中立条約」が締結された。

四月一八日、大橋忠一外務次官は閣議開催中の近衛首相を訪ねて、ワシントンから日本の運命を左右する重大電報が着到したことを伝えた。

近衛首相はその重要性に鑑みて、同夜八時、政府統帥部連絡懇談会を召集した。政府側からは近衛首相、平沼内相、東条陸相、及川海相、大橋外務次官、統帥部からは杉山参謀総長、永野海軍軍令部総長らが出席し、それに武藤、岡の陸海軍務局長、富田健治書記官長が加わった。会議ではいろいろな意見が出たものの、交渉そのものには全員賛成した。東条陸相や武藤・岡陸海軍務局長も大変な喜びようであった。このため会議はまれにみる和やかなうちに終了した。

この席上、大橋外務次官は、モスクワから数日後に帰国するはずの松岡外相を待つべきであると述べた。

四月一九日、陸軍側では、この「日米了解案」について協議した。同日付の『機密戦争日誌』には、次のように記されている。

（1）日米全面協調ノ電文翻訳完了。①日本ハ武力南進セス。米ハ対独武力参戦セスノ根本条件ニテ日米ノ全面協調ヲ策セントスルニ在リ。②米ハ日支直接交渉ニ依ル全面的和平ヲ蒋ニ勧告ス。③日米相携ヘテ世界ノ平和ヲ招来セントス。

（2）歴史的外交転換ナリ。

（3）何ト言フモ三国同盟精神ノ清算ナリ。（戦史室『参謀本部第二〇班機密戦争日誌』）

四月二一日、天皇は拝謁した木戸に対して、「米国大統領があれ迄突込みたる話を為したるは寧ろ意外とも言ふべきだが、こう云ふ風になって来たのも考へ様によれば、我が国が独伊と同盟を結んだからとも云へる。総べては忍耐だね、我慢だね」と述べた。

松岡、「日米了解案」に激怒

四月二二日、帰国した松岡外相は、立川飛行場からの帰路の車中で、大橋から「日米了解案」に関する説明を受けたが、そこで初めてこの了解案が自分が構想したものでないことを知った。

四月二三日付『機密戦争日誌』には、次のように記されている。

（1）昨夜遅ク連絡会議開催ス。外相、野村提案ハ話ガ違フト言フ。従来単ニ蒋ニ和平勧告スベキ提案ヲシタルニ止マリ、全面的国交調整ニ関シテハ関知セズト云フ。右真偽不明ナルモ、外相ニ対シ、暫ク研究考慮ノ余地ヲ与フルコトトナシ散会。

（2）従テ独伊トノ諒解全然取付アラズ。暗礁ニ逢着ス。

それ以降、松岡は自宅に引き籠ってしまった。その後二週間ばかり過ぎた五月三日、松岡も出席して、ようやく大本営・政府連絡懇談会が開催されることになった。

会議では「日米了解案」について審議されたが、松岡外相からは対米国交調整に関して、①日独伊三国同盟条約に抵触しないこと、②国際信義を破らないことを絶対条件とすることの修正案が提出された。「日米了解案」は三国同盟の実質的骨抜きを主眼としていたが、松岡の修正案はこれとは真逆であった。

連絡懇談会後の五月八日、松岡外相は天皇に拝謁して、「独伊ニ対スル信義ニ悖ル如キコトアリテハ、骸骨ヲ乞ヒ奉ルノ外ナシ」と奏上した。

翌九日、松岡は近衛首相を訪ねて前日の拝謁の模様について報告した。近衛は大いに驚愕し、急遽、同夜極秘に陸海両相を「荻外荘」に召集し善後策を協議した。

一〇日、近衛首相が天皇に拝謁した際、天皇は極めて憂慮した面持ちで、松岡の奏上の模様について語った。これによれば松岡は、「米国が参戦すれば、シンガポールを討たなければならぬ。また米国が参戦すれば長期戦となるため、独ソ衝突が起こるかも知れないが、その場合には、日本は中立条約を棄てて独伊側に立って、イルクーツク位まで行かなければならぬ」と述べたという（矢部貞治『近衛文麿(下)』二七〇頁）。

拝謁後、近衛は木戸内府と会見した。席上木戸は、「訪欧後の松岡は、議論が余りにも飛躍的になったため、天皇の信任を失う結果となり、八日、松岡による拝謁後、天皇は木戸に対して、外相の更迭を望むようになった」と語った。

五月一一日、野村大使より松岡外相に電報が届いた。

ウォーカー長官の内談として、米国政府内ではコンボイ（海上護送）の実施論が強まっている。ルーズヴェルト大統領はこれまで日米関係を考慮してこれを抑えてきたが、一四日の外交演説の中でこれに言及する予定であり、「若シ交渉開始セラレザルニ於テハ、日米間ノ話合ハ絶望トナルベシ」（『日米交渉記録ノ部』三六頁）との内容だった。

五月二二日、連絡懇談会が開かれた。議題の一つは蘭印交渉の件であった。当時蘭印交渉は全く行き詰まっており、松岡は、武力行使の決意の下、芳沢謙吉代表を引き上げることを考えていた。席上松岡は、この趣旨から陸海軍に対英米参戦の決意について問い質した。

これに対し及川海相などは、「松岡の頭は変ではないか」と漏らした。この辺りから松岡の言動に対する政府や軍部からの批判が強くなった。

五月一八日付「高木日記」には、「絶対極秘　近衛総理談要旨（最近心境）」と題して次のように書かれている。

「閣内不統一の責を執って辞職したい。野村（吉三郎）が米国に行って、非常に骨を折って『ル』（ルーズヴェルト）『ハ』（ハル）と折衝し、向ふから相当具体的な提案を出して来て居る。其の提案は松岡の留守中のことであった。然るに松岡が帰ると回答は延し、仔細に亘つて字句を修正し、野村の功績に対し全く Jealousy から来てるより外《ほか》に見られないやり方で、野村に対し気の毒でならぬ。……木戸（幸一）も岡を辞めさせて断行しろと云ふ。原田も同じことを謂ふ。自分は辞職したら勿論再降下等を考へて居らぬ。……山本（五十六）は二回小林順一郎の紹介で会ひに来て、『海軍は戦ひをやれと謂はれればやるが、今対米戦をやるべきではない』と艦隊の事情を話して行った」

五月二二日付『機密戦争日誌』には、連絡懇談会の模様が、次のように記されている。

「例ニ依ツテ外相ノ独舞台ナルガ如シ。外相云フニ対米妥結ハ三分ノ公算ナリ。『シンガポール』攻略スベシト。外相ノ云フ事為ス事常軌逸シアルガ如キ感アリ。海軍相手ニセザル気運アリト。困ツタモノナリ」

翌二三日の閣議後、近衛首相は松岡外相と会談した。松岡は、「陸海軍首脳部は、多少は独伊に不義理をしても日米了解案を成立させようとしているらしいが、そんな弱腰でどうなるのか！」と強硬論を吐いた。

六月二二日、独ソ戦が勃発した。この独ソ開戦は、米国の対日政策に大きな影響を与えた。すなわちそれまで米国は、対日経済圧迫を徐々に強めながらも、日本の武力南進を激発させないように、野村大使との交渉を慎重に、しかも忍耐強く進めてきた。しかし独ソ開戦後米国は、その対日宥和策を改めて強硬策を採るようになった。実際ハル国務長官は病気療養を理由に一か月間温泉地に逃避して、事実上日米交渉を放棄した。

六月二一日、ハルは「オーラル・ステートメント（口上書）」の中で、「不幸ニシテ政府ノ有力ナル地位ニ在ル日本ノ指導者中ニハ、国家社会主義ノ独逸及其ノ征服政策ノ支持ヲ要望スル進路ニ対シ、抜キ差シナラザル誓約ヲ与ヘ居ル者アルコト」（『日米交渉記録ノ部』八七〜八八頁）と、あけすけに松岡外相を批判した。

当時高木は、最高度の機密情報を、近衛総首相秘書官をしていた細川護貞から得ていた。旧熊本藩主の細川とは同郷であり、非常に親しい関係にあった。

八月一〇日付で、高木から岡軍務局長に提出された極秘の「情報」には、次のように記されている。

「1．細川（護貞）総理秘書官面談要旨（八月四日、申込に依り往訪）

細川　海軍課長級は対米強硬論にして前田（稔）報道部長、石川（信吾）課長、最モ強硬なりと聞くが実情如何。

高木　前田少将、石川大佐は外部と接触する立場にある人なれば、両人が特に強硬ありとも軟弱なりとも思はず。真の強硬論者は却つて別に在るべし。

細川　伝へらるるところでは、対米戦を断行すべしとのことなるが、果して然りや。

高木　国内物資の関係、米国海外戦略展開の現状、太平洋防塞強化の関係、英、米、蘭印の相互援助関係等より国際関係転換せずして現状を以て推移すれば、帝国は全面的屈服か絶望的戦争を強要せらるる外なきを以て、最後の決意を以て、戦備と外交の二本建を以て進み、我が生存の最後線を外交交渉により確保し得る見込みなきに於ては、一戦を辞せざるの覚悟を為すべしと謂ふに在り」（昭和一六年八月一〇日付「高木日記」）

松岡は、ヨーロッパの戦局におけるドイツの勝利と英国崩壊の予測の下に、日米独ソの四カ国による世界分割を構想していたが、英国の抵抗と独ソの開戦によってそれが破綻することになった。それ故に独ソ開戦後の松岡外交は、矛盾だらけのご都合主義に陥らざるを得なくなった。

米国、対日石油全面禁輸発動

七月二八日、飯田祥二郎中将の率いる第二五軍は、南部仏印進駐を開始した。

一方米国政府は、七月二五日、在米日本資産の凍結令を布告し（二六日より実施）、英、蘭両国もこれに倣った。そして八月一日、米国は対日石油輸出の全面禁止措置を発令した。これまで石油の大半を米国に依存してきた日本にとって、その翌日から輸入が停止することとなった。時間が経つにつれて石油の備蓄は無くなり、燃料は枯渇して、日本の産業は壊滅的な状態になるのみならず、航空機も飛べなくなるはずだった。

一〇日ほど前に戻るが、七月一七日、大命は三度《みたび》近衛文麿に降下し、翌一八日、第三次近衛内閣が成立した。松岡に代って前商工大臣の豊田貞次郎海軍大将が外相に就任したほか主要閣僚は全て留任した。

七月三一日、永野軍令部総長は拝謁の際、日米戦争の可能性について奉答し天皇を驚かせた。『木戸日記』によれば、「（１）戦争は出来るだけ避けたい、（２）三国同盟があれば日米国交調整は不可能と思う、（３）戦争となれば油を一年半で消費するから、この際打って出る他ない」（『木戸日記（下）』八九五頁）と、永野は述べたとしている。

八月五日、近衛首相は、停頓している日米会談の端緒をつかむため、七月二四日にルーズヴェルト大統領が野村大使に述べた「仏印中立化」案を糸口に、三国同盟問題を後回しにした「暫定協定案」を作成して野村大使に送った。この暫定協定案は八月六日に野村大使からハル長官に手渡されたが、ハルは大して興味を示すことなく、八月八日、正式に日本側提案を拒否した。

ところがその間、近衛首相は自らルーズヴェルト大統領と会談して一挙に日米間の危機を脱しようと決意し、八月七日午前、野村大使宛に「近衛・ルーズヴェルト会談」についての訓電を送った。

一方のルーズヴェルト大統領は、八月九日から秘密裡にチャーチル首相と大西洋上で会談していた。この会談の目的は、米英が日本に対して最後通牒的な警告を出すことにあったが、ルーズヴェルトは、あまり強硬な警告は却って日本を暴発させることになるとして反対し、独自の「対日警告文」を出すことを約束し、これによって、「米国は日本を三か月間あやすことが出来る」と語った。

八月一七日、日曜日にもかかわらず、ルーズヴェルトは野村大使の来訪を求め、二種類の文書を手渡した。そのうちの一つは日本の武力南進に対する「戦争警告文」であり、もう一つは、日米首脳会談に対する米国側の回答であった。

ルーズヴェルトは日米首脳会談について、「ホノルルまで行くことは地理的に困難であるが、アラスカのジェノー辺りではどうだろうか。ちょうどワシントンと東京の中間であると思うが、日本より何日位かかるだろうか。一〇月中旬頃ではどうか?」などと語った。

八月二六日、連絡会議は、日米首脳会談のための「近衛メッセージ」を採択した。八月二八日、野村大使はホワイトハウスにルーズヴェルト大統領を訪ねて、「会見ノ時機一日モ速ヤカナルコトヲ希望シ、諸般ノ考慮上布哇（ハワイ）附近ヲ適当ト思考スル次第ナリ」と書かれた「近衛メッセージ」を手渡した。

ルーズヴェルトはこのメッセージを読んで、「非常に立派なものだ！」と称賛した後、「自分としては近衛公と三日間ぐらい会談したい」と語った。しかし同席していたハルの態度は極めて慎重だった。ハルは改めて野村を招いて、首脳の会談では前もって事前にまとまったことを、「ラティフィケーション（批准）」の形にしたい」との考え方を述べた。ハルは、日米首脳会談がミュンヘン会談（一九三八年九月の国際会議。英仏が対独宥和策によって独軍のズデーデン進駐を許した）の二の舞になることを警戒していたのである。

八月三〇日、野村大使より外務省に、二八日夜のハル国務長官との会談についての報告が接到した。省内では、ルーズヴェルト大統領の楽観論とハルの慎重論をどのように判断すべきか議論が交わされたが、この際大統領の政治的解決に期待すべしとする意見が大勢を占めた。

この日の連絡会議では豊田外相は大いに楽観論を吐いた。ともかく首脳会談が実現した場合の準備が進められ、近衛は八月二九日から三日間、箱根の富士屋ホテルに、井川忠雄、松本重《しげ》治《はる》、牛場友彦、西園寺公一《きんかず》らの側近を集めて対策を練った。

また近衛首相に同行する人選も進められた。豊田外相の他、陸軍側から土肥原《どひはら》賢二大将、海軍側から山本五十六大将（もし参加不可能なら吉田善吾大将）、陸海統帥部次長（塚田攻《おさむ》・近藤信竹）らが参加することになり、重光葵《しげみつまもる》大使が首席随員、天羽《あもう》英治《えいじ》外務次官の事務総長を内定した。会談期日は九月二一日より二五日までとし、場所は公海上の軍艦とし、新田丸を徴傭して、横浜港に待機させた。

日米首脳会談が実現すれば日米戦争を避けることが出来ると日本側は期待したが、九月三日、ルーズヴェルト大統領は野村大使を招致して、「近衛メッセージ」に対する「ルーズヴェルト・メッセージ」と、これに付随する「オーラル・ステートメント」を手渡した。

この大統領メッセージには、「我等ノ企画スル会合ノ成功保証ノ為、我等ノ合意ノ目的タル基本的且枢要ナル諸問題ニ付、速ヤカナル予備的討議ノ開始ニ努メ、以テ慎重を期スルコト緊要ナルヲ示唆スルハ、蓋シ已ムヲ得スト感ズル次第ナリ」と書かれていた。

また「オーラル・ステートメント」には、①領土主権の尊重、②内政不干渉、③機会均等、④太平洋の現状維持、の四原則が記載されており、これに対する日本政府の態度表明を要求していた。

米側としては、六月二一日の米国案に対する日本側からの正式回答を受領しないまま（野村大使は七月一四日の日本案を提出していなかった）、七月で話し合いが中断してしまっていることから、速やかに交渉を再開するためには、まず基本的意見の一致を図ることが必要であると考え、上記の四原則についての日本側の見解を求めてきたのだ。

九月三日、高木は、及川海相、および沢本次官、岡軍務局長宛に、次のような「特情」を提出した。

「近衛総理の時局に直話……八月二八日総理に面談し、親しく其の所信を伺へるに、『国交調整に対する見通しは、［五十、五十］と思ふ。御上の御意は、此の際戦争を賭するは甚だしき冒険にして、皇祖皇宗に対し、洵に重大なる責を感ずるの趣にして、自分としては全力を尽して御心に副ふ様にする次第である。然し他方唯漫然として時日を遷延し「じり貧」に陥りたる暁に戦を強いらるることも、亦最も警戒すべきことであるから、其の点に予め覚悟して居る』」（昭和一六年九月二日付「高木日記」）

7　東条内閣の出現と日米開戦

日米戦争を深憂する昭和天皇

九月三日、連絡会議は「帝国国策遂行要領」を決定し、九月六日の御前会議において正式に国策として採択された。

御前会議前日の五日、近衛首相が参内して「帝国国策要領」を内奏したが、天皇は、「これを見ると一に戦争を記し、二に外交交渉を掲げている。何だか戦争が主で外交が従であるかの如き感じを受ける。この点について、明日の会議で統帥部の両総長に質問したいと思うが」と述べ、強い不満を表明した。そこで近衛首相の配慮によって、急遽、陸海の両総長が召され、天皇より御下問を受けることになった。

天皇は陸海軍両総長に対して、「外交を主とするよう」と述べ、さらに杉山参謀総長に対して、「日米こと起らば、陸軍として幾許の期間に片付ける確信ありや？」と質した。これに対して杉山は、「南方方面だけは三ヵ月位で片付けるつもりであります」と奉答した。すると天皇は杉山に、「汝は支那事変勃発当時の陸相なり。其の時陸相として、『事変は一ヵ月位にて片付く』と申せし事を記憶す。然るに四ヵ年の長きにわたり、未だ片付かんではないか！」と腹立たしげに述べた。杉山は恐懼して、「支那は奥地が開けており、予定通り作戦し得さりし」ことをくどくどと弁明すると、天皇は、「支那の奥地が広いというなら、太平洋はなほ広いではないか、如何なる確信があって三ヵ月と申すか！」と語気鋭く問い詰めた。

杉山が返答出来ずにいると、永野軍令部総長が助け船を出して、「統帥部として大局より申し上げます。今日日米関係を病人に例へれば、手術をするかしないかの瀬戸際に来ております。手術をしないで、このままにしておけば、段々衰弱してしまう虞があります。手術をすれば非常な危険があるが、助かる望みもないではない。その場合、思切って手術をするかどうかという段階であると考えられます。統帥部としては、飽くまで外交交渉の成立を希望しますが、不成立の場合は、思切って手術をしなければならんと存じます。此の意味で、この議案に賛成して居るのであります」と述べた（近衛『平和への努力』八七頁）。

天皇が重ねて、「統帥部は今日の処外交に重点を置く主旨と解するが、その通りか！」と念を押すと、両総長とも「その通りである」と答えた。

翌九月六日午前一〇時から御前会議が開催された。原嘉道枢密院議長より「此の案を見るに、外交より寧ろ戦争に重点が置かるる感あり。政府統帥部の趣旨を明瞭に承りたし」と、天皇の意を体しての質問があった。これに対して政府を代表して及川海相が答弁した。他に統帥部からは誰も発言しなかった。すると天皇は突然、「ただ今の原枢相の質問は、誠に尤もと思ふ。これに対して統帥部が何等答えないのは甚だ遺憾である！」と述べた。

さらに天皇は明治天皇御製「四方の海　みなはらから（同胞）に思ふ世に　など波風の立ち騒ぐらむ」を読み上げて、「余は常にこの御製を拝承して、故大帝の御精神を紹述せむと努めて居るものである」と語った。

しばらくの静寂の後、永野軍令部総長が立ち上がって、「統帥部に対するお咎めは恐懼に堪えません。実は海軍大臣が答弁いたしましたのは、政府・統帥部双方を代表したるものと存じ沈黙して居りました次第であります。統帥部としては勿論海軍大臣の御答え致しました通り、外交を主とし、万止むを得ざる場合戦争に訴ふるという主旨に変わりはございません」（『杉山メモ(上)』三一一〜三一二頁）と返答した。

かくして御前会議は、天皇が何度も自らの意見を表明するという異例の出来事の裡に終了した。この会議で採択された「帝国国策遂行要領」は、次の通りである。

（1）帝国は自存自衛を全うする為、対米（英蘭）戦争を辞せざる決意の下に、概ね一〇月下旬を目途とし戦争準備を完整す。

（2）帝国は右に並行して米英に対し外交手段を尽くして、帝国の要求貫徹に努む。対米交渉において帝国の達成すべき最小限度の要求事項、並びにこれに関連し帝国の約諾し得る限度は別紙の如し。(『杉山メモ(上)』三一二頁)

九月六日の御前会議において、日米交渉の最終期限を一〇月上旬と決定したことから、日本政府および陸海軍もそのままにしておくことは出来なくなった。

追い詰められた日本

その頃近衛首相は、日米交渉の打開に政治家としての最後の努力を傾けていた。九月六日、近衛は日本側の真意を米国側に伝えるべく、陸海外三相の了解の下に極秘裏にグルー大使と会見し、「現内閣は陸海軍とも一致して交渉の成立を希望していること、そしてこの内閣以外には交渉成立の機会はない」ことを強調し、「今の機会を逸すれば、われわれの生涯の間には遂にその機会はないであろう。……陸海外の代表の人選も終わっている」と語った。

一時間半にわたる会談の後、グルー大使は、「直接大統領宛に今日の会談の結果を報告する」ことを約束し、「この報告は自分が外交官生活を始めて以来、最も重要な電報になるであろう」と感慨を込めて語った。

ところで九月二五日の連絡会議において、陸海軍両総長より「日米交渉は一日も速やかにその成否を判定し、遅くとも一〇月一五日までに政戦の転機を決することを要す」とする文書が提出された。そこで九月二七日、豊田外相はグルー大使の来訪を求めて、日米首脳会談への一層の努力を要請し、同日野村大使宛に「国際情勢よりするも国内情勢よりするも、この際タイムがあらゆる関係ある主要なる要素にして、一日も速やかに両首脳者の会見決意をする必要あり」とする訓令を発した。

九月二九日、グルー駐日大使もハル国務長官宛に、米国政府が日米交渉成立のために積極的に努力するよう具申した。しかしワシントンではグルーの意見は顧られなくなっていた。

一〇月二日、ハル国務長官は野村大使に、これまでの交渉経過を概観して、改めて、①主権尊重、②内政不干渉、③機会均等、④太平洋の現状維持、の四原則を指摘した。

ハルは、「米国政府としては、予め了解成立するにあらざれば、両国首脳者の会見は危険なりと思考するものなること、また太平洋全局の平和維持のためにはパッチアップ（つぎはぎ）したる了解にては不可にして、クリーアカット・アグリーメント（明瞭なる合意）を必要とする」と言明した。昭和一六年春の日米了解案をめぐって米国側が見せた宥和的態度とは全く違ってきていることを、日本側は読めていなかった。

一〇月四日、前夜到着した米国側回答について協議するための連絡会議が開催された。席上、永野軍令部総長は、「最早『ヂスカッション』ヲナスベキ時ニアラス。早クヤッテモライタイモノダ」（『杉山メモ(上)』三四二〜三四三頁）と述べた。

一〇月九日付「高木日記」には、「政界近況」と題された政情分析が記されている。

「一、国交調整　政府は一四、五日に来る予定の米国の回答を待望しあり。右の回答に一縷の望みをつなぎ、若し米側が多少譲歩を示し来れば、我は大々的に思切り、これを鵜呑みにし、軍部の強硬論を抑圧して調停を纏めんと期待しあり。
二、絶望と決まれば、先づ戦争に備ふる内閣の態勢を整へざるべからず。此の場合内閣改造を以て此の方針に応ぜんとす」

続いて一〇月一三日付「政界近況」には、次のように記した。

「一、陸軍課長級意見　(イ)事態は最早これ以上の遷延を許さず。宜しく近衛内閣に於いて戦争への決意を堅むべきなり。若し近衛内閣自身にして戦争を為す自信なしとすれば、後継政権が直に戦争が出来る如く軌道に上せて政権を渡すべきなり。此の間非常手段として、優諚を落下せしめざる様極力警戒を要す」

一〇月一二日は近衛文麿の五〇回目の誕生日だった。この日の午後、近衛首相は日曜日にもかかわらず、陸海外相と鈴木企画院総裁を「荻外荘」に召集して、和戦についての最終的態度を決定しようとした。

それに先立って、一〇月九日頃、海軍省軍務局第二課長の石川信吾は及川海相に対して、開戦決意に関して詰問的意見具申をしていた。さらに一二日午前にも石川は及川海相の許を訪れて、「陸軍は海軍に、『戦争は出来ない』と言わせて下駄を預けるつもりらしい。大臣もくれぐれも下駄を履かせられては駄目ですよ。気を付けて下さい」と語った。

一〇月一一日夜、富田健治書記官長が岡軍務局長を訪ねて、「明日の会議において海軍は総理を助けて、戦争回避、交渉継続の意思をはっきり表明して貰えないだろうか。もし海軍の意思表示がなければ、近衛公は辞職するかもしれない」と語った。すると岡軍務局長は、富田の説明に頷いて、「これは重大な問題だから、君から直接大臣に話をしてくれ給え。僕も付いて行こう」ということになり、同夜午前零時近く、二人は同道して海相官邸を訪れた。

席上及川海相は、「この際日米戦争は避けたい。自分は飽く迄交渉継続を希望する。また陸軍と違って、海軍の下層部が戦争をしなければ収まらぬということは絶対にない。その点は全然心配要らぬ。しかし海軍としては、『軍としての立場上、この戦争に反対である』ということを公式に言明することは出来ぬ。戦争するや否やを決定することは政治の問題であるから、総理が決めるのが適当である」（『太平洋戦争への道(七)』二八七頁）と述べた。

この及川の発言には、開戦責任を近衛に転嫁しようという心理が色濃くあった。こうしてみると、及川海相には海軍の最高責任者としての責任感が欠如していたと言わなくてはならない。

一〇月一二日午前、荻外荘会議を前にして、岡軍務局長は富田に、「海軍は交渉の破壊を欲しない。すなわち戦争を出来るだけ回避したい。しかし海軍としては表面に出して此れを言うことは出来ない。今日の会議においては海軍大臣から和戦の決は首相に一任することを述べる筈になっているから、そのお含みで願いたい」（矢部『近衛文麿』三七九頁）と連絡してきた。

会議は、午後二時から六時まで実に四時間にわたって行われた。席上、日米交渉の打ち切りを主張する東条陸相に対して、まだ交渉に望みを捨てていない近衛首相と豊田外相が真っ向から対立した。

翌一〇月一三日、参内した木戸に対して、天皇より次のような話があった。

「昨今の情況にては、日米交渉の成立は漸次望み薄になりたるように思はるる所、万一開戦となりたるが如き場合には、今度は宣戦の詔勅を発することとなるべし。その場合、今迄の詔勅を見るに、連盟脱退の際にも文武恪循と世界平和と言ふことに就いて述べたのであるが、国民はこの点を等閑視しているように思はれる。また日独伊三国同盟の際の詔勅に就いても平和に為ということが忘れられ、如何にも英米に対抗するかの如く国民が考えて居るのは、誠に面白くない。就いては今度宣戦の詔勅を出す場合には、是非近衛と木戸にも参加して貰って、篤と自分の気持ちを述べて、これを取り入れて貰いたいと思ふ。・・・戦争終結の場合の手段を、初めより充分考究し置く要あるべく、それはローマ法王との使臣の交換等親善関係につき、方策を樹つる要あるべし」（昭和一六年一〇月一三日付『木戸日記（下）』）

一〇月一四日の閣議では、和戦に関して近衛首相と東条陸相との間で、次のような議論が交わされた。

東条陸相　人間たまには清水の舞台から、目をつぶって飛び降りることも必要だ。

近衛首相　個人としてはそういう場合も、一生に一度や二度はあるかも知れないが、二千六百年の国体と一億の国民の事を考えるならば、責任ある地位にある者として出来ることではない。（近衛『平和への努力』九四頁）

一〇月一七日、組閣の大命が東条英機陸相に降下した。

大命降下の際、天皇の命を受けた木戸は東条と及川の両相に対して、「国策の大本を決定せられますに就いては、九月六日の御前会議の決定に捉われるところなく、内外の情勢を広く検討して、慎重なる考察を加うることを要すとの思し召しでございます」（昭和一六年一〇月一七日付『木戸日記（下）』）と述べた。

高木、日米避戦のための秘策を進言

一〇月一九日、調査課長の高木惣吉は岡軍務局長宛に、「海軍部内の結束に関する意見」を具申した。それには次のように記されている。

「新内閣出現と共に、内外の情勢は急転直下して、右或は左する算多し。此の際に莅《のぞ》み海軍首脳としては、上下、省部、中央地方の別なく、一大結束を堅むるに非れば、独り海軍二十年の地位を喪ふのみならず、邦家百年の大計を過るなきを保せず。

[具体的問題]別紙　局長限り　絶対極秘　岡敬純印

1、(略)

2、外務、商工、逓信を少くも中立的立場に迄引き戻す工作必要なり。

3、(略)

4、軍務一課、二課、調査課はバラバラなり。現在の方針(対米非戦)を続けるるならば、左の如く人事を異動せらるるを要す。

第一案　一課長　中村(勝)あと八牧(章)

　　　　二課長　高田(利)

　　　　調査課長　二課長兼務或は山本(善)

第二案　一、二課長高田兼務調査課、二課合併

(『諸意見申合並戦争指導』)

このように高木の構想は、対米非戦の立場から、昭和一六年六月五日付で対米強硬を建策した「海軍第一委員会」の「現情勢下に於ける帝国海軍の執るべき態度」を主導してまとめた軍務局二課長の石川信吾を更迭して、手堅い高田利種大佐にすべきと説いていた。

東条新内閣では、一〇月二三日から一一月二日早暁まで連日のように連絡会議が開かれ、国策の再検討が行われた。そして一〇月三〇日をもって協議を終了し、一一月一日、次の三案の中から国策遂行上の結論を求めることにした。

アウトサイダーたちの太平洋戦争

知られざる戦時下軽井沢の外国人

高川邦子著　本体 2,400円【5月新刊】

ハール家
（ハンガリー人）

深刻な食糧不足、そして排外主義的な空気が蔓延し、外国人が厳しく監視された状況下で、軽井沢に集められた外国人1800人はどのように暮らし、どのように終戦を迎えたのか。聞き取り調査と、回想・手記・資料分析など綿密な取材でまとめあげたもう一つの太平洋戦争史。ピアニストのレオ・シロタ、指揮者のローゼンストック、プロ野球選手のスタルヒンなど著名人のほか、ドイツ人大学教授、ユダヤ系ロシア人チェリスト、アルメニア人商会主、ハンガリー人写真家などさまざまな人々の姿が浮き彫りになる！

外務省軽井沢事務所長
大久保利隆公使

終戦の軍師 高木惣吉海軍少将伝

工藤美知尋著　本体 2,400円【4月新刊】

海軍省調査課長として海軍政策立案に奔走し、東条内閣打倒工作、東条英機暗殺計画、終戦工作に身を挺した高木惣吉の生きざまを描いた評伝。安倍能成、和辻哲郎、矢部貞治ら民間の知識人を糾合して結成した「ブレーン・トラスト」を発案したり、西田幾多郎らの“京都学派”の学者とも太いパイプをつくった異彩の海軍軍人として注目。

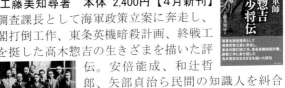

①戦争を極力避け臥薪嘗胆す。
②開戦を直ちに決意し、政戦諸施策を此の方針に集中す。
③開戦決意の下に作戦準備を完整する共もに、外交施策を続行す。

一一月二日午後五時、東条首相は連絡会議の結論を上奏した。これに対し天皇は、「日米交渉に依る局面打開の途を極力尽くすも、而も達し得ずとなれば、日本は止むを得ず米英との開戦を決意しなければならないのかね」と語り、さらに「事態謂う如くであれば、作戦準備も更に進むはやむを得なかろうが、何とか極力日米交渉の打開を図って貰いたい」（栗原健『昭和史覚書』）と述べた。

一一月四日、天皇臨席の下に陸海軍合同の軍事参議官会議が開かれ、「帝国国策遂行要領」中の「国防用兵」に関する事項の討議が行われ、会議は全会一致をもってこれを可決し、翌五日、御前会議で最終的に「帝国国策遂行要領」を採択した。

一一月四日、東郷外相は野村大使宛に甲案、乙案を打電すると共に「本交渉ハ最後ノ試ミニシテ我対策ハ名実トモニ最後案ナリト御承知アリタク」旨の最後的訓令を発した。そして一一月五日、交渉の期限を「一一月二五日」とすることを訓令した。

一一月五日、野村大使を支援するために来栖三郎大使が東京を出発し、香港経由で一五日ワシントンに到着した。

一一月七日、野村大使は東京からの訓令に基づいてハル長官の許を訪れて、「日本の国情は六ヵ月の交渉後痺れを切らし、事態重大であるから、本交渉の速やかなる成立を熱望する次第である」述べるとともに、「甲案」を提出した（野村吉三郎『米国に使して』三七頁）。

その後ワシントンでは、野村、来栖の両大使とルーズヴェルト大統領、ハル国務長官との間で数回にわたって会談が持たれたが、何ら成果を得ることは出来なかった。

そこで東郷外相は一一月二〇日、「甲案」による妥結を断念して、『『乙案』御提示相成度ク、尚右ハ帝国政府ノ最後案ニシテ、絶対ニ此ノ上譲歩ノ余地ナク、右側ニテ米側ノ応諾ヲ得サル限リ交渉決裂スルモ致シ方ナキ次第ナリ」との訓令を野村大使宛に発した。

しかし一一月二六日、ハル国務長官は日本側の「乙案」を拒否して、いわゆる「ハル・ノート」を提示してきた。これは米国側の東洋全般にわたる最大限の要求であって、日本軍の中国と仏印からの完全なる撤退と三国同盟の否認などの厳しい条件が書かれており、日本側にとっては全く承諾しかねる内容であった。

翌二七日、ハルはスティムソン陸軍長官に、「私は日米交渉から手を引いた。今やそれは君とノックス海軍長官の手中、つまり陸海軍の手中にある」と語った。

他方日本政府は、これをもって米国の最後通牒であると断定した。

さて、昭和一六年八月、井上成美中将が航空本部長から第四艦隊長官へ転任して間もない時のエピソードを書き留めた高木の原稿が私の手元にあるので紹介したい。それには、次のように書かれている。

「日米交渉が座礁して国交破綻の色が濃くなると、近衛内閣の退陣に伴って、海軍部内の異動も激しく、航空本部長として、軍令部の軍備方針を厳しく批判した井上中将は、敬遠されて艦隊へ転出される日が来た。一六年一〇月のことと記憶するが、わざわざ私の調査課に来られて、『国の一大事が迫っている。残った課長一同は、この国を救うため、渾身の努力を頼む』と言い残して海上へ去られた。しかし東条内閣は、大勢を既倒にめぐらす術もなく、米政府の態度も仏印進駐後は独立国として堪えきれぬ高飛車な脅迫政策をとっ

て、中将の期待は虚しく、千秋の悔いを残す開戦となってしまった」(「井上成美大将の想い出」と題する高木の手記)

一一月二八日付「高木日記」には、「対米交渉の平和的解決絶望なることを首相より説明。一二月一日、一四〇〇御前会議と決す」とだけ簡潔に記されている。

そして高木は、一二月八日の日米開戦当日の日記に、「０６３１の上りにて出勤。大船、戸塚の辺にて朝日昇るを拝す。薄霜の霞にまごふ大船に　朝日照り出づ勝鬨あげて。０７５０頃本省に至りて電報を見るに、東、南共に順調なり(対米英戦争開始)」と書いた。

第三部

東条内閣打倒工作と高木惣吉

1　舞鶴鎮守府参謀長時代

山本五十六連合艦隊司令長官撃墜される

昭和一六年一二月八日、高木は真珠湾奇襲作戦の成功を知った。八日と九日にかけて、大本営には続々と戦果の電報が入ってきた。続いて一二月一〇日にはマレー沖海戦における英戦艦レパルスとプリンス・オブ・ウェールズ撃沈の報に、朝野は湧き立った。

高木は戦勝気分を味わっている暇もなく連日会議に追われていたが、そんな折の昭和一七年一月七日、高木は、戦局の前途を危ぶむ小林躋造、左近司政三、原敢二郎の三人の中将から水交社に呼び出されて、「日本国内は真珠湾やマレー沖海戦の勝利によって有頂天になっているが、米英相手の開戦は間違っているし、戦局の前途は決して楽観を許さない。海軍にはよほどしっかりして、国難を未然に防ぐ覚悟をして貰わないと困る」と厳しく叱責された（『自伝的日本海軍始末記』二〇六〜二〇七頁)。

開戦後の六ヶ月間は、連日のように景気のいい軍艦マーチが流れ、ラジオのニュースは真珠湾奇襲の成功やマレー沖海戦、ジャワ島沖海戦、スラバヤ沖海戦、セイロン島沖海戦と、立て続けの勝利を伝えた。また陸上戦闘の方では、第二三軍の香港島攻略、第一五軍のビルマ作戦、第一四軍のフィリピン作戦の勝利を伝えた。バターン半島とコレヒドール攻略には少し手間取ったものの、これも五月七日までには終了した。

そんな最中の四月一八日、突然ドゥリットルの指揮する米陸軍機B25一六機による東京、横須賀、神戸、名古屋への空龍があった。翌一九日付「高木日記」には、「撃墜せるもの一機もなきに、九機撃墜とは如何にも空々しき失態なり」と記されている。実はこの辺りから、「大本営発表」のメイキング(修正)が行われるようになった。

五月下旬、舞鶴鎮守府参謀長の内示を受けた高木は、後任の矢牧章大佐に申し継ぎを行い、六月一日、軍令部出仕となった。高木は省部の各部局と打ち合わせを済ませ、六月四日付で正式に辞令を受け取った。

六月五日のミッドウェー海戦の敗北によって、日本海軍は最新空母の赤城、加賀、蒼龍、飛龍の四隻と、飛行機二五〇機、そして優秀な搭乗員約一〇〇名を失った。六月五日付「高木日記」には、「1800　新喜楽にて竹内、大野、藤山三顧問の送別会に臨む。機動部隊MI『ミッドウェー』のNW(北西)250に接近、……0650　赤城、加賀、蒼龍、飛龍沈没。MI作戦全く挫折」と記されている。高木は連日のように送別会に呼ばれていたが、一方その頃の軍令部はまるでお通夜のような雰囲気であった。

昭和一七年六月一五日午前九時、高木は急行つばめで任地の舞鶴に向かった。その夜は京大

陸海軍首脳部招待午餐会(昭和17年5月)　中列左から3人目が高木

の高山、西谷、谷口（吉彦）の諸教授の招待を受け、都ホテルに一泊し、翌六月一六日午後、舞鶴鎮守府に到着した。

高木は、この日から昭和一八年九月までの一年四ヶ月間を、舞鶴鎮守府参謀長として過ごすことになる。中尉時代に一度勤務したことがあったため、舞鶴鎮守府勤務は二度目となった。高木の一ヶ月後に新司令官として新見政一中将が着任した。学究肌の提督である新見に高木は、海大教官時代に知遇を受けていた。

舞鶴鎮守府は、国内の海軍四大根拠地の一つである。所属の艦隊部隊を持ち、海兵団、工廠、港務、軍需、経理部を掌握する他、管区内の府県、陸軍師団、海軍監督下の工場などの連絡から、慰霊、慰問、起工式、進水式などに至るまで、広汎な業務をこなしていた。

在任中高木は、地元の悲願であった由良川治水事業に関する国の予算獲得に成功した他、一二年前の末次信正長官時代に着手したものの未解決だった東西舞鶴合併問題を円満解決に導いた。

舞鶴赴任から約一年後の昭和一八年五月一日、高木は少将に進級した。

五月二一日、高木は簡閲点呼視察に赴く車の中で、「山本連合艦隊司令長官は四月、飛行機上にて壮烈なる戦死を遂げられたり！」と告げるラジオの臨時ニュースを聴き、目の前が真っ暗になった。

五月三〇日にはアッツ島の日本守備隊二千数百名が玉砕し、もはや敗勢を覆い隠すことが出来ない戦況になった。六月五日、東京で「故山本五十六元帥の国葬」が行われた。

高木の帰京を心待ちにする調査課員

高木が舞鶴鎮守府に転出した後の海軍省調査課の業務は、後任課長の矢牧章大佐と主任課員の扇一登中佐、さらに南米から交換船で帰国した中山定義中佐らによって引き継がれた。

高木は六月八日付で、矢牧章大佐より、「国内情勢は依然として悪化の一途を辿り、微力奮闘致し居り候えども、根本問題が解決せられざる限り、之亦如何とも致し難く候。先般岡田大将にもお目に懸り候節、同閣下より閣下のお話し出て、此の際東京方面に帰らるる機会なきやと申し居られ候、現在人を待つ事、これ以上急なるはなしと存ずる。何卒御推察願い上候」と書かれた書簡をもらった。

また同じ日付で調査課首席課員の扇一登中佐からも、「戦局いよいよ深刻を加え来たり。まだまだ深刻と相成るべきは必然と存じられ候処、相も変わらずその日暮らしの様を傍観し、憂慮に堪えず。ひたすら身の碌々微力なるを痛感し、前線において玉砕する勇士の身の上を、寧ろ羨ましく考えること一再ならず有之候。その中には出して頂けるものと、窃かに目算致し居り候」と居たたまれないでいる心境を書き連ねた私信が届いた（『自伝的日本海軍始末記』二二一頁）。

そのような中で六月二一日、海軍の永野修身と陸軍の寺内寿一、杉山元の三大将が元帥になることが発表された。

それから一〇日後の七月二日、嶋田海相が、北陸地方にある軍需工場視察を名目に富山を訪れた。第三次ソロモン海戦において霧島艦長として奮戦した岩淵少将は、艦が沈んだ後は、ソロモン群島にあるニュージョージア島ムンダ基地で蛇やトカゲまで食って飢えを凌いで、五月八日ようやく舞鶴鎮守府人事部長に着任したばかりだった。このため、さしたる緊急性のない、嶋田海相のお大尽的な視察旅行に我慢がならなかったのか、「何という馬鹿野郎だ。ソロモンでもニューギニアでも、皆死に物狂いで悪戦苦闘している時に、何をとぼけて田舎回りなんかしているのか！」と痛烈に批判した（『自伝的日本海軍始末記』二二二頁）。

その日から四〇日後の八月七日午後六時頃、三戸《みとひさし》寿海軍省人事局長から突然電話があり、「八月下旬、支那方面艦隊参謀副長に転任の予定。後任には中村勝平大佐」と告げられ、さらに八月一九日、三戸から再び電話があり、「九月一日付で発令」と命じられた。

二日後の八月二一日、高木は、赴任後の支那方面艦隊に対する海軍省部の方針や希望を打ち合わせるために、急遽京都を発って上京した。ところが、この車中で高木は重い扁桃腺炎に罹ってしまった。

自宅に戻っても高熱は下がらず、右肺尖のラッセルも高いため、自宅に近い平塚杏雲堂分院の永野博士に往診を頼んで検査して貰ったところ、「両肺尖浸潤、右肋膜炎後遺症で静養六ヶ月、外戦部隊への赴任は無理」との診断が下った。このため支那方面艦隊への転出は出来なくなり、九月二五日付で軍令部出仕の内報を受け、九月三〇日付で軍令部に着任した。

2　憲兵による「京都学派」に対する弾圧

「国内思想戦」

高木が作ったブレーン・トラストには、東京にあるものとは別に、京都大学文学部のいわゆる「京都学派」といわれる教授、助教授たちで構成されたものがあった。

このグループに対し、東条の息のかかった憲兵や右翼による恫喝や脅迫がたびたび行われた。これら憲兵による攻撃の防波堤になったのが、高木、扇一登、中山定義などの調査課であった。昭和一七年一二月二四日付「矢部貞治日記」には、外交懇話会で起こった斎藤忠の傲語問題について、次のように記されている。

「朝日新聞の西島君が、『思想戦論』を書いてくれとの速達依頼だが、思想戦論はうるさいから断る。最近『言論報国会』といふものが出来て、半分狂気の様な連中が幹事に顔を並べてゐる。……何れも、海軍は自由主義者を近づけているとて、外交懇話会でも高木八尺、田村幸策氏を難詰し、田村氏は席を蹴って立つというようなことがあり、和辻（哲郎）など思想懇談会の連中も論難し、政治や経済の方（懇話会）まで批判したということだ」

ここにあるように、昭和一七年一二月、言論人の翼賛組織として「大日本言論報国会」が結成された。これは作家らの文壇人たちが情報局の指導を受けて「文学報国会」が結成されたことに押されて、主に評論家や編集者によって組織されたものであった。

言論報国会は、評論家協会系と新日本世紀社系の二つの系統から成っており、前者はリベラル、あるいは左翼がかった人々を排除しなかったのに対して、後者は全くの右翼評論家集団であった。

言論報国会の会長は徳富蘇峰で、発足時から全て情報局の差し金で動く御用団体であったが、その中核勢力が新日本世紀社であった。

外交懇談会における斎藤忠らの言動は、情報局にひたすら奉仕しようとする魔女狩りの一種だった。しかもこの斎藤には、「大日本言論報国会専務理事兼事務局次長」という仰々しい肩書が付けられていたから始末が悪かった。

当時高崎高商大教授だった大熊信行氏は、「斎藤一派の報国会における任務は、『国内思想戦』の一語に尽きる。戦中の日本の思想、言論を特徴づける最大のものは、この『国内思想戦』であった。その対立は、合理主義と非合理主義の対立であり、その合理と非合理の勢力の中にも、それぞれ保守と革新があって、これらが四つ巴、卍の掛け違いで交叉したのが、太平洋戦争下の思想構造であった」（藤岡泰周『海軍少将高木惣吉』一四六頁）と述懐している。

では、「観念右翼」と呼ばれた者たちは、どのような思想的傾向を持っていたのであろうか。

彼らは日本の国体を万邦無比なものとして崇める点では共通していたものの、神道と結び付けていこうとする者から、天皇を中心とする同胞思想といった者まで、多岐に亙っていた。しかしながら、いずれも強烈な精神主義に立脚している点では、変わりがなかった。そしてこうした観念右翼のバックにあったのが陸軍であった。

戦時下の情宣管理は、昭和一五年一二月に発足した「内閣情報局」に拠っていた。この内閣情報局は、昭和一二年、第一次近衛内閣時代に閣内新設された「内閣情報部」を前身としていたが、昭和一五年になると、スタッフ数は六百名を擁する独立の官庁内閣情報局になった。

その中核は、陸海軍省報道部から派遣された現役将校であり、国内の宣伝・対外思想戦・国内の言論指導の最高機関として、思想・言論戦の司令塔としての本領を発揮した。

内閣情報官の鈴木庫三《くらぞう》少佐は「国内思想戦」なる新たな造語を作り、また阿部仁三《じんぞう》は陸軍省嘱託ながらも辣腕を振って、多くの言論思想弾圧に関与した。報道、宣伝、言論、出版などの一切の情報活動には、世論指導や検閲の面で、陸軍の方針が大きくものを言った。

伝統的に日本の軍人教育は、皇国思想を中心とする精神教育にあった。百万、二百万の徴兵を擁する陸軍の場合、特にそれが徹底していた。

国民の思想教育は、東条首相が最も力を入れた施策の一つであった。彼の人心収攬術は、第一に、民衆に対しては断固たる態度で臨むべしというものであり、第二には、民衆の把握は賞すべき時には存分に賞し、罰する時には仮借なく罰すべしというものであった。

東条は昭和一五年七月、第二次近衛内閣の陸軍大臣となって、陸軍の人事権を掌握するや否や、この方針を徹底して全軍を威圧した。

首相となってからの東条は、陸軍全体を統制掌握したように国民全体を統制したが、このために用いた機関が、憲兵や特高であった。

陸軍部内で神妙な服従者で、かつ実力があれば直ちに抜擢・昇進させた。一方批判者に対しては、徹底的に弾圧し、場合によっては、二度と祖国に帰れないような激戦地へ懲罰転勤させるという、極めて私的であくどい事までやった。

陸軍部外の者に対しては、懲罰召集や勤労動員に処したりした。また疑わしい者には、憲兵や特高による尾行によって威嚇をした。いずれにしても戦中の憲兵や特高の悪辣さは、東条の私情を優先したところにあった。

他方、協力者には褒賞などで一本釣りした。これらに要する機密費は、陸軍と緊密な関係にある大陸商人よって賄われた。こうした思想弾圧や情報操作こそが、「憲兵政治」といわれた東条政治の本質であった。

上述したが、高木が舞鶴鎮守府参謀長に転勤した後、このブレーン・トラスト集団を世話したのが扇一登中佐であり、昭和一八年一一月一四日、戦前米国のプリンストン大学に留学し、開戦前にブラジル武官補佐官、チリ駐在武官補佐官を経て交換船で帰朝した中山定義中佐（戦後海幕長に就任）だった。中山中佐は同年一一月二五日付で海軍省軍務第二課（国内政策）の所属となったが、帰国後最初に会った陸軍将校が、当時泣く子も黙ると恐れられていた東京憲兵隊長の四方諒憲兵大佐であった。

「帰国後間もないある夜、私は矢牧課長と一緒に日本橋方面の料亭に案内された。そこには本格的な宴席が設けてあって、裾をひく芸者も侍っていた。時局柄主人役憲兵隊長の典型的こわもてであることは、一見してよく分かる。他に憲兵中佐一人を加え、主客合せて四名の小宴である。四方憲兵隊長の凝った和服の着流し姿も珍しかったが、手にする鉈豆《なたまめ》煙管《きせる》を扱うしぐさが、時代劇でも見るように頗る珍しく、かつ異様な印象を受けた。話の中身はとりとめのないものであったが、終わり頃に『海軍でも、邪魔になる奴があったらいつでも言ってくれ。中野正剛も……』とあとを濁した」（『一海軍士官の回想』一八〇頁）

ちなみに中野正剛《せいごう》は、東条批判の廉で憲兵隊の迫害を受け、これに抗議して昭和一八年一〇月二六日夜半、自ら憤死した。

「世界史的立場と日本」に対する弾圧

憲兵や特高を後ろ盾にした観念右翼の行動隊が、まず狙ったのが「京都学派」であった。

西田幾多郎は、昭和一三年六月二五日付高坂正顕宛の「書簡」の中で、「それ（道理）を攻撃の材料とする一派が我々を狙ひ居る故、その点を注意し、言葉尻を捕へられないやう御注意肝要と存じます。……私、田辺、天野、和辻などを一掃しようと云ふのらしい」と、皇道主義の動きが京都学派の身に降りかかる危険性について、注意を喚起している。

太平洋戦争に突入する直前の昭和一六年一一月末、出版文化協会の第一回図書推薦会が行われた席上、高坂正顕、和辻哲郎両博士が天野貞祐博士の『私の人生観』を推薦したところ、陸軍側の鈴木少佐と阿部仁三嘱託は、「カントは自由主義者である。そのカントを是認しているのはけしからん」と言った。その結果、図書は推薦とならず、和辻博士と鈴木少佐は喧嘩別れの形で袂を分かった。

その後、これを心配した高坂と佐野大佐が、和辻、鈴木の和解を図るべく、星ヶ岡茶寮で会を催した。しかしここでも、国内思想戦の問題をめぐって二人は完全に対立してしまった。

内閣情報局の鈴木庫三少佐は、「出版文化協会の仕事は、思想戦を遂行し、不逞な思想を抑えることにある」と豪語した。

和辻が「国内思想戦というが、それは一体何を、どうやって討つつもりか？」と鈴木少佐に詰め寄ると、鈴木は、「国内にある外国的思想、すなわち自由主義を討つのであり、それは各個撃破の戦術で叩かねばならぬ」と答えた。これを聴いた和辻は、「それではまるで内乱ではないか！」と言って嘆息した。

こうしたことがあってから、和辻は、軍閥を背景とする国内思想戦者から、しばしば「不逞思想の持主」として糾弾されることになった（黒田秀俊『昭和言論史への証言』七四頁）。

陸軍強硬派は、半脅迫的な不当なやり方で圧迫を加えて、自由主義思想の範疇にある天野の著書『私の人生観』一万部を、「自発的絶版」に追い込むことに成功した。

大本営陸軍部では、総ての雑誌の編集者を集めた懇談会（「二六日会」）の席上、検閲担当の杉本和朗陸軍少佐が、「憲兵隊の報告によれば、最近の京都の思想的傾向は宜しくない。これは京都学派の影響によるところが大きいからである！」とぶち上げて、出席者の失笑を買った。その鈴木が槍玉にあげたのが、『中央公論』昭和一七年一月号に掲載された座談会記事「世界史的立場と日本」であった。

これは、開戦直前の昭和一六年一一月二六日に、「京都学派四天王」と言われた高坂正顕、高山岩男、西谷啓治、鈴木成高の四氏によって行われた座談会記事のことである。

この座談会は、第二回「東亜共栄圏の倫理性と歴史性」（昭和一七年三月号）、第三回「総力戦の哲学」（同年一一月号）と続き、昭和一八年三月に『世界史的立場と日本』として中央公論社より刊行された。

第一回目の発表は、日本国中が緒戦の勝利に湧き立っている最中であったが、知性の飢餓状態にあった知識人たちにとっては、既に始まっている戦争の歴史的必然性と世界史的意義付けを求めていたこともあって、大きな反響を呼ぶことになった。

戦後、高山岩男は京都学派による海軍への協力の理由について、「私達が鎌倉の西田先生を通して申し出された海軍の要求に応じたのは、支那事変以来の陸軍の理性を失ったとも思われる言動に我慢がならず、海軍を鼓舞して正道を歩んでもらう以外に道なしという点で一致していたからであった。この点では西田先生も田辺先生も同様で、海軍省調査課の研究会には、田辺先生も時々顔を出された」と語っている。
この研究会の連絡・記録を担当した当時助手だった大島康正《やすまさ》（倫理学、戦後東京教育大・筑波大学教授）、『中央公論』誌上の座談会を含めての協力の性格を次のように説明している。

①海軍の一部への協力であって、陸軍への協力ではなかった。協力の内容は、まずは戦争の防止で、それが不可能になると、戦争の速やかな終結となり、遂には戦後処理と日本再建のためとなった。

②海軍への協力は結局実を結ばず、戦後を迎えることになった。

その経過と結果については、（1）陸軍に気付かれないよう、研究会は常に秘密裏に行われ、（2）『中央公論』誌上の座談会は幾重にもヴェールをかけて活字にされたため、（3）「京都学派」は全面的に戦争を合理化し、聖戦の理念を樹立したイデオローグという印象を与える原因となり、（4）陸軍の一部からは憎まれて、戦争末期になるほど有形、無形の圧迫を受けることになった、と総括している。

さて、刊行された『世界史的立場と日本』は国民各層に迎えられて、初版一万五千部に続いて、増刷数千部もたちまち売り切れた。ところが間もなく、陸軍の意を受けた「出版会」（昭和一八年四月出版文化協会を改組）の圧力によって、以後の増刷が出来なくなった。

後年に高木は、「海軍の政治不足で用紙の配給割当も、出版物の検閲、動員召集などの要を、陸軍と陸軍に好意を持つ官僚に握られてしまったため遺憾であった」と述懐した。

観念右翼からの攻撃理由は、「赫々たる戦果をあげ、英米撃滅に立ち上がったこの時局下の哲学認識としては、微温的過ぎてけしからぬ。世界に冠たる国体を戴く日本が、世界の盟主になって新しい平和秩序を築こうとする聖戦下において、世界の中の日本という発想は、国威を傷つける有害な所論で許すことが出来ない！」というものであった。

昭和一八年四、五月頃になると、大熊や谷川の耳には、悪質な嫌がらせの情報が頻々と入ってくるようになった。万一を慮った矢部は、大熊と谷川の両氏と共に京都を訪れて、くれぐれも用心するように伝えた。

ところが実際に夏頃になると、何人かの右翼は、西田学派の一人一人に対して、学者として再起不能にするという恐喝を本気で考え始めるようになった。

七月六日付『矢部日記』には、「大熊信行氏を捉へ、二人きりで国内思想戦の一派の策謀及び京都大学派攻撃の真相を聞く。だんだん悪化してゐるらしく、斎藤忠などが中心と事」と記されている。続いて同日記の七月一〇日付には、「五時、水交社で、大熊信行、谷川徹三の両氏と会ひ、種々の国内思想戦の混戦状態を聞く。驚くべき事実だ」とある。

さらに八月六日付では、「鈴木成高氏から速達で、一高の日高第四郎氏が、土屋清から聞いたところとして言って来たことに、斎藤（忠）等が京都学派を反戦論者として告発する用意をしてゐるとの事。よもやと思ふが、扇（一登）さんに速達で通じて置く」と記されていた。

続いて八月一三日付『矢部日記』には、「大学に行こうとしたところに扇中佐から電話があったが、午後に行くことにして研究室、……午後海軍省に廻る。京都学派問題について、あまり放任もいかぬといふので、海軍の態度を決め、陸海軍の対立とならぬ程度で、京都学派の背後に海軍にあることを明らかにすることにし、下僚の方ではどんどん議論をさすことにした由。かつ扇中佐から局長、課長にも話し、海軍報道局とも協議し、文部大臣、情報局総裁、次長、司法省思想課長などに手当をした由だが、情本局に出てゐる古橋中佐から、情報局の陸軍熊谷大佐といふに懇々と話したところ、熊谷大佐が直ぐ杉本中佐を捉へて説諭し、杉本も反省と手加減を約したとの事だ。これらの経過を扇中佐から聞く。この旨一言安心せよと鈴木成高氏に手紙を出した」と記載されている。

余談だが、高山岩男先生は筆者の大学院修士課程時代の指導教授である。ある時先生は、「京都の自宅に暴漢が脅迫に来たことがあった」と話されたことがある。

それは昭和一八年の早春のことだったそうであるが、早朝に物音がするので門前に出てみると、壮士風の男たちが立ちはだかっていたと言う。男たちは高山氏に向かって、「曲学不逞のお前たち徒輩には、ここで天誅を加えるべきであるが、洗脳懺悔の機会を与えることとする。よって他日、示された日に、反省の事実を陳述しに上京せよ！」と脅した。

何に東条は激怒したのか？

憲兵や特高による弾圧のため、海軍省調査課を中心にして、高木、扇、矢部、高山、それに高松宮、細川護貞《もりさだ》、松前重義《まつまえしげよし》たちは、その同志的結びつきを一層強めることになった。

「京都学派」に対する陸軍と右翼からの攻撃については、「高山岩男の思想」を研究している花澤秀之氏の論文「戦中の軍部政権から見られた『京都学派』像」（大橋良介編『京都学派の思想』所載）に詳しい。

陸軍の軍部政権が、「京都学派」の圧迫を意図し、実際に「西田哲学」の追放と官憲による乱用、そして著書の絶版を強要した根本的理由は何だったのか？

花澤氏は、京都学派の思想が、軍部政権が承認する「国体の観念」および「日本精神の体現」などに抵触すると見られたからであったとしている。さらには、京都学派の思想が、陸軍と右翼が考える「八紘一宇」の「肇国の精神」（皇道哲学や国家主義）に、反するとみなされたこともあった。

「軍部政権」と「京都学派」の対峙の構図は、昭和一〇年、美濃部達吉による「天皇機関説」を排撃した「国体明徴運動」に対する西田幾多郎と田辺元による批判的見解まで遡ることが出来る。

昭和一〇年三月、衆議院では「国体に関する決議」を可決、同年八月と一〇月には「国体明徴運動の推進」と「政府声明」の発表があり、一二月の文部省による「教学刷新評議会」の開催にまで発展した。

この際西田は、「日本精神によって現今及び将来の我国の思想界を統一せんとする件」について意見書を提出した。この意見書で西田は、「我国の学問は基礎研究に於いては、未だ幼稚の域を脱せないと認む」とし、別けても「(自然科学に比べて) 精神科学に於いては、更にこれに劣るものがある」と指摘した。そして「過去ありて未来なきもの［暗に国体明徴を指す］は生きた精神ではない。優越なる思想は、自ら他を統一せずして置かない」と結論づけた。こうして西田は、偏狭で独善的な考え方では、「日本精神による思想統一は不可能」と文書で表明したのだった。

田辺元《たなべはじめ》も西田の意見表明を承けて、「国体の本義から致しましても、可能なる範囲に於いて西洋の学問方法を用い、之を活用することによって、却ってその上に出る」と指摘した。すなわち両氏は、「国体明徴」よりは、むしろ「西洋の学問方法を優先」すべきことの必要性を説いていた。

このような西田と田辺の考え方は、軍部政権から見ると、「神聖な我国体を侮辱するものであり、断乎排撃すべし」ということになった。

高山は、昭和一八年三月に『中央公論』に掲載された「総力戦と思想戦」の中で、「思想は納得を必要とするものであり、思想戦に於いて敵に勝ち得る思想は、敵をも納得させる高き思想である。思想は権力を以て納得させることが不可能であり、対者より高き思想的異立場に立ち得る思想が、真実の思想・真実と言うものである」と説いた。こうした高山をはじめとする京都学派の考え方は、「右翼学派」の考え方とは対極をなすものであった。

前述の『世界史的立場と日本』中の「東亜共栄圏の倫理性と歴史性」の中で、高山は、「現在の日本が指導的だといふのはどういぅ事かと言うと、やはり自分のモラリッシュ・エネルギーを大東亜圏のいろいろな民族に伝へ、それを彼等の裡から喚び覚まし、彼等に民族的自覚を与へる。或は民族としての主体性を自覚させる。……それによって道義的な民族間の関係は建設され、それが大東亜圏というものを支持する。そういふ面に於いては、ゲノッセンシャフト(Genossenscft・共同体)の理念も合うかも知れない」と述べていた。

このように高山は、武力による大東亜共栄圏建設に反対し、王道によるアジア共同体を提唱していたのである。したがってこの記事を読んだ東条が、自分の戦争指導に対する痛烈な批判と感じたのは、ある意味では当然であった。

3　松前重義と海軍省調査課

松前、物動計画の杜撰さを痛烈に批判

高木惣吉と逓信省工務局長松前重義、そして細川護貞侯は、何れも熊本県出身である。また高木と高松宮は、同宮の海軍大学校(昭和九年一一月入学、三四期)在学中には、教官と学生の

関係にあった。細川護貞侯の妻は近衛文麿公爵の娘であった。そして高木と近衛文麿公とは、「近衛新体制」で既に昵懇の間柄にあった。

この五人は、初めはそれぞれバラバラな関係にあったが、昭和一八年頃からは、「東条倒閣工作」の同志と見做して、連携を執るようになった。以下その連携の実際を見ることにしよう。

昭和一八年九月三〇日、大本営政府連絡会議は、「今後執るべき戦争指導の大綱」を決定して、「絶対国防圏」の後退を決めた。

一一月一日、政府は戦時軍需生産の一元化を図るために、それまであった商工省・企画院の大部分と陸海軍の航空本部の民間工場監督部門を合併して軍需省を設置することにした。そしてその初代大臣を東条首相が兼任することになった。

この頃松前逓信省工務局長は、ある重要な警告を携えて海軍省軍務局を訪れた。その警告とは、軍需生産の非合理性、非科学性を即刻改めなければ、生産力の面から戦争遂行上重大な支障が生じるというものであった。

松前は二〇歳代で無装荷ケーブルを発明した優れた技術者として世間に知られていた。その後大政翼賛会事務総長の有馬頼寧伯の下で総務部長を務めていたが、翼賛運動地方組織問題で、武藤章陸軍省軍務局長の横やりに肯んぜずに辞職した。

昭和一六年早々、松前は逓信省工務局長に迎えられたが、電信電話の仕事もさることながら、国家全体の生産力を科学的に修飾のないデータで調査する必要があると考えていた。それは松前が一五年前に米国の生産工場を視察した際、その工業水準が日本に比べて遥かに高いレベルにあることを知り、この国と戦争など出来ることではないと思っていたからである。こうした考えの下に松前は、寺島逓信大臣に願い出て全国の主要軍需工場を軒並み視察することにした。

松前は、清水にある日本軽金属、名古屋の三菱重工業、大同製鋼、神戸の川西飛行機製作所など、日本を代表する軍需工場を約一ヶ月にわたって視察した。その結果、「これらの工場の生産体制は、私がかつて米国において見学した工場の生産体制に比較して、全く問題にならないほど劣っている。川西飛行機の如きは全くの職工の群衆で、そこには流れ作業はなく、かつ生産機械化の努力もなく、原始的工業である」と総括した。

その上で松前は、「生産力に関する企画院の発表は全く出鱈目であって、必勝の軍需生産が着々出来つつあるかの如き印象を国民に与えているが、生産面より見ても、決して米国に対して勝てるものではない。ましてや東条総理の権力主義的独裁の政治においておや、であり、このような政治家に指導される日本の運命は、自ずから明らかである。祖国の前途は危い。滅亡は必然の運命である」と結論づけた（松前重義『二等兵記』二六～三一頁）。

その後松前は、石炭、アルミ、鉄鋼、電気、造船、農林などの専門技術者を糾合して、日本の生産体制をさらに詳細に分析することにした。調査グループは、当時松前が大日本雄弁会講談社から刊行した『日本技術論』が思いがけず多数売れたことで入ってきた多額の印税を軍資金にして、箱根の奈良屋に籠って徹夜で作業を続けた。

松前によるこの物動調査に、海軍省調査課も全面的に協力した。これについては、島田豊氏（海軍経理学校第七期生、海軍省調査課勤務、元防衛事務次官）の「高木会」における次のような証言がある。

「着任当時の調査課の幹部は、課長が高木惣吉大佐、課員が扇一登中佐で、他に天川勇嘱託と短現の先任者達が別の小部屋で机を並べていた。高木課長は、見るからに冷徹な、一見学者を思わしめる風貌であった。……短現の先任者は、何れも四期の世良晃志郎《せらこうしろう》、林浩

一、広瀬久重主計中尉で、それぞれ議会関係の調査資料作成や、研究会、懇談会関係を担当していた。……一方、ガダルカナルの攻防が続く昭和一七年の夏の頃、調査課に戦時生産研究会が発足した。当時逓信省工務局長の職にあった松前重義氏は各地の軍需工場を視察して、企画院の発表する生産力に関する数字が実態と著しく遊離しており、このまま推移すれば戦争遂行に重大な支障を来たすとの判断から、生産力についての生の実態を技術者の立場から洗い出すことの必要性を唱えていたが、海軍としても軍務局や調査課において、これまで必要軍需資料を生産力や輸送力の面から、数字的に積み上げる作業をしたことがなかったので、松前氏の提唱に協力することになり、この研究会の設置となった。

　メンバーの人選は松前氏らによって行われた。具体的には企画院、商工省、農林省、電気庁、逓信省などの、それぞれ鉄鋼、アルミ、石炭、電力、木材、輸送などの物動計画を担当する少壮技術者が動員され、これに調査課から扇中佐、天川嘱託が参加し、私（島田）も補助役として加わった。作業は、重要軍需物資の生産力の現状を客観的、総合的に見直し、その基礎の上に今後の見通しや対策を樹てるというものであったが、作業の結果は厳しく、生産力の見通しは誠に暗いものであった。そこで作業は、当然、生産の隘路打開、生産力増強の対策に移り、特に海上輸送力増強方策として、鋼船の他木造船量産方式が案出され、その実施に乗り出したりした。この一連の作業の厳しい結果は、海軍の首脳や関係部局に報告され、東条政権の戦争指導に対する批判を高めていった」

　昭和一八年四月、松前はチフスに罹ったため、順天堂病院に入院せざるを得なくなった。時を同じくして、海軍省調査課嘱託の天川勇もまた、箱根の奈良屋でチフスに罹患した。

　その数日前、松前らは赤坂の某料亭で海軍軍令部第二部長鈴木義尾中将、海軍航空本部長大西滝治郎中将、海軍省軍務局第二課長矢牧章大佐らと会食していた。この時のカキフライが当たったのではないかとも考えたが、松前と天川以外は誰も発病していないことから、一番考えられるのは、彼らの行動にブレーキをかけるため何者かが食物に仕掛けをした可能性であった（松前重義『二等兵記』三一〜三二頁）。

七月五日、松前に退院許可が下りた。その後松前は二週間を自宅で過ごした後、転地静養先の軽井沢のホテルに移った。するとすぐ近くの別荘に近衛文麿公が滞在していることを知ったため、早速訪ねてみることにした。

近衛を前にして松前は、「生産力はこのように著しく劣っている。東条首相の生産に対する発表はすべて欺瞞である。われわれの調査の結果はこのようである。陛下側近として公爵は邦家の危急に際し、一日も早く東条総理の退陣を陛下に言上して、これを実行して貰いたい。それは陛下の側近たる公爵の責任である！」と力説した。

松前は、調査資料の最後で、次のように締め括った。

（1）東条内閣の発表する軍需生産の計画は、でたらめな内閣宣伝の欺瞞に満ちたものである。

（2）このままの生産体制において、東条首相がいくら必勝の信念のみのお念仏を唱えても、戦争の将来は惨譚たる滅亡が待っている。

（3）東条内閣の施策は非科学的である。木炭と鉄鉱石によって鉄を造る如きことを、国策として定めるが如きは言語道断である（松前重義『二等兵記』四九頁）。

この後松前は、海軍軍令部の課長級以上の会合でも同じく報告したが、この席には高松宮も軍令部員として出席していた。さらに永野軍令部総長は、伊藤整一次長とともに軍令部総長官邸で、松前から再度説明を受けた。

また海軍省軍務局長の岡敬純少将は、軍務局第二課長矢牧章大佐や同第一課長山本善雄大佐と共に、松前グループの有志を招致して説明を聞き、さらに海軍省艦政本部で本部長以下各部課長も説明を受けた。席上松前たちは、技術的見地から現在の政府の施策がいかに虚偽に満ちたものであるかを詳細に説明した。

数日後、高松宮から松前に連絡があり、「先日の生産力問題に関して、遠慮なく述べて欲しい」と依頼された。高松宮邸に赴いた松前は、深夜に至るまで詳細に説明し、「東条内閣打倒こそは日本を救う唯一の途である。しかして、今やこれらの真実を陛下に言上できるのは殿下のみである。日本を破滅より救うために御奮起をお願いします！」と、声涙降る思いで訴えた。

松前、懲罰召集される

ところが昭和一九年七月一八日、松前宛に、郷里の熊本市長の名で突然召集の電報が届いた。この時松前は、一般的な徴兵年齢をとうに超えた数え四四歳だったが、それにもかかわらず松前は、東条の逆鱗に触れたため、「懲罰召集」として二等兵で召集されることになった。

松前に赤紙が来たことを知った役所の部課長たちは召集解除のために奔走した。一方、直属の上司である逓信院の塩原時三郎総裁とその部下たちは、なぜか静観を装っていた。松前が塩原総裁に「ただ今、召集令状が来ました」と報告すると、「それは厄介なことになったね……」と言ったきり黙り込んでしまった。つまり塩原はこのことを事前に知っていたのである。

東条が関東憲兵隊司令官だった時、関東司令官の南次郎大将の下にいた塩原は、東条と親しかった。終戦直後の東京裁判でも、塩原は清瀬一郎と共に東条の弁護人を務めている。

松前は二等兵として南方戦線に送られることになった。マニラでは南方軍総司令官寺内寿一元帥の配慮によって軍政顧問として勤務し、九死に一生を得て帰国し、その後は技術院参議官として終戦を迎えることになる。

暗殺団の標的になった松前重義

昭和六〇年のある日、筆者は高木家の法定相続人である川越重男氏と共に、霞が関ビルにある東海大学校校友会館内の総長室に松前重義氏を訪ねた。

松前氏の出身は熊本県であり、同郷の川越氏の訪問を非常に喜ばれて、昼食を挟んで二時間ばかり、東条暗殺計画の真偽や高松宮殿下との関係について、詳細にお話を伺った。

これはその時の話であるが、終戦直後の昭和二一年一二月、逓信院総裁を辞めた松前先生は、農村の青年五〇人ほどを集めて、長年の念願であったデンマーク式国民高等学校を、高松宮の厚意によって猪苗代湖畔の翁島にある同宮の別邸で開設したが、その折、学生一人が次のように衝撃的な告白をした。

「私は渡辺岩伊と言います。先生にこういうことを申し上げては驚かれるかも知れませんが、私はこの学舎に入れて頂いて最初の入学式の日、先生のお顔を拝見して、胸が一杯になりました。その夜は、私は自責の念にかられて全く眠れませんでした。それは、私が戦争中、東条さんの命令によって先生を暗殺するよう命ぜられていたからです。先生の姿は全暗殺団員に分配され、私は先生を狙撃すべく非常に苦心いたしましたが、ついに事を遂行することが出来ませんでした。先生、本当に相済みませんでした。お許し下さい！……私どもには、同志として東条総理を護り、戦争遂行の邪魔になる者を除く誓いをさせられていました。その隊長は、その後、新潟の俘虜収容所長をしていた大尉でありました。私どもに、東条首相のために暗殺しなければならない者の顔と体の特徴を書いたものを渡しました。それは二つの階級に別れていました。第一級は、近衛文麿、中野正剛、石原莞爾等の方々と先生と、併せて約八名であったと記憶しています。第二級は共産党関係者で総計二百名位いました」

学生はさらに言葉を続けて、「自分はまず松前先生の暗殺を命ぜられましたので、先生を銀座の鐘紡（本社）の前で邀撃しようとしたことがあります。……ところが引き金を引こうとした瞬間、なんだかこの人を殺しては悪いような気がして、遂に未遂に終わりました」と告白した（松前重義『二等兵記』六三～六六頁）。

4　高松宮と細川護貞

戦前、天皇主権の憲法下にあっては、総理大臣は天皇の大命降下によって成るものであった。したがって内閣が行き詰まった場合には、天皇は首相を更迭し、別に大命降下すればよかった。こうしてみれば東条内閣の命運は、天皇の肚一つにかかっているということが出来る。

このため高木の東条倒閣工作の焦点は、いかにして昭和天皇の東条に対する信頼を崩すかということになった。

とは言っても、高木が直接昭和天皇に拝謁できるわけではないので、ここに天皇の考え方に影響を与え得る人物が必要になってくる。そこで浮かんできたのが、直宮の高松宮宣仁親王であり、原田熊雄男であり、近衛文麿公、そして内大臣秘書官長の松平康昌侯であった。

近衛と原田と内大臣の木戸幸一は、共に京都大学で学んだ間柄であった。そして細川侯と高木は、同じ熊本で同郷であった。

昭和天皇の一歳下ので参謀本部付の秩父宮雍仁親王（陸軍大佐）は、昭和一五年六月から結核のため療養生活に入っており、表舞台から退場していた。

一方の高松宮は、昭和一六年一一月から一貫して海軍作戦の中枢である軍令部一部一課員を務めて、太平洋戦争の戦況を客観的に見ることが出来る立場にいた。しかも高松宮は、昭和天皇に真実の情報を届けることが弟宮としての義務であると考えていた。

昭和一八年一一月三日午前一〇時半、旧肥後熊本藩主細川家第一七代当主の細川護貞は、第一次・第二次近衛内閣で書記官長を務めた富田健治を訪問して、高松宮の情報収集の役割を引き受けたことを伝え、併せて協力を要請した。

一一月八日の月曜日夜半、細川は高松宮邸を訪れて、約一時間にわたって会談した。ここで高松宮は次のように語り、元老西園寺公における原田熊雄のような役割を希望していた。

「自分は東条内閣打倒のために情報を受けるのではない。ただこのように時局が切迫して来たため、不測の事態が起こることも考えられるので、その時正確な判断が出来るように、予備知識を得ておきたいのだ。自分が会いたいと思っても、政府で神経質になるような人間もいるだろうから、そのような人に会って話を聞いて欲しい。また官吏や軍人を除いた政界人の気持ちも知りたい」

これに対して細川は次のように返答した。

「正確な情報を得ようとすれば、片手間ではとても出来ることではありません。殿下の政府に対する気遣いはそれとしても、先方ではそうは受け取らず、相当気を回すと思うので、情報の取り扱いには十分用心して下さいますようお願い申し上げます」

二人の話題は、東条首相の陸相と参謀総長の兼任問題に移った。高松宮は語った。

「自分は戦時においては、強力に政治を行うべきか否かについて、常に判断に迷っている。また最近東条は、海軍を盛んに煙たがって、国軍統一のことをやかましく言っているが、それも戦争遂行のためには良いかも知れないが、一種の『幕府』が出来るかも知れない。最も今でも幕府だがね」

細川は答えた。

「殿下は政治を強力に為すためとの仰せでございますが、緩急の宜しきを得たるところに、政治の要諦があると考えます。またドイツの戦力が殆ど尽きる時期は、来年の六月頃との観測があります。この時期が我が国としては、最も大切な時期になると思います」

「その時に、一体どんな方策が考えられるのかね?」という高松宮の質問に対して細川は、「これに関しては、いずれ各方面の意見を聴取したうえで、ご報告したいと思います」と述べるにとどまった。

この会談の最後に高松宮は、「最近は戦況も華々しくないし、食糧も十分でないので、国民は戦争に気乗り薄のようだね。食糧だけは何とかしなければいけないね」（細川護貞『細川日記』一二一～一二三頁）との所感を述べた。

翌々日の一一月一〇日、細川は酒井鎬次《こうじ》陸軍中将（総力戦研究で著名な近衛公のブレーンの一人）を訪ねて、高松宮の意向を報告しながら協力を求めた。

酒井は、「今回の戦争は初めから無謀の感がある。殿下にあっては、（開戦の際）主戦論を御唱道遊ばされたと伺っているが、このたび戦局の前途をご心配あらせらるるは、いかなるご心境の変化であろうか?……しかしながら既往のことは申すも益なきことなるを以て、戦況の好不況に関わらず、常に国力と戦力目的とを明確に認識遊ばされ、国家の前途を誤らないように、お上に対してご行動遊ばされるように、切に祈念している」（『細川日記』一四頁）と語った。

太平洋戦争開戦時における高松宮の積極論は各方面に相当広まっていたが、高松宮本人からこの積極論を直接聞いたのは昭和天皇だけであった。筆者は、昭和天皇を心配するあまり海軍の状況を率直に話したことが、主戦論と誤解されてしまったのではないかと考えている。

例えば開戦時、軍令部第一課勤務だった大井篤は、「私は戦争指導課に四ヶ月半ばかり殿下とご一緒したが、殿下は政策がましい事は一言も言われなかった。また殿下のお伴をして木戸幸一さんと加瀬俊一に話を伺ったことがあったが、何も言われなかった」と語っている。

高松宮は、昭和一五年七月から比叡の砲術長、一六年四月からは横須賀航空隊教官にあり、軍令部に転じたのは、同年一一月であった。そこで高松宮は保科善四郎《ほしなぜんしろう》兵備局長から戦況を詳しく聞くに及んで、避戦の立場から天皇に対して、その不安を直接ぶつけることにした。

5　高木、東条・嶋田の戦争指導体制に絶望

昭和一八年五月一日、高木は海軍少将になった。

わが国の指導者の間に、終戦を模索すべきであるとの声が急速に台頭してきたのは、昭和一八年五月二九日、アッツ島の守備隊が全滅した頃からである。

九月二五日、舞鶴鎮守府参謀長から軍令部出仕として東京に戻った高木は、一一月五日、海軍大学校研究部員として、戦況調査と海軍政策の作成に専念することになった。

昭和一九年一月一一日午後、高木は横須賀航空隊で第三艦隊の図上演習を陪観した。この図

演は、日本側が米機動部隊をマリアナ諸島とフィリピンの中間海面で迎撃するという想定で、次期作戦計画の検討のため行われたものであった。ところが演習経過の説明、および各研究項目に対する所見などはいずれも紋切り型で、一七、八年前に高木が海大時代に行ったものとほとんど変わっていなかった。しかも青赤両軍の飛行機が攻撃圏内に入ったところで、演習は終了になってしまった。勝負はこれからというところで終わったのでは、次期作戦研究として十分でないことは言うまでもない。

この図演を観察した高木は、両艦隊の交戦は兵棋演習に移すべきであり、戦場における戦力の持久、補給、損傷艦や飛行機の収容、予備兵力（航空機）の移動集中、分散した島嶼基地の防御方法などの研究は、統監部の独善的な想定ではなく、兵備局の物動関係者なども加えて、真剣に行う必要があると思った。

それから一か月後の二月一〇日、昭和一九年度の所要航空資材の配分をめぐって陸海両大臣（東条・嶋田）、両総長（杉山・永野）の四者会談が開催された。その会談の模様を聴取した高木は、戦争の実相をリアルに見ようとしない、余りにもいい加減な陸海首脳陣のやり方に非常に失望した。

高木惣吉・静江夫妻
（昭和18年）

高木は二月一〇日付日記の中で、四者会談に失望した理由を次のように記している。

「一〇日の四首脳会談の航空資材の最後的折衝は、結局山分けに終わった。伊藤次長、岡軍務局長陪席。協定の結果は、A（陸軍）は二万六〇〇〇機、

B（海軍）は二万四〇〇〇機、ただしAは小型機が主で、Bは爆撃機、攻撃機の中型機が主なので、所要資材は平均一機当たり〇・七二トン、B機が多く必要となる。五万機を真二つに分ければ、資材面で約一万八〇〇〇トン、Bを多くする必要がある。しかし実際は七〇〇〇トン増しで泣き寝入りである。本協定に対し、軍令部、航本の不満は激烈で、もしこの空気が戦線に伝わるとすれば、航空部隊の想像は難くない。一八年度の完成機数を見れば、A一万三一四機、B九八五〇機、年間消耗率はA一〇七％、B二〇五％である。生産計画と完成機の比率を見るに、A機計画九九五三機（完成比率一〇四％）、B機計画一万九七機（完成比率九八％）。B機損耗内訳、空戦三二％（月三〇〇）、地上被爆その他五二％、空爆等作戦以外一三％。米国の一七年度計画六万機、生産実績四万七八〇〇機、一八年度一二万五〇〇〇機、実績は略九万機と推定」

当時わが国の航空機生産は、原料、生産が完全に満たされたとしても年間四万六〇〇〇機が限界だったにもかかわらず、会議では最初に海軍側が三万二〇〇〇機、陸軍側が二万八〇〇〇機を要求したため、合計六万機にもなった。

そこで陸海双方で要求削減を申し合わせた結果、海軍側が二万六〇〇〇機に削減修正した。これで一件落着かと思われたが、陸軍側は、調べてみたら余裕があったとして、削減どころか当初より四〇〇〇機も多い三万二〇〇〇機の修正要求を出してきた。

当時の陸軍の生産能力は一万六〇〇〇機に過ぎず、それにもかかわらずその二倍にも達せんとする陸軍側の要求は、高木から見れば全くの謀略であった。

ともかく陸海軍四首脳会談の結果、一応陸軍側は二万六四〇〇機、海軍側は二万四四〇〇機で落着したが、連合艦隊司令部、軍令部、航空本部、兵備局の担当者たちはこれに納得しなかった。このためさらに揉みに揉んだ末、結局資材を水増しして、陸軍側二万七一二〇機、海軍側二万五一三〇機、合計五万二二五〇機に粉飾して、紙上の計画としたが、資材面から計算すれば、せいぜい四万二〇〇〇機から四万三〇〇〇機というところが生産の最大限度だった。

高木は、わが陸海の首脳が、勝敗の決め手である制空権の掌握の有無を直視せず、単に面子争いに終始していることに絶望した。

軍令部や航空本部の中堅クラスからは、「艦隊海軍」から「航空海軍」に脱皮すべしとの声が上がっていた最中のこのような協定だったため、嶋田・永野両首脳に対する海軍部内の不満は沸点に達することになった。

6　高松宮、東条独裁体制の崩壊を図る

この当時、高木と共に東条内閣打倒工作に挺身した細川護貞は、昭和五九年に川越重男氏に次のように語っている。

「戦争末期、勝つ要件がほとんどなくなったとしたら、第一線の指揮官は別として、国政の最高責任者なら当然、いかに戦争を上手に負けるかを考えると思います。ところがその時になっても東条さんは、本土決戦とか、一億玉砕とか、気違いみたいな事を考えておられたので、これではどうにもならぬと思ったのです。ここまで来たら戦局転換を計り、和平工作が出来る内閣を作る以外に方策なしと考えたのです。と言っても、その頃は軍政下で政党もなく、海軍が主力にならないとどうしようもなかった訳です。そこで海軍の高松宮、米内大将、それに岡田大将や高木少将が中心となられて、工作を始められた訳です」（川越重男『かくて太平洋戦争は終

わった』九九頁)

昭和一九年三月二〇日、高松宮は東条首相を高輪御殿に招致した。この会談について高松宮は三月二九日朝、訪ねてきた細川護貞に概略を次のように話した。

「東条は参謀総長になったばかりだし、張り切っている所だから、ますますやるだらう。自分が東条に逢ったのは、特別の要件があったのではなく、自分としては月に二回ぐらいの割で逢ふことを決めているが、延び延びになっているので、逢ったまでだ。ただ嶋田は全く駄目だから、海軍の幕僚を東条の下につけて事実上統帥部を一つにし、東条へ海軍教育をすると同時に、嶋田を浮かせてしまふ案を考へている。これは勿論東条も賛成だった。自分としては、今無理に内閣を替へるよりも、むしろ飽く迄東条にやらせて、その上で替へるのが一番良いと思ふ」

(『細川日記』)

さらに高松宮は語った。

「先日拝謁した折に、前大戦の時のカイゼルが最悪の事態の到達まで真相を知らなかったと云ふ話を申し上げたのだが、御上は、だから東条にいろいろのことを聞くのだとの仰せであった。而し先日迫水(久常)の話では、岡田大将の言として、御下問の内容を恐れながら大体新聞に種をお求め遊ばさるるよう拝察奉ったとのことであったが、御質問の種が無くなりはしないだろうかと思ふのだ」

それを受けて細川は、「私はその意味に於きまして、陛下の御相談相手に重臣を不時に御招きあって然るべきだと存じますし、又内大臣はかかる意味に於いても、反対の意見も奏上すべきものと思います。又出来得れば、時々民間の有識者を食事なり御茶なりに御呼び被遊ても宜しいかと存じます」と言上したが、高松宮は「それは木戸がやることだ」とうっちゃった。

細川が「御尤もと存じますが、御上に其御気持ちあらせられず、例え木戸がかく存じましても出来ませず、又洩れ承る所によりますれば、御上には筋道を御尚び遊ばさることにて、為に侍従其他の者、或は重臣と雖も、政府以外の者の申し上ぐることを御聴取遊ばさざるやにも伺ひ居りますが」と言うと、高松宮は「実はさうなのだ。自分は奥向を使って言上することも考へたが、是は間違ふとえらいことになるから出来ない」と述べた（昭和一九年三月二九日付『細川日記』七二頁）。

この日の高松宮・細川会談で注目されることは、嶋田海相兼軍令部総長体制を崩して東条独裁体制の崩壊を図る構想が話し合われたことである。さらにまた昭和二〇年初頭から始まる、天皇の招致による重臣懇談会構想についても話し合われていることは、大いに注目される。

7　高木、岡田啓介元首相に伏見宮工作を依頼

東条内閣を強力に支えている嶋田繁太郎海相の後ろ盾になっていたのが、海軍軍令部長・総長を九年もの長きに亙って務めた伏見宮博恭王（元帥）であった。

したがって、嶋田海相を更迭して東条内閣を倒壊させるためには、この伏見宮の後ろ盾をどうしても取り除かなければならなかった。この工作に高木は智謀を振り絞った。

階級による上下関係が厳しい軍人社会では、高木が直接伏見宮を訪ねて対等にものを言うことは出来ない。そこで高木が狙いをつけたが岡田啓介海軍大将（元首相、重臣）であった。

岡田は、昭和五年のロンドン海軍軍縮条約の成立に軍事参議官として貢献し、昭和九年七月から昭和一一年二月の二・二六事件まで、首相を務めていた。

昭和一九年二月一五日、高木は新宿角筈の岡田啓介大将宅を訪ねて、「戦局の現状からみて、東条・嶋田体制では、到底この難局を打開することは出来ない」(『自伝的日本海軍始末記』二四五~二四六頁)と訴えた。

その際、二月一〇日の航空機配分に関する陸海の協定について説明したが、岡田は海軍省軍務局第二課長の矢牧章大佐からの情報で、この辺の事情を既に知っていた。高木は、嶋田海相の更迭と東条内閣打倒工作を決意した理由を説明し、了解と支援を求めた。すると岡田は、戦局の前途を深く憂慮し、「事ここに至れば致し方なかろう」と言って了承してくれた。

その後二人は、東条内閣の打倒と嶋田海相の更迭について協議し、以下の点で一致を見た。

第一は、海軍の勢力を結集させる方法について。海軍には艦隊派と条約派の二つの流れがあり、当時の艦隊派の総帥は連合艦隊司令長官を務めた末次信正大将、条約派の代表格は元首相の米内光政大将だったことから、高木は、まず末次・米内の両提督を握手させて、戦争指導の転換と強化を図ろうと考えた。

第二は、嶋田海相更迭を実現するための工作についてであった。

①当時海軍最高人事の決定については、海軍長老の伏見宮の承認を得ることが慣例になっていた。嶋田は伏見宮に、かつて武官や直属の部下として仕えたことがあり、同宮の覚えが甚だ良かった。嶋田が海相になれたのも、同宮の引き立てによるものであったし、嶋田の軍令部総長兼任についても、同宮が承認を与えた。こうしたことから、如何にして同宮を説得するかが焦点となった。

②海軍に所属している直宮の高松宮と木戸内府を、事前に説得する必要があった。

③嶋田海相を、一体誰が説得し、辞任させるかについてであった。

第三は、東条内閣倒閣工作についてであるが、それには次のような課題があった。
①東条内閣の推進者であった木戸内府を、如何にして説得するか。
②近衛元首相を始めとする重臣工作を如何にするか。
③東条を信頼している天皇を、どのようにして説得するか。
こうしたことから高木の東条内閣倒閣工作は、岡田との協議を踏まえて、慎重に進められることになる。

開戦当初、東条首相が内政、外交、その他、戦局に関する情報の全てを一手に握っていたため、重臣といえども戦局の実相を知ることはなかなか出来なかった。しかし岡田には、長男の貞外茂（海軍中佐、軍令部一部一課、対米作戦主任、一九年一二月フィリピン方面で戦死）、義弟松尾伝蔵陸軍大佐（二・二六事件の際、首相官邸で岡田首相の身代わりとなって死亡）の女婿である瀬島龍三陸軍中佐（参謀本部作戦課、シベリア抑留後、伊藤忠商事株式会社会長、山崎豊子著『不毛地帯』のモデル）、岡田の女婿の迫水久常（大蔵省総務局長、岡田内閣時の首相秘書官）ら、陸海官界の各方面の事情に精通した近親者がおり、彼等は毎月一回程度、定期的に岡田邸に集まっていた。そのようなことから岡田は、実際の戦況を比較的に詳しく知り得る立場にいたのである。

後年、岡田は回顧録の中で、「海軍関係の連中から、いろいろな情報を聞けば聞くほど、じっとしておられなくなった。このまま戦争を続けて行けば、日本は国力の最後まで使い果たし、徹底的に破壊されて、無残な滅び方をしなければならない。勝負がはっきりついたからには、一刻も早く終結させる道を考えた方がよい。折角ここまで築き上げた国が、不名誉になることは致し方ないにしても、今のうちでも救えるものなら、何らかの手を打たなくちゃならん。ただ滅びに任せておくのは不忠の至りだ」と思ったと述べている。

岡田は、終戦を果たすためには、まず継戦一本槍の東条内閣を倒すことが先決であると考えていた。とは言っても東条がそうやすやすと内閣を投げ出すとは考えられないし、漫然と倒閣工作をしても成功は覚束なかった。

そこで岡田は、直接的に東条更迭を図るよりも、まずは東条の面子を失わせない方法で首相の座から去らせ参謀総長に転出させる、それも宮中方面の意向という形で実現させようと考えた。そのため、東条内閣の推薦者であった木戸内府を動かす工作から着手することにした。

昭和一八年八月八日、岡田は女婿の迫水久常に因果を含めて木戸の許に赴かせた。木戸は迫水に、「個人的意見ということであれば天皇に取り次ぐことは出来ないが、『世論』が反対ならば、その時は天皇に伝えるし、自分としては飽く迄も東条内閣を支持するつもりはない」と語った（『岡田啓介回顧録』二二〇頁）。

そこで迫水は、「世論とは具体的に如何なるものか？」と一歩踏み込んだ質問をした。木戸は、「例えば『重臣の一致』というものも一つの世論と言える」と非常に意味深な返事をした。

木戸のこの暗示にピンときた岡田は、早速重臣たちの意見を取りまとめる工作に着手した。

昭和一九年二月に至って、それまで数回行ってきた重臣との懇談に気を許したのか、東条が一人でやって来た。そこで重臣たちは、ここぞとばかり東条に対して手厳しい批判を浴びせた。

中でも若槻礼次郎元首相の批判は非常に鋭かった。

「政府は口では必勝を唱えているようだが、戦線の事実はこれと反している。今は引き分けと言う形で戦争が済めば、むしろいい方ではないか。ところがそれも危ない。こうなれば一刻も早く平和を考えなければならないはずだが、むやみに強がりばかりを言って、戦争終結の策を立てようともしない。……開戦直前の昭和一六年一一月一三日、一五日に決定された『対米英蘭蒋戦争終結促進に関する腹案』を見ると、方針の(1)には、次のように書いてある。『速やかに極東における米英蘭の根拠地を覆滅して自存自衛を確立すると共に、更に積極的措置により蒋政権の屈服を促進し、独伊と提携して、先ず英の屈服を図り、米の継戦意思を喪失せしむるに勉む』。

更に要領(2)には、『帝国は迅速なる武力戦を遂行し、東亜及び南太平洋における米英蘭の根拠地を覆滅し、戦略上優位の態勢を確立すると共に、重要資源並びに主要交通線を確保して、長期自給自足の態勢を整ふ』とある。ここでは、戦争をどの辺で、どのように終結させるか具体的に書かれていない」(『岡田啓介回顧録』二一三頁)

今まで沈黙を守っていた重臣が東条をやり込めたことが各方面に伝わったため、次第に反東条の雰囲気が醸成されることになった。

8　高木、嶋田海相更迭工作に着手

昭和一九年二月、米軍はマーシャル群島のクエゼリン、ルオット両島を制圧し、絶対国防圏(マリアナ・カロリン・西ニューギニアの線)の要衝であるトラック島を襲撃した。

こうした戦況下の二月二一日、東条は戦争指導体制強化のため、首相兼陸相のまま参謀総長まで兼務することになった。言うまでもないことだが、首相の職務は平時であっても激務である。ましてや戦時下、東条は軍需相も兼務していた。これにさらに参謀総長も兼務するというのである。一人四役が果たして妥当なのか、普通に考えれば答えは明らかである。ところがこの明らかなことを東条に言う人がいなかった。いや、いたとしても東条は聞く耳を持たなかったであろう。過度の権力集中を、巷では「東条幕府」と陰口を叩いた。

二月二一日、高木は人事局長から「海軍省教育局長」の内示を受け、三月一日就任した。これ以降、調査課第一課長の神重徳や軍務局第二課（国内政策）兼調査課の中山定義中佐らとともに、東条倒閣工作に挺身することになる。

二月二九日、高木は岡田大将を訪問して、嶋田海相の総長兼任やこれまで五ヶ月にわたって調査研究してきた戦訓などについて報告し、戦局収拾の急務と対策を具申し、併せて岡田に対して、伏見宮を説得するように督促した。

一週間後の三月七日、岡田は熱海の別邸に伏見宮を訪ね、次のように切り出した。

「本日は篤と殿下のご意見を伺いまして、思し召しに従い、この戦局に善処して働きたいと存じ伺いました。昨今陸海の中堅のところでは、首脳部に対して信頼を失い、また前線と中央とが離れているように見受けられます。これは大変な事と思います。嶋田を私はよく知りませんが、善い人だと思っておりました。議会の答弁も初めは評判が宜しゅうございましたが、次第に評判が落ち、朦朧であるとか春風駘蕩であるとか、だんだん批判が出て参りました。霞がかって、先がはっきりせぬという意味らしゅうございます。中堅の所で見ましたところでは、永野（修身）は結果は出なかったが努力しようと致しますが、嶋田は東条と妥協して総長をごまかす、と見ているようであります。嶋田に対する信頼は、かような次第で失われているようであります。また次長（伊藤整一）、次官（沢本頼雄）、軍務局長（岡敬純）にも不満があるようであります。

前線の将兵も、中央に信頼を失いました。その理由はよく分かりませんが、私の聞きました一、二の理由は、アッツやギルバートの玉砕は、何とかならないかという前線帰りの希望に対しまして、嶋田は『島の一つや二つ取られても、驚くことはない』と言ったとのことです。嶋田は上（暗に伏見宮を指す）には当たりがよいが、下には強く出ているように思われます。一体この内閣には温かみがないと、一般が言っております。東条は地方長官会議で、国民に対し親切に扱えと訓示しましたが、官吏は力ずくで国民を圧迫したため、民心は政府を離れています。これでは何が起こるか分かりません。一時混乱状態になることもあり得ることで、そういう際には、海軍の事情をよく知っている者が、局に当たることが必要だと思います。それには、人望の比較的多くある米内（光政）大将を現役に復帰せしむる必要ありと思われます」

低姿勢ながらも、嶋田への支持を断念させようと迫る岡田の気迫に伏見宮はたじろいだ。しかし出来る限りの冷静を装って、こう訊いてきた。

「準備がなくて戦をすれば、こうなることは明らかだ。大東亜戦の前に、陛下から御下問があった際、この戦いは到底免かるる事は出来ませぬ。免かるる事は出来ぬとすれば、早くやった方が宜しいと申し上げた。すると陛下は、『それにしても今少し待ちたい。結局やらなければならぬだろう。私もその覚悟はしている』と仰せられたが、準備はなかったが、仕掛けられた戦だったからこれは止むを得なかった。嶋田は一部長としても、次長としても二回下に居って、人となりは、よく分かっている。あれは肚も据ってるし、言葉少なで実行力が大だ。及川が辞める時、その後に豊田（副武）を持ってきたが、豊田は口数が多く、実行力が少ない。陸軍との間には、どうしても（協調して）行けない関係がある。……それ故私は嶋田を推した。今でも、最も適任の海軍大臣と思っている。……米内を現役に列してどうしようとするのか？」

この伏見宮の言葉を待っていたかのように岡田は身を乗り出した。

「軍事参議官として置けば宜しいと思います。嶋田を助け、内情を承知して居れば、何かあった時にも、現役でないと予備ではどうすることも出来ません」

「それはそうだ。予備では何もできない。米内が総理大臣になる時、私は米内がこれを辞して軍務に専念してくれたらよいと考えておった。米内が受けたものだから、甚だ遺憾に思ったのだ。それでも米内を現役に置きたかったが、米内が現役の方を辞したから止むを得なかった。岡田大将の米内を現役にするという考えは一応道理があると思う」

岡田の懸命の説得によって、伏見宮の嶋田支持が半ば揺らいだ。それを見て岡田は、ダメ押しをした。

「私がこの事を嶋田に申しても宜しゅうございますが、さよういたしますと、これがもつれると非常に厄介でありますから、殿下の御内意を御付武官にでも御含め下さって、嶋田にお伝え願いますれば、実にありがたいと存じます」

「それは岡田大将が言ったのではいかん。私が二〇日か二一日、卒業式のため東京に行く時に、嶋田に言うのが一番良い。そして早い方がよいと思う。しかし私にもよく考えさせてくれ」

（昭和一九年三月七日付「高木日記」）

こうしてこの日の会見は終わった。岡田の腹案では米内海相・末次総長で、米内の現役復帰を図りたいと思っていたが、伏見宮の嶋田支持がいまだにあると感じたため、米内の軍事参議官就任という線で妥協することにした。

9　東条・嶋田の総長兼任に海軍内でも怒り沸騰

三月一八日、岡田は再度伏見宮に面会して、米内の現役復帰の件についての詰めをした。

三月二〇日から米軍はパラオの日本軍基地に空襲を行い、艦船一〇隻以上、飛行機一〇〇機以上を破壊した。さらに三月三一日、パラオからフィリピンのダバオに移動中の古賀峯一連合艦隊司令長官が、低気圧に巻き込まれて死亡するという事件が発生した。

古賀長官の死亡と後任に豊田副武横須賀鎮守府長官が就任するとの極秘情報は四月八日になって高木の許に飛び込んできた。すぐさま高木はこの悲報を岡田に伝えた。岡田は、「それは大変だ。年寄りもこうしてはおれん！　一体どうすればよいと思うか？」と高木に尋ね、「明九日にも木戸の許を訪れたい」と語った（昭和一九年四月五日付「高木日記」）。

翌日木戸を訪ねた岡田が単刀直入に、「この頃、私の考えに余っていることがある。海軍内のモヤモヤとしているものが悪い方向に向かっているから、どうしたらよいか相談に来た」と切り出すと、木戸は次のような話を披露した。

「初めからのことを話しましょう。二月中頃（『木戸日記』によれば二月一八日）、東条が夜の一二時頃私の所に来て、実は今度自分は参謀総長を兼ねたいと思うが、これは陸海軍がしっかり手を組んでゆくには是非必要だからそうやりたい、ということだった。私は、総理、陸相、軍需相、その上に参謀総長を兼ねることは賛成しかねる。そんな沢山な事が出来るかどうか危ぶまれると言うと、東条は、『私は出来ると思う。どうも陸海軍の間がしっかり行かない。参謀総長を兼ねて、海軍としっかり組んでやりたい。東条は豊田が大臣になっても、しっかり組んでゆく決心です』と言うから、私は、この問題については憲法論が出るかも知れぬが……大事な職を四つも兼ねて上手くいくかということは百姓でも言えることで、しかも一番答弁に困ることではないかと訊ねたが、東条は出来ると思うと主張し、『陸海軍が一体にならぬといかぬ。これをやらぬと一体になることが出来ぬ』と決心が堅かった。そこで『いつ頃やるか？』と聞くと、『御上のお許しがあれば、すぐやりたい』。『海軍大臣にいつ話すか？』と聞くと、『御上のお許しがあれば、すぐ話す』。東条の決心が堅いので、東条に想い残りがあるようなことをしては悪いと思ったから、それ以上阻止することはしなかった。高松宮殿下から嶋田の信望の無い事は種々承っておったけれども、宮様方は白か黒か判然とこういうように決められて、灰色は御覧にならんから、陛下はああいうように言われるけれども、それほどではないと思っていたのに、高木の話も聞き、誠に困ったことだと思っていた。

一九日に東条から嶋田に対して、参謀総長を兼ねる話をして、『海軍もそういうようにやってくれぬか』と言ったところ、嶋田は、『自分は責任があるから辞めたい。大臣には豊田、総長には加藤（隆義）がよいと推挙したが、『君がやってくれないか』と東条が誘ったら、『考えさせてくれ』と言って、熱海に伏見宮様を訪ねて、帰ってから『引き受ける』と返事した。二〇日、嶋田が熱海に行った後で、高松宮殿下から私（木戸）に電話がかかり、『嶋田は軍令部総長を兼任するようなことはあるまいね？』とお尋ねになったから、『そんなことはありますまい』と申し上げた。しかるに内奏の時に聞くと、嶋田は兼ねるとのことだったから、『それでは海軍は収まらぬ』と言った。武官長もそれを言った」

そこで岡田は木戸に対して、「陛下は、どうお聴きになっておられるのか？」と訊ねたところ、木戸は次のように答えた。

「陛下は高松宮から、嶋田のことを聞いとられる。毎週一回（金曜）直宮様と御晩餐を共にせらるるが、平常は妃殿下もご一緒だが、先日は高松宮妃殿下も三笠宮妃殿下もお体の都合でお出でにならず、皇后陛下もお出でにならなかったので、非常に猛烈にその話が出ました。先日は、また朝香宮《あさかのみや》（鳩彦《やすひこ》王、東久邇宮稔彦《ひがしくにのみやなるひこ》王の実兄）様から嶋田の事がお耳に入り、非常に御心配になっています。しかし海軍から案が出なければ、陛下も木戸もどうにもならない。手の付け様がない。米内のこと（現役復帰）は、伏見宮様から嶋田にお話があり、嶋田の返答如何によっては、私が水を向けることが出来るが、海軍から発案が無ければ、手がつけられぬ」（昭和一九年四月五日付「高木日記」）

木戸の話を要約すれば、嶋田の悪評は既に宮中奥深くまで達しているが、海軍側から具体案が無ければ天皇としても手をつけられない。米内の現役復帰に関しても同様とのことであった。

10　東条暗殺に突き進む高木惣吉

東条・嶋田の戦争指導体制に怒る海軍中堅層

高木惣吉は、軍人にありがちな、アクの強さで他人を圧倒するようなことは決してしない人だった。筆者は生前三度にわたって高木本人と会ったが、研究者のような細やかな神経の持ち主であった。

高木は日々の行動をまず「軍人手帳」にメモし、帰宅後それを今度は博文館製の日記帳に書き、さらに事件別にカードに書き込んで整理をしていた。

新橋から自宅があった茅ヶ崎までは東海道線の列車で一時間以上かかったから、寝る間を削ってこうした作業を毎日続けた。そして翌朝は六時前には起きて列車に乗らなくてはならなかった。

高木は、それらの情報を総括して、米内大臣、井上次官、その他の要路者に克明に報告した。報告書の作成と、要路者との日時の調整、そして指定の場所に赴いての協議と、細心の注意を払いながら骨の折れる任務を日々こなしていた。

筆者が思うに、高木の緻密さと繊細さは確かに一面ではあるが、本質には、純粋で正義感が強く、一度決めたら梃子でも動かず、頑固で妥協しない「肥後もっこす」魂があった。

高木は肥後球磨郡一円を領有した外様小藩である相良（人吉）藩に生まれたが、この相良藩には、薩摩の島津藩や対馬の宗氏と共に、六百余年に長きにわたって生き抜いてきた歴史があった。六百年の間には、お家騒動や幾多の動乱にも見舞われたが、それでも連綿として存続させてきた歴史があったのである。高木の心底には、人吉人としての誇りと優れた歴史感覚が宿っていた。

昭和一九年四月一三日、高木は岡田邸を訪れ、前日に開催された政府・重臣懇談会の様子を聞いた。岡田によれば、東条は一時間あまり大して重要でない話をしたが、若槻、岡田も格別な話をしなかったため、結局午後二時過ぎには散会したとのことだった。

その際、米内復帰に関して、嶋田が米内本人に「どうか？」と直接訊ねたため、米内も自分のことだから、「嫌だ」と答えたという。

高木としては、それまで伏見宮、高松宮、木戸、近衛、岡田などの宮中筋や重臣たちの政治力に頼っていた生温いやり方を猛省せざるをえなかった。今後は重臣を当てにせず、海軍内の中堅層の手で何とかしなければならないと痛切に思った。

ここに至って高木は、東条首相暗殺計画を真剣に練らざるを得ないと考えるようになった。

高木は教育局の神重徳教育局第一課長に現下の情勢を説明し、「戦備の名目で課長会議に活を入れることで形勢刷新の梃子にして欲しい」と語った。

この言葉を聴いた神は、胸を叩かんばかりにこれを引き受けた。

四月一五日、高木が横須賀鎮守府で豊田（副武）長官に挨拶に行ったところ、豊田から古賀の後任として連合艦隊司令長官に就任した際の内話を聞いた。それによれば、嶋田は豊田に対して「ＧＦ（連合艦隊）に出てくれ」との話だった。「これでは向うの思うつぼ、天佑とも考えた事だろう。……自分もみすみすハメ手に罹ったと思った」と語った（昭和一九年四月二二日付「高木日記」）。

これを聞いた高木は、東条による山下奉文大将への処遇とよく似ており、嶋田が今の地位を守るための人事ではないかとの印象を持った。

四月二一日、神課長が高木に密かに報告したところでは、海軍省内の課長級会議の空気は、東条・嶋田のコンビではもう我慢できないという方向で一致しているとのことであった。軍務局の山本善雄第一課長は軍備の面から強硬であるが、矢牧第二課長の態度は怪しく、二足のわらじではないかと思われないでもないとのことであった。当時の矢牧の態度は軍務局長への昇格がかかっていたことから、周囲の者には釈然としない印象を与えていたようだった。

例えば当時矢牧の下にいた中山定義中佐は、海軍内の雰囲気を、「つまりこの時点では、高木、石川（信吾）両少将、および調査課、軍務局第二課の者は、一時的に大臣以下首脳と止むを得ず相対立することになっていたのである。ただこの対立する両者の接点に立たされた矢牧課長の立場は、誠に微妙なもののようであった」と述懐している（『一海軍士官の回想―開戦前夜から終戦まで』一八五～一八六頁）。

四月二二日、高木は横須賀鎮守府に再び豊田を訪れた。豊田は、嶋田より総長兼任の経緯について説明があったとして、次のような話を披露してくれた。

「先日嶋田大臣から、総長兼任の経緯の説明があった時、誰も発言しないから、自分は『総長兼任は陸軍の誘いによるのか？』と聞いたら、嶋田は『そうではない。しかし兼任した後で報告したら、東条は非常に喜んだ』。『喜んだことは、陸軍が誘ったことを示すものではないか?!』。これに対して嶋田は、『嶋田健在の間は、そんなことは絶対に起こらぬ』と言うから、私は『数か月前に総長問題を尋ねたとしたら、恐らく同じ答えを言われただろう。前例もあることだから、国軍統一も決して安心はならぬ』と言って置いた」（昭和一九年四月二一日付「高木日記」）

さらに豊田は高木に、「僕は古賀の後を受けて連合艦隊に出ることになったが、率直に告白すれば、戦局挽回の成算も立たないし、陸軍の飛行機を振り向けたとしても、もはや時代遅れで間に合わぬ。やっぱり思い切った外交措置を打たないといかんように考える」と吐露した。

小糠雨が煙る四月二五日、高木は箱根湯本の木村別荘に、静養中の原田熊雄を訪ねた。「至急会いたい」と原田から電話があったためだったが、そこには近衛公も入生田から来ていて、三人は一緒に昼食を囲んだ。

席上近衛は、「最近、木戸が東条のことを非常に悪く言い出し、十一日会（農商務省・商工省の行政官僚の集まり）でも大いに東条をこき下ろした。東条のことを、『不熟慮断行』などと言っていた。対東条内閣の気持ちが変わったのではないかと思う」と語った。

東条に対する木戸の心境が変わったとすれば、それは岡田や近衛の重臣グループに対する高木の工作が功を奏した結果であった。

五月三日、高木は矢部貞治から、近衛側近の一人の朝日新聞論説委員佐々弘雄の伝言を聞いた。それによれば、首相を高松宮、内大臣を近衛、陸相を柳川平助という陣容で、終戦に向けて一挙に踏み出そうというものであった。

米内・末次の現役復帰を画策

昭和一九年四月から五月にかけて、重臣たちによる東条倒閣工作は、次第に熱を帯びていった。しかしながら国務と統帥の両権を握って、憲兵をもって睨みを利かせている東条・嶋田体制のガードはなかなか堅かった。一方戦局の方は、四月の古賀長官の戦死に象徴されるように悪化の一途を辿っていた。

このような中、海軍部内では、この際可能性のある現実的な工作を考えるべきだという声が上がった。これは、当面は東条内閣倒閣工作を留保し、まずは不評の嶋田海相を更迭して米内に替え、総長には末次信正を据えて、国務と統帥を切り離すことによって、海軍の体制だけでも立て直そうというものであった。

米内だけを現役に復帰させたのでは、末次派の反発を招くことから、この際は米内・末次の両大将を現役に復帰させることによって、両派の和解を図ろうとした。

五月二三日午後、目黒にある教育局の高木の許に迫水参事官が訪ねて来て、岡田、末次、米内の三大将を一緒に会わせて、嶋田海相に勇退勧告するという案を持ち込んできた。

高木は即座に賛成して、次のように答えた。

「お話のこと（三巨頭の提携）自体は、実は私が昭和一七年夏舞鶴に行く時、矢牧に申し継ぎしたことで、私自らは石川に話してないが、恐らく矢牧と石川の間に話があったことと思う。したがってそのこと自体は、私自身の永年の熱望でもありました。先日岡田大将から、『海軍の予備現役の別なく一致協力しなければならぬと思う。ついては末次などにも協力させなければならぬと思うがどうか？』とのお話がありましたので、私は『それは私が永年閣下にお願いしたいと思っていたことであります』と答えました。さらに岡田大将からは、『末次の役割はどうか？』などと、立ち入ったお話もあった次第で、その後下村（正助）中将が、末次大将その他各先輩の意見をまとめられるとの話でありましたが、いまだに実現を見ないようであります」（昭和一九年五月二四日付「高木日記」）

さらに迫水から、木戸内府に会った時の次のような内幕話も聞かされた。

「この間木戸さんに会って話したのですが、木戸さんの話では、重臣や内府から東条にいろいろ注文を付けると、東条から『それでは私にはご信用がないのか?!』と反問されるので困る。その後が面倒になるから、外よりも内から壊した方がよくないかということだった。内大臣は、安藤紀三郎（陸軍大将、予備役、東条内閣で国務大臣、内務大臣歴任）がよくはないか。……とすれば、梅津か、宇垣か、米内、鈴木（貫太郎）の誰かに落ち着くことになる」

五月二六日午後、高木は久しぶりに永田町の米内大将を訪ねた。四、五年前の米内の美丈夫ぶりに比べて、まさに国民の窮乏生活を象徴するかのような痩せ衰えかただった。高木は戦況や国策の転換の必要性をかいつまんで説明し、次のような会話を交わした。

「大部分の者が、海軍大臣のやり方に対して不満があるようだね？」

「大部分ではなく、全部です！」

「嶋田の御信任は、殿下（伏見宮）の御信任から来ているのではないのかね？」

「大臣の性格もあるでしょうし、只今の理由もあることでしょう」

「首脳陣を一新すべきではないか。私が大臣を訪ねて行ったのは、山本元帥国葬のあと一度と、総長兼任問題のあと行っただけだ。その時私は、『事ここに至った理由などを尋ねに来たのではない。ただここに至った以上、これは一時的なものか、恒久的なものか？』（政治的理由によると言えば、それは政治と統帥とを混淆することになる）と尋ねた所、大臣は、『一時的なもので、適任者を求めて二本立てにする考えだ』と答えた。『大臣と総長とどちらに重きを置いてやるのか？　双方ともと、あるいは言われるかも知らんが、そうはいかぬ。また出来もせぬ』と聞くと、『総長に重きを置いてやる』、また『第一、第二次長の分担はどうなるのか？』と聞いたら、『第一次長は航空関係、第二次長はもっぱら作戦と渉外事項に専念する』と答えた」

最後に米内は、「今日の状態は、総てがアンバランスということになっていると思う。艦隊もバランス・フリートが壊れている。東条は自発的に辞めるなどということは、微塵も考えていない」と述べて、口をへの字に結んだ（昭和一九年五月二六日付「高木日記」）。

六月五日午後、高木は岡田を訪ね、一昨日の六月三日夜、藤山愛一郎宅で、岡田を仲介に立てての末次・米内会談が行われ、その結果海軍の陣容を立て直すことで三者は完全に一致したこと、そして岡田が伏見宮、高松宮、木戸に会って海軍の内情を話した後、再び三者が打ち合わせをして、その上で嶋田に対し談判することにした、との話を聞いた。

さらに岡田は、前日に伏見宮に面会した時の様子も話した。

岡田が「（嶋田では）省部とも収まりが悪い。このままでは、折角の功労者を傷ものにするので、替えた方が宜しい」という趣旨のことを述べると、伏見宮も「自分自身もそう思っているが、自分が言い出して上手くいけばよいが、いかないと引っ込みがつかなくなる」と語った。そこで岡田が、「これ以上この問題で殿下をお煩わせすることは、畏れ多いことと存じますから、それは何とか致します。なお東条との関係もありますから、そう上手くいくかも問題であります。……定年前の予備で、現役復帰か、もしくは召集に値すると思う者は、末次と米内だけでありますから、米内を出して嶋田と気まずい思いをさせることは避けたいと思います。この事は私がやります。ただ殿下にお願いしたいことは、もし嶋田が参りまして、岡田が何か言っておったと申しましたら、殿下も『それに賛成だ』とおっしゃって頂きたいのであります」と申し上げたとのことであった（昭和一九年六月五日付「高木日記」）。

六月七日、高木は末次に連絡者を派遣して、三日の三者会談について聴取させた。

末次は「大したところまで行かなかった。……『この話の内容はもちろん、三人が会ったことも内聞に願いたい』と岡田大将が言うから、私や米内は大丈夫だが、（岡田大将の）婿の迫水は危ないですぞと言って置いた」（昭和一九年六月七日付「高木日記」）と語ったそうで、会談の成果に満足していない様子だった。

六月八日、高木が赴いてみると、課長級には諦めムードが漂っていた。

高木は軍令部第一部一課にいる高松宮に面会した。高木が井上成美海軍中将とのコンビを考えて長谷川清海軍大将の名前を挙げたのに対して、高松宮は「軽くて、東条の煙草の火を点けるようになりはしないか」と語って話の腰を折った（昭和一九年六月八日付「高木日記」）。

この高松宮の発言を聞いた高木は、宮中方面と現場との間の認識の差を大いに感じた。

六月九日、左近司政三海軍中将から「太田千尋華族会館主事の公舎で面談したい」との電話がかかってきた。

左近司は、海軍中堅層主導による嶋田更迭工作に関して「永野元帥は非常に不満の様子だ」と述べた。これに対して高木は、「海軍の最高位にあった永野（昭和一九年二月まで軍令部総長）がその責任を果たさなかったからこそ、海軍の中堅層がこの工作に着手せざるを得ないのではないか」と反駁した。

高松宮、天皇に異見

六月一三日夜、節子皇太后が久しぶりに宮城を訪れて、天皇皇后ご夫妻と昼食を共にされた。宮中では毎週一度、ニュース映画を中心に長編映画を上映していた。映画の後、高松宮は天皇に対して、「ちょっとお話したいことがあります」と呼びかけた。

「御上は、現在の戦局をどう見ておられますか？　戦争の先行きをどう考えておられるでしょう？」

天皇はびっくりしたような顔で高松宮を見ていたが、やがて口を開いた。

「高松さん、何を言いたいのかね？」

「私は、戦局の事も国内の事も、御上には正しく伝わっていないのではないかと心配になっているのです」

「それは大丈夫だ。軍の責任者から毎日のように戦況は聞くし、国内の事も所管の大臣から随時報告を受けている」

「私が申しておりますのは、御上に達するのが政府関係からの情報ばかりで、それ以外の者の話をお聞きになる機会が全くおありにならないことです。その結果御上の了解される国情は、真相とだいぶ離れているのではないかと懸念するのです」

「そんなことはない！　そんなことはない」と天皇は同じ言葉を二度繰り返したが、高松宮は構わず話を続けた。

「例えば東条内閣については、各方面で大変評判が悪いという事も御存じありますまい。私がおります海軍でもそうです。このまま放っておけませんから、東条を辞めさせ、陸軍皇道派の将軍たちと海軍の連携で内閣をやらせたらどうか、と近衛などは考えております。また戦争の実情も、個々の報告はともかく、全体の様相について正しい観点から報告を受けておられるかどうか。私は現実を直視する時、今迄のような大東亜共栄圏の夢を捨て、極端に言って戦争目的をいかにしてよく敗けるかと言う点に置くべき状況が来ることも考えておかねばならないと思うのです。それほど重大な分かれ目に来ていることを掴んでおられるのでしょうか?」

天皇はうつむき、高松宮の言葉を反芻しているかのように暫し間を置いた後、次のように言った。

「高松さんは海軍の事はわかっても、天皇というものがどうあるべきかについては解っていない。私は帝国憲法とこれまでの慣例に則って天皇としての責務を果たしているのであって、何でも自分の感じるままに臣下を動かす戦国時代の大名や秦の始皇帝とは違うのだ。だから政治や軍の報告も、筋道を通して聞く事が大切なのだよ。そこを間違えると、国を乱すことになるだろう。高松さんの意見は意見としてわかったが、これも筋道を外したルートなので、いわば雑音と言うべきものなのだね」

「雑音と言われますが、御上は皇族を何と思っておられるのですか?」

「それなら聞くが、宮は何をするのか。何が出来るのか?」

「御上のお考えはよくわかりました。しかし雑音も大事だと思いますので、私は雑音のみを申し上げます」

高松宮は、そう言って口をつぐんだ（『細川日記』二二九～二三〇頁）。

米軍、サイパン島に上陸

六月一五日、米軍はサイパン島に上陸を開始した。これに伴って六月一九日から二〇日にかけて、太平洋戦争の天王山ともいうべきマリアナ沖海戦が行われた。

この海戦は、史上最大の機動部隊同士の海戦となったが、日本側は空母三隻（大鳳、翔鶴、飛鷹）を失い、五隻（瑞鶴、隼鷹、龍鳳、千代田、瑞鳳）損傷、タンカー三隻沈没、航空戦隊の飛行機四三九機中一〇六機喪失（八〇機は不時着によるものの搭乗員は帰還）と、一方的な大敗を喫した。

海軍部内では、マリアナ諸島を失えば日本全土、朝鮮南部、フィリピン全島がB29の爆撃圏内に入り死命を制せられることから、是が非でも奪還すべしという声が沸騰した。しかし大本営は六月二四日、航空機援護力不足を理由に奪還は無理と判断して、サイパン島の放棄を決定し、嶋田総長からその旨上奏した。

天皇はこの決定の重大性に鑑みて裁可を保留し、元帥府に回すことにした。翌二五日、天皇は伏見宮、梨本宮、永野、杉山（元）の各元帥を召集したが、誰からも建設的な意見は出なかった。

サイパン島放棄の決定を聞いた鹿児島出身の神教育局第一課長は、憤懣やる方ないといった表情で高木に対して、「軍令部は意気地がありましぇん！　是が非でもサイパンを取り戻すと決心しないで、やれ飛行機が足らんの油がどうのと、泣き言ばかり並べるなんて、なっちゃいましぇんよ。飛行機が足りなければ、陸軍の戦闘機に加勢して貰えばいい。陸軍機は足が短いから遠くへは使えましぇんが、沿岸近くなら十分大和、武蔵の傘になります。伊豆七島に沿って陸軍機を出して貰い、遠い方は海軍の基地航空隊と母艦等で傘をさせば、サイパン突入までの空中掩護ぐらいは出来ないことではありましぇん。陸軍だって真剣に頼めばわかってくれます。ワシなら十分説きつけてみせます。そん代わり海軍はこれでお終いになりますが、大和、武蔵の全砲火で、米軍の橋頭保を後ろから叩きあげてご覧なさい。いっぺんは上陸軍を海に追いつめることが出来ます。少なくとも六ヶ月ほどは、敵の侵攻を食い止められると思いますが、残念ですな！」と言って地団太を踏んだ。

昭和二〇年四月、戦艦大和以下、第二艦隊を沖縄に特攻出撃させたのは、この時連合艦隊参謀（昭和一九年七月着任）の神大佐だった。

11　高木、東条暗殺を決意！

サイパン戦前後から、政府統帥部の戦争指導に不満を持つ海軍中堅層の間に、東条政権を倒すためには、合法的手段を諦めてテロによって倒すしかないという、切羽詰まった空気が濃化してきた。

『細川日記』には、五月一日に築地の『増田』で海軍懇談会が開かれ、席上、テロによる東条内閣打倒工作に話題が集中していたことが記載されている。

中山定義中佐によれば、海軍省内の大臣室前に番兵が立つようになり、また中山の部下の橋本睦男主計大尉などは嶋田に対するテロを公然と口にし、翻意をさせるのに非常に苦労したとのことである。神大佐は、「大臣をやっつければよいだろう！」と放言して憚らなかった。このように海軍部内の雰囲気は、まさに一触即発の状況にあった。

事ここに至って、それまで神大佐らの計画に再三ブレーキをかけて来た高木も、「私が納得できる確実な具体的な方法を研究してみろ」と全責任を負う覚悟で命じた（高木『私観太平洋戦争』一六〇頁）。

高木と神らが中心となって、東条首相暗殺の具体的な方法を検討した結果、参加者は秘密保持のために制服の同志に限ることとし、その方法は、数台の自動車を使って作為的に交通事故を起こして、最後は拳銃で止めを刺すやり方が最も確実であるということになった。

決行日は七月二一日と決めた。毎週火曜日と金曜日には宮中で閣議が開かれることになっていることから、東条が閣議から官邸に帰る途中を狙うことにした。

東条の帰路は、毎回同じ道順だった。坂下門から出て右折して皇居外苑を通り抜け、祝田橋の交差点をまた右折する。そして桜田門の警視庁前を左折して、海軍省を通り過ぎた角をもう一度右折して、議事堂の横手に出て官邸に入るというふうに、いつも定まっていた。さらに帰路の時間帯も、昼前の僅かの時に限定することが出来た。

襲撃決行地点は、海軍省手前の四つ角ということにした。ここだと海軍省の構内に一台、大審院の濠沿いに一台、内務省側に一台待機させた車で、三方から挟み撃ちに出来るし、警視庁前に見張りを置き、東条が乗ったオープンカーが見えたら合図をさせて車を出し、四つ角に差し掛かったところで、前と両脇から進路を押さえて襲撃することが出来るからである。

暗殺実行後、現場から脱出できた者は、連合艦隊司令部の作戦参謀に就任した神大佐に頼んで、厚木から台湾かフィリピンに高飛びさせることにした。

六月一七日、高木が岡田大将を訪ねたところ、岡田は、昨一六日夕刻、四五分ばかり嶋田海相と会談した模様について話してくれた。

それによれば、岡田が嶋田に「この際総長だけに専念して、海相の地位を分離したらどうか。また米内、末次の現役復帰を図ったらどうか」と提案したのに対して、嶋田は「高松宮が総長兼任は都合がよいと述べた」とか、「現役復帰を図ろうとしてもポストの当てがない」とか理由をくどくど述べて、婉曲に拒否したとのことであった。

これを聞いた高木は、「(嶋田が海相・総長兼任に固執する)重大な理由とは何か分かりませんが、いかなる理由にせよ、この敗戦を漫然と続ける以上の不忠がありましょうか！ それは要するに一時の遁辞に過ぎません。東条・嶋田の組み合わせで、マリアナが確実に守れるという保証はどこにありますか。却って東条・嶋田は百％マリアナを失陥することは、火を見るよりも明らかです。もしこのままで東条・嶋田が居座ったならば、恐らく重大なる結果を惹起し、海軍部内も一大混乱を招来する恐れがあると信じます」と、東条暗殺を暗示するかのような言辞を吐いた（昭和一九年六月一七日付「高木日記」）。

こうしている間にも、戦局の方は日本にとってますます厳しくなった。

六月一五日、米軍は絶対国防圏に位置するマリアナ諸島のサイパンに上陸した。これに対応するために、大本営は「あ」号作戦の開始を命じた。六月一九日から二〇日にかけてマリアナ沖海戦が行われたが、日本側の惨憺たる結果に終わった。

敗北の翌日の六月二一日、高木は軍令部で高松宮に会った。

「及川大将（古志郎、海上護衛司令長官）に、この情勢を救うに何かよい方法はないかと相談したところ、『岡田、末次、米内ら大臣を務めた人々を、大臣の相談相手にしてはどうか。そういうことを、岡田大将からでも、大臣に言わせたらどうでしょう』との意見だった。私は、やはり伏見宮から大臣に言わせたらよいと思うので、伏見宮宛に、一九日手紙を書き、昨二〇日使いに持たせてやった。……それにつけて、これから大臣の相談相手になる人選と大臣との間を斡旋連絡する幹事役を、高木少将にやらせたらどうだろうかという及川大将の意見である。もし伏見宮から連絡があったら、そのつもりで、しかるべく応酬されたい」（昭和一九年六月二一日付「高木日記」）

六月二二日、高木は、神重徳第一課長が五・一五事件の首謀者の一人であった三上卓（元海軍中尉）を呼んで密談したことを知った。高木は神に、機密保持上慎重な行動をとるように注意するとともに、作戦部を説得してサイパン奪回に踏み切らせることや、さらにまた課長会議に活を入れることを勧めた。

12　高木、岡田に東条暗殺を表明

六月二四日、新宿角筈の岡田邸を訪ねた高木は、海軍部内の空気が極めて悪化していることを報告し、次のように述べた。

「岡田閣下はじめ先輩の皆様が実に一方ならぬご尽力を頂いていることは、我々の大いに感激しているところでありますが、（嶋田）大臣は依然として省部の顕職を壟断して、オベッカ使いやお茶坊主に取り囲まれながら敗戦行進曲を続けている現状は、到底座視することは出来ないと思います。既に戦局を憂うる課長級は動いておりますし、第一線の空気はさらに険悪です。私共が如何に閣下方のご苦心を取り次ぎましても、事実が具体的に現れなければ、彼らを抑えることは到底不可能と思います。海軍の伝統も、国家の興廃には代えられぬし、また負け戦をしても、部内統制だけ保ってさえおれば、それでよいということもないと思います。これからは、あるいは閣下方の非常に遺憾とお考えになる事態が続発すると想像いたしますが、それはお許し願いたいのであります！」

高木の言わんとする所を察知した岡田は、激しい口調で、「それはとんでもないことだ。今われわれは、湊川の大楠公（楠正成）の心境をもって善処しなければならぬ時である。例え多少思い通りに事が進まなくても、決して軽挙すべきでない！　今事を誤れば、大変な結果になる」と、高木を叱りつけた。

「お言葉ではございますが、建武の時（正成）と今日の事態はまるで違います。当時は国内だけの抗争で、例え足利が勝っても国体の危険性は、今日とは比較になりません。今日、もし一朝事破れれば、二千年の歴史は永遠に滅亡するのです。湊川に馳せ向かった大楠公は、手兵わずか七百を掲げて死地に入ったのであり、その大部分の精鋭は正行に付けて河内に帰し、己亡き後の朝廷の守護をちゃんと策しているのです。今日、万一海軍敗れ去ったとすれば、あと果たして何が赤坂や金剛山に残りますか？　大将のお言葉ではありますが、私には大楠公の真似は出来ません！」

最後に岡田は再度高木に自重を促し、「もし実に止むを得ずして何かやる時は、必ず私に言ってからやってくれ」と呟いた。

高木が教育局に戻って暫くすると、岡田から指示されて迫水がやってきて、「今朝あなたは親父に、『俺は大楠公の真似なんか出来ない！』と言い切って帰られたそうだが、親父が非常に心配している。だから私に高木少将の所に行って、もう一度『もし何かやるような場合には、前もって俺に話してからにしてくれ、と伝えてこい！』と言いつけられた」と述べた（昭和一九年六月二四日付「高木日記」）。

高木は、「いや、そのことなら、今朝岡田大将にお話した通りで、ご連絡します。その旨伝えて下さい」と一応答えたが、内心では、「もしクーデター式の事をやる時には、これをどの程度大将に連絡するかはその時考えるべきことで、無条件に何もかも伝えることは出来ない」

と思っていた。

この前後から高木らは、後藤隆之助（昭和同人会世話人代表、近衛の親友）、西郷隆秀、四元義隆（元血盟団員）、三上卓らの名うての右翼たちと盛んに接触するようになった。

そんな最中の六月二七日、高木は沢本（頼雄、海軍大将）次官から来庁するように呼びつけられた。てっきりテロ計画が発覚したものと思って腹を括って次官室に入ると、沢本は意外にも猫なで声で、「この頃大臣が替るという噂が元で、いろいろ噂が立っているようだが、聞いているか？」と切り出した。高木が「そんな噂は聞いていない。大臣が替られるということは聞かぬが、大臣が替られないで頑張るのだという噂は聞いている」と皮肉交じりに返答すると、沢本は「そういうことに関連して、教育局辺りでどんな評判をしているか？」と質問してきた。

高木が「教育局は、課長、課員欠員ばかりで、皆事務に追われ何も知らぬ。もちろん政情のことなどは知らぬ。サイパン奪回に関する意見を一課長の神大佐が軍令部に申し入れたのは私の指図であるが、私は実践を経験しておらぬから、作戦上の意見を述べても迫力がない。しかし神大佐は、第八艦隊でガ島の戦勲者であるから、軍令部が傾聴すると考えて、私が指図して差し向けたのです」と、肩透かし気味に答えると、沢本はやっと本題に入ってきた。

「最近岡田大将の所に、教育局の少将が出入りしているとの話を聞くが、教育局で少将と言えば、君のことしかないと思うが？」

「岡田大将の所に出入りするのは、最近のことではありません。私は東京にいたら、少なくても月一回ぐらいは、岡田大将をお訪ねします」

「政局に関しいろいろ流言飛ぶこの際であるから、もし君が岡田さんの所に行っているようなら、『李下の冠、瓜田の履』という事もあるから、なるべく往復せぬようにしたら良いと思う」

沢本にこのように言われると、高木の生来の反骨精神が、むくむくと頭を持ち上げてきた。

「ご注意、誠にありがとうございます。以後注意しましょう。しかしもし私に東条に好意を持てという意味でございましたら、私にはそれは出来ません。私は海軍に身を置いて今日に及びましたから、例えどんな事態でも海軍には弓は引きません。しかし東条内閣を庇護せよと言われることになりますと、例えクビにされましても、それはお断りいたします！」

「それはどういう意味かね？」

「東条という人の努力なり勉強は、私もこれを認めます。しかし政治は、修学やスポーツではありません。今日天下の民心ことごとく東条を離れ、努力すればするほど、結果は逆に出ます。指導階層の人々は、皆向うを向いている現況です。したがって、政府の案画は例え良くても結果は悪く出るのは必然です。その上、戦争指導に重点形成が出来ておらぬから、難問題の解決の糸口にならないことは、今迄の実績が示しています。憂き身をやつすことは安価な人気取り政策であって、仮に総理が幾度火の見櫓に登ろうとも、漬物屋を訪問しても、また街頭で子供の頭を撫でても、戦局の好転には貢献しません。人もし東条に忠言する者あれば、彼は直ちに御信任を担ぎ出し、さらに追及すれば、それは御上の思し召しかと開き直る。しかるに戦局は日に日に行き詰まり、国内の窮迫進めば、国民は政府の失政化を転嫁して国体に疑いを挟むに至ることは、部長会議で報告した通りです。このまま推移すれば、恐らく平氏が安徳天皇を奉じて、ついに壇ノ浦に落ちたように、東条は皇室を背負って亡国の道行きをする恐れがあります。彼は自惚れが強すぎ、自己反省が足りません。政治家という者は、出処進退が大切と聞いています。人の言に耳を貸さぬ政治は、国を破るもので、これは幕府政治と言われる所以です。こういう人に対しては、例え命令であっても好意は持てません。但し次官から、かように注意される以上は、何か根拠のあってのことだろうと思います。大臣、次官にご迷惑がかかるようでしたら、存分に御処置下さい」

高木に開き直られて、沢本はすっかり辟易してしまった。

「いや、そんなに神経質に考える必要は無いが、時局が時局だから十分注意して貰いたい。サイパン戦のことも、われわれもいろいろ軍令部に意見を言ったが、軍令部、参謀本部としても、サイパン奪回には最善を尽くす。またその方策もあるというから、それを信頼する他ない。また戦場はサイパンばかりではないので、大陸派遣軍はほとんど無傷で健在であるから、そうすれば太平洋戦の最後の利は、我に在るという見方も（成り）立つ」

沢本のあまりに能天気と言おうか、無責任とも思える言葉に納得しかねる高木は、ついでに海軍首脳の戦争指導の取り組み方についても、厳しく批判した。

「私は東京に戻り、昭和一九年三月に教育局長を拝命してあまり日は経っていませんが、非常に解しかねる点があります。それは、私が舞鶴に転出した一昨年の頃と二年後の今日、戦局がかくも緊迫した時機に及んでも、局部長会議も戦備幹事会も、全く昔と変わらぬ春風駘蕩ぶりであることです。一体問題の重点なり隘路なりが、どこに在るのか、それをどう打開しようとするのかについて、一度も真剣な検討がありません。しかも難しい問題は一つも決定されないで、事務的検討に逆戻りすることばかりです。これでは到底戦局のテンポにマッチしないと思います！」

高木の痛烈な批判に対して沢本は、「それらの点は、我々も心配して最善を尽くしているつもりだが、結果はなかなか思うようにはいかない。しかし戦局は絶望的ではない。対策ありという統帥部の主張を信頼して進みたい」と述べた（昭和一九年六月二七日付「高木日記」）。

こうした沢本の官僚的な答弁に業を煮やした高木は、最後に「繰り返して申し上げますが、ご注意に対しては善処します。そして、もし大臣、次官にご迷惑がかかっておれば、存分にご処置下さい。但し私は東条に同調できないことは、はっきり申し上げます！」と啖呵を切った。ところがこの沢本の言葉に反して、嶋田総長は三日前の二四日、既にサイパン断念の上奏を行っていたのである。

13 「聖断」による終戦構想の萌芽

昭和一九年六月頃の政局の動きを、『木戸日記』から追ってみる。

六月六日、岡田は木戸内府を訪ね、「海軍部内のただならぬ空気を深く憂慮している」と述べた。これを受けて木戸は八日、赤松貞雄首相秘書官の来邸を求め、海軍部内の状況について協議した。

六月一三日、岡田は再び木戸邸を訪れた。六月一五日は米軍によるサイパン上陸の当日であったが、木戸は同日付の日記に、「愈々時局の重大を痛感す」と記している。米軍による日本が設定した「絶対国防圏」内への侵攻によって、政局は一段と緊迫の度を高めた。

この頃木戸は連日のように天皇に拝謁していた。

六月一九日、木戸は東条、嶋田と個別に会談をして、サイパン戦について種々検討を行った。ところが二一日になって、武官長より木戸にマリアナ沖海戦の敗北の報告がなされた。

六月二一日付「木戸日記」には、「頗る憂慮すべき結果と思ふ。残念なり」と記されている。さらに二二日付「木戸日記」には、「拝謁、戦局愈々決戦段階に入りたるにつき、今後政府の決定する方針につき、場合によりては重臣に諮問したしとの思召しあり」と記されている。

さて六月一六日、岡田大将は嶋田海相に対して辞任勧告を行っていたが、二五日、岡田は木戸を訪ねて、この件に関する海軍内の状況について報告した。

「六月二五日、サイパン攻防戦に関連し、海軍部内の嶋田海相に対する関係頗る悪く、至急処置を要す云々との話あり。伏見元帥宮の御発動を願ふ云々との話ありたり。一時一五分より一時五〇分迄、御文庫にて拝謁、海軍の情勢を奏上、伏見宮御上りの場合等につき言上す。……七時五五分より八時半迄、拝謁す。高松宮御対面願出の件なり。同殿下よりの御親書の拝見被仰付、種々御話あり、意見を申上ぐ」（「木戸日記」昭和一九年六月二五日付）

「六月二六日、午前九時、岡田大将来訪、昨日の問題につき話あり。一旦辞去、さらに九時四五分来訪。一時四五分、高松宮殿下御来室、陛下と御対面の件につき御話あり。一一時より同二五分迄拝謁。二時五五分より三時一五分迄、拝謁。伏見宮御上り云々につき御話あり。三時半官舎に至り、重光外相と戦争の見通しと外交につき懇談す。五時、高松宮電話にて、嶋田問題の経緯御話ありたり」（「木戸日記」昭和一九年六月二六日付）

このように宮中方面が急に慌ただしくなり始めた最中の六月二六日、木戸・重光（外相）の会談が行われ、両者の間で、「聖断」による終戦構想が秘かに練られた。

14　岡田・東条の対決

六月二八日、高木は岡田大将を訪問した。前日の二七日（高木が沢本次官に呼びつけられた日)、首相秘書官の赤松大佐がやって来て、首相官邸に来るようにと要請されたので、岡田は官邸に赴いて、東条と会った。この会談の模様については、高木資料・『岡田大将との会見秘録』に、次のように記されている。

「六月二七日(火)一一〇〇、秘書官、岡田大将の処に来たり、『御迷惑ながら総理に会って貰えませんか』と婉曲に岡田大将を招致す。岡田大将は戦に応ずべきか否か、応じて東条と会見するとすれば、如何に話を進むるかに付、とつおいつ考慮しつつありし処に、迫水来訪。よってその事を相談せしに、迫水は、それはもちろん首相官邸に行かるべし。しかして東条の出様は、およそかくなるべしと相談し、一三〇〇迫水の自動車にて官邸に乗り着く。一三四〇官邸着」

両者は官邸二階の応接室で会見した。一応会釈はしたものの、すぐに沈黙してしまった。暫くして東条が口火を切った。

「貴方がいろいろ動いておらるると聞いているが、私はそれをはなはだ遺憾と思っています!」

東条が強圧的に言うと、すかさず岡田は切り返した。

「総理から私の行動について遺憾と思うとの言葉を聞いて、私は寧ろ意外である。私は海軍の現状を見聞して、嶋田では収まらぬ、戦も上手く出来ぬ、総理の常に言われる陸海の真の提携も出来なくなると考えるからこそ心配しているのであって、総理のためとこそ考えている」

「もしあなたが言葉通りで居るのならば、何故陛下や宮殿下までをも煩わされるか。さようなことは、実に不穏当ではないか!」

苛立ちながら話す東条に、岡田は答えをはぐらかした。

「御上や宮殿下がいかような事を遊ばされたかは、私の全然関知せぬところで、私を引き合いに出されるのは当たっておらぬ」

「海軍の若い者どもが、嶋田のことでかれこれ言うのはけしからぬことではありませんか。貴方は、それら若い者を抑えて下さることこそ、至当ではありませんか！」

東条が怒りにまかせて言うと、岡田は冷静を装いながら応じた。

「海軍の若い者が上司のことをかれこれ言ったならば、それは怪しからぬことで、あなたの言われる通りだ。しかし嶋田ではいかぬと考えたのは私である。今の海軍の状況を見たり聞いたりして、これではいかぬ。これは嶋田では収まらぬと考えたのであり、若い者には罪はない」

東条は、居丈高に談判すれば岡田はすぐに折れると考えていたが、予想に反して岡田はなかなかしぶとかった。このため東条は一層苛立った。

「嶋田海軍大臣を替えることは、内閣が更迭となるから出来ません！」

「嶋田を替えた方がよいと思う。このままでは海軍は収まらぬし、戦も上手くいかぬ。また世間も収まらぬ。結局東条内閣のためにならぬから、ぜひ考慮されたが宜しい！」

「それは意見の相違で、私は出来ぬ。戦争のことを言われるが、サイパンの戦いは五分五分と見ている」

「これ以上はただ繰り返すことになるが、重ねて私は、嶋田は替えた方がよいと思っている。是非考慮されたが宜しい！」

こう言い切ると、岡田は席を立った。東条は岡田を玄関まで送りながら、「考慮の余地はありません！」と、岡田の背中に向かって怒鳴った。

六月二六日、木戸内府の了解の下に、伏見宮は宮中に召された。伏見宮は天皇に対して、嶋田を海相の地位より切り離し、その後任に米内を当てたいと述べて、その勅許を乞うた。同日、伏見宮より嶋田にこの旨を伝えたところ、嶋田は「自分の辞任は倒閣につながる」として拒否した。

六月二七日早朝、嶋田は伏見宮邸を訪れ、「ただ今、海軍の一角から内閣を倒さんとする倒閣運動がございまして、殿下が東京にお出でになりますことは、この倒閣の渦中に巻き込まれることになりますから、暫く東京からお離れになりました方が宜しいかと存じます」と、熱海の別邸に赴くことを勧めた。嶋田のこの勧奨を容れた伏見宮は、早々に熱海に帰って行った。

六月三〇日、高木が、海軍の現役・予備役大将招待会の開会前に、米内と自宅で面会した際、米内は、「細かな事は知らぬが、戦争は負けだ。確実に負けだ。誰が出てもどうにもならぬ。老人は昼寝でもする外あるまい」（昭和一九年六月三〇日付「高木日記」）と寂しげに呟いた。

高木も、「最も肝要な事は、去年の九月三〇日の御前会議で決定された戦争指導大綱の要領に、絶対確保地域として、千島、小笠原、内南洋、西部ニューギニア線が挙げられております。しかるに統帥府も政府も、未だこの修正を御願いした形跡なきに拘らず、漫然とマーシャル、カロリン、ニューギニアを敵手に委ね、今はまたサイパンを喪失しながら、戦いは五分五分だなどと強弁するのは、実に国民を愚弄するも甚だしいと言わなければなりません！」と、東条・嶋田の戦争指導の不徹底ぶりを強く批判した。

大将会では、末次大将よりサイパン奪回に関して、鋭い質問が出された。このため嶋田海相兼総長と中沢佑作戦部長は答弁に大いに苦慮することになった。形勢不利と見た岡軍務局長は、食事の準備の出来たことを口実に助け船を出した。この様子を見ていた米内は食後、「あれ（嶋田）では駄目だな……」とポツリと漏らした。

七月六日、高木は岸信介国務相の希望により、昼食を共にした。岸は「次の三点に付、ご意見を伺いたい。①国民の納得する各界の第一人者を簡抜して活用すること、②軍需生産に関して、A（陸）B（海）C（陸海いずれにも直轄されていない工場）を軍需省に一元化すること、③陸海統帥を一元化すること」と切り出した。

岸の質問の狙いは、大改造による東条内閣の延命工作のように疑えなくもなかったため、高木は警戒しながらも次のように答えた。

「第一点は、東条の性格で果たして可能なりや、甚だ疑問である。東条の従来の実績を鑑みる時、阿諛便佞の士は集まるかも知れざるも、各界の第一人者として国民の納得できる者は、恐らく東条が受け入れもしないだろうし、また名指しされた人も、今頃東条の下には、馳せ参じないでしょう。第二点は、第三点がもし解決できれば問題ない。第三点は、……戦局が良くなったとか悪くなったとかは、一体どこを標準にして国民は考えたかと言えば、情報局が何と言おうと、やはり太平洋正面であることは争われぬ。しかしてその太平洋戦で、これまで善戦したのは、誰が何と言ってもそれは海軍の空軍であり、海軍の艦艇ではないか。その海軍の決戦を、後ろから資材の面や人員の面や、生産工場の面、政治力の面など、あらゆる部面で牽制し拘束しておきながら、ABの統帥を一元化すると体裁のいいことは言っても、誰も信用しない。要するにそれは、BをAに併合すること他ならぬ」（昭和一九年七月六日付「高木日記」）

統帥の一元化は戦争指導上陸軍の主導権を許すことになり、そのようになれば戦争終結を図る機会が失われることを高木は警戒していたのである。また高木の耳には、岸信介が石川信吾らと共に、長州閥の寺内寿一陸軍大将内閣の樹立を画策しているとの噂も入っていた。

昭和一九年七月八日、近衛・木戸会談が行われた。

「侯（木戸）は重臣と会ふのは断るとのことなり。その理由は、東条は今や実質上ディクテーター（独裁）なれば、之を倒すには一種のクーデター必要なり。然るに重臣と内府が会見すると言ふが如き事緩慢にして東条に乗ぜられ、却って大弾圧と言ふが如き結果を生ずべきを以てなり、と。唯重臣が御上に奏上するは妨げず。また木戸内府が東条に辞職を勧告するは、主義として賛成なるも、時機を待ち居る有様なりと。また木戸侯は東条の次に直に和平内閣を作るには反対にて、一応中間内閣として寺内を据えては如何と……（近衛）公に初めて漏らせり、と。夫れは木戸侯は、軍の内部に未だ相当東条を支持する者あるを以て、軍内部の動揺を恐れてなり。（公は之に対し意見を述べず。尚研究の要ありと答へらりたりと）。而して何れ此の内閣も二、三ヵ月にして倒壊すべきを以て、其処で宮様内閣を首班とする和平内閣を作るべしと。宮様は、高松宮はゆくゆく摂政という事もあるべきを以て、東久邇宮殿下を推戴しては如何か、と。高松宮殿下は最近、御上とは往々御議論遊ばされ、先日も御上は、『高松宮は解らなくて困る』と仰せあり。また高松宮も、『御上はなかなかお解りにならぬ』と仰せある等のことあり。少し神経過敏に御成り遊ばしたる様子拝察すと。其処で公は、東久邇宮殿下にこの事を申し上ぐべく、中川良長男爵邸にて秘かにお目に掛り、先日東条が自信を喪ひたる事を申し上げたる事もあり。何故に自信を取り戻したかを御下問遊ばされ、さらに追求遊ばして、辞職を慫慂遊ばすことを御勧め申上げ、御承知遊ばされたる由にして、さらに中間内閣を経て、いよいよ和平の時は殿下の御出馬を御願い申し上ぐる由申し上げたる処、『自分の決死の覚悟でやらう』と仰せありたりと。而して御上は此の危急の事態を御存知なりやに就ては、木戸内府が時々御上自ら

『摂政』と言ふ如き仰せあるを以て、その場合を御覚悟遊ばされ居るものと拝察し奉る次第なりと」（『細川日記』二五八～二六〇頁）

七月八日、木戸は矢部貞治に対して、重臣と木戸の連携による東条倒閣工作について、上記の近衛に対する言辞よりもさらに消極的な見解を示していた。このような木戸の態度は、細川の目には非常に不鮮明と映った。

「是を要するに、木戸内府は自ら東条内閣倒壊の発言を為すことは、主義として賛成し乍ら、遷延せんとしつつあり。内府と重臣の会見を拒みたるは理由あるも、重臣が直接上奏するを妨げずと言ふは一理ありに似たれど、主義に於て一貫せず。行き掛り又は何等かこだわるもののあるに似たり。また寺内を中間に考え、次いで東久邇宮殿下を考え居る辺り、又軍内部の動揺を恐るる辺り一貫して長（州）閥、若しくは阿部等の影響にして、所謂皇道派に反対の態度なり。殊に東久邇宮殿下に就きては、前に石原あるを以てむしろ高松宮殿下と言い乍、今更是を改むる辺り一貫せぬ考へなり。木戸の考へが斯の如き有様なれば、なかなか容易なることに非ず。最悪の事態迄到るやも知れず」（『細川日記』二六〇頁）

15　最後の手段は暗殺！

七月一〇日、細川護貞は高松宮邸に伺候した。その際高松宮は、「テロなら鎌足のように、上からのテロの方が望ましい。昨晩広田（弘毅）に会ったのだが、スイスの坂本（瑞男、昭和一七年八月からスイス公使、昭和一九年七月客死）が死んだから、その代りに吉田茂でもやってはどうかと言っていた。私も……イギリスと話をするのに向いた人物を遣ってはどうかと思う」

(『細川日記』二六三頁)と語った。

同日午後、細川は米内を訪問した。米内は、「もともと国力以上の仕事をなしたれば、かくなるのは明らかにして、玉砕等出来得べきものに非ず。国体だけは断じて守らざるべからず」と、国体護持のみを条件とした講和を述べた。血気にはやる細川には、煮え切らないように見える木戸や近衛の態度が大いに不満だった。

細川は、七月一一日付の日記の中で、極限まで思いつめた心中を吐露している。

「今日の事態がかく混乱し居るは、要するに木戸内府に私心あればなり。木戸侯は、東条と同一に見らるるを恐れ、何とか彼と別者なる事を示さんとあせりつつあり。故に東条と全く傾向の異なりたる者が現るれば、自然東条の責任を追及することとなり、ひいては木戸侯の責任問題となるを以て、東条の次に寺内(寿一)を持ち来たり、責任を多少ともボカシ、次いで和平内閣に持ち行かんとの下心なるべし。……此期に及んで、唯々一身の打算よりて行動せんとするは、断じて許す可からず。……即ち潔く自決せらるるか、内府の職を速やかに退くか、東条を退かしむるか、是なり。……近衛公も亦その持ち前よりして、此の非常の時に当り、優柔不断……従って現実は木戸侯に引きずらるる有様なり。元より公が斯の如き態度に出るには理由あり。その一つは、畏れながら至尊の御心中を推察し奉りてなり。而してその二は、東条の責任を追及する事によりて、木戸侯までも傷つるに忍びざるなり。三は濫りに東条内閣を打倒せんか、その始末は公の手を煩わすに到るべければなり。……余は思う。木戸内府は私心ありて決意せず、公は亦優柔不断濫りに口舌を弄んで決起の勇なくんば、遂に日本は亡国に到るべし。よって最後の手段として東条を刺殺し、高松宮殿下の令旨を奉じ、御殿に於て木戸内府を圧迫して後継首相に殿下を推戴し、陸軍小畑、海軍米内、外務吉田等の顔ぶれを以て、所信を断行するは一つの考えなり」
（『細川日記』二六五～二六七頁）

東条と嶋田は七月一二日夜、政権交代はバドリオ政権（イタリアの単独降伏をした内閣）の出現を許すことになるとして、あくまで居座ることを申し合わせた。

翌一三日、東条は参内して木戸内府に面会し、サイパン失陥に伴う戦局の悪化に対処するため内閣改造を行うことの了解を求めた。これに対して木戸は、①統帥の確立のため総長兼任を辞めること、②嶋田海相を更迭すること、③挙国一致の態勢を整えるため重臣指導層を包容すること、の三条件を提示した（昭和一九年七月一三日付「高木日記」）。

この木戸の条件を素直に首肯することの出来ない東条は、同日天皇に拝謁してこれが本当に天皇の内意によるものか確認したところ、天皇が全面的にこれを是認したため、さすがの東条も嶋田の更迭と総長の分離を決意せざるを得なくなった。

七月一四日、嶋田海相は後任に沢本次官を起用する案を持って、熱海に滞在中の伏見宮を訪ねたが、伏見宮はこの案を認めなかった。このため同夜急遽、嶋田、永野、及川、沢本、岡の五者会談を開いて、徹夜で善後策を協議した結果、一五日朝になって、新海相に呉鎮守府長官の野村直邦大将を充てることを決定した（『私観太平洋戦争』二〇五頁）。

この五者協議の席上、及川は、米内と末次を現役に復帰させて、米内を海相、末次を総長に就任させることを提案したが、永野元帥の反対に遭って流れるという一幕もあった。

ともかくも七月一七日、野村海相、嶋田軍令部総長、東条首相兼陸相、梅津美治郎参謀総長の陣容で信任式が行われた。

さて東条側は、先の木戸の条件に応えるべく、重臣および指導層から、米内、阿部信行、前田米蔵、嶋田俊雄の入閣を企てた。中でも米内の入閣を重視したため、佐藤賢了陸軍軍務局長、岡海軍軍務局長、石渡蔵相、野村海相らが米内邸に押しかけて入閣を強く勧めた。

一方、岡田、近衛を中心とする反東条工作は急速に進められた。

一七日夕刻、平沼邸で若槻、岡田、平沼、広田、阿部、近衛、米内の七人の重臣が集まって協議した。その結果、重臣は一人も入閣しないこと、および東条内閣の一部改造ぐらいでは人心一新とはならないことを申し合わせた。このことは、同夜、岡田より木戸に伝えられた。

ここに至って東条内閣の命脈は遂に尽き、七月一八日午前、ついに総辞職することになった。このため七月二一日（金）に予定していた高木たちによる東条首相暗殺は自動的に中止になった。暗殺決行三日前という瀬戸際だった。

野村直邦にとって、七月一七日と一八日の両日は、めまぐるしい二日間になった。新海相の信任式が一七日午後四時に行われ、翌日の一八日午前一〇時に初閣議、そこで総辞職のための辞表提出になった。海相就任は僅か一八時間だけだった。

七月二〇日、小磯国昭陸軍大将と、副総理格で海相となる米内光政海軍大将の二人に対して、天皇は「協力して組閣せよ。憲法を遵守せよ。ソ連を刺激するな」と命じた。

七月二二日午後六時五〇分、米内大将が現役に復帰し、新海相として登庁した。米内は事務引継ぎの後、階段の中ほどから、言葉少なに二言、三言、着任の挨拶を行った。

一方野村大将は、真っ赤な顔で励声一番、「就任後僅か一八時間で辞表を提出し、一週間にも満たないで新大臣を迎える如きは、海軍としては未曽有の事態である！」と、憤懣やる方ない様子で、退任の挨拶をした（『私観太平洋戦争』二二一頁）。

東条内閣総辞職の午後、高木は、後藤隆之助、海軍省調査課の伏下哲夫主計中尉、矢部貞治

嘱託、天川勇嘱託など嶋田海相更迭工作に挺身してきた同志と、築地の『増田』に集まって祝杯を挙げた。

『増田』は、築地本願寺北側の路地を入ってすぐの所にあった。ここには女将の他に、清水次郎長一家の子分たちに似せて通称「大政」「中政」「小政」と呼ばれる三人の仲居がいた。

今から三〇年ほど前になるが、筆者は『増田』の仲居「小政」を、神谷町のアパートに訪ねて取材したことがある。『増田』は、海軍省調査課御用達の割烹料亭であったため、たびたび憲兵から嫌がらせを受けた。ある時は「店の帳簿を提出せよ」と命じられた。こういうこともあると予想していた女将は機転を利かせて、客の名前を、高木は「高坂」と偽名で書くようにしていた。

この『増田』には、高木や扇などの海軍諸調査課の常連のみならず、高松宮や矢部や高山といった調査課ブレーンたちもたびたび立ち寄っていた。

矢部は日記の中で、その日の感想を次のように書いた。

「問題は今後にあるので毫も安心は出来ぬが、とにかくここまで来たという事は、ここ数カ月の努力を顧み感慨無量だ。結局高木少将を中心とした我々の努力の結果だと公平に言っても云える。岡田さんがやはりやってくれ、木戸も最後は立派であり、近衛も脇役ぐらいはやってくれた。僕の愉快に思うのは、永年信義をもって培養して来た人々が、いろいろな方面で役立ってくれたということだ。後藤隆之助、細川護貞、佐々弘雄、八坂浅太郎、高山岩男などというのが、それぞれに極力してくれ、古井（喜実《よしみ》）や山崎（巌《いわお》）さんに負うところが多い」（『矢部日記』七三一頁）

第四部　終戦工作に奔走する高木惣吉

1　高木に終戦工作の密命下る

昭和一八年九月、高木は舞鶴鎮守府から霞ヶ関の本省に戻り、一九年三月、海軍省教育局長に就任した。この時井上成美中将は第四艦隊長官から海軍兵学校長に就任していた。海兵七三期の在学中、高木は教育局長として江田島を訪れた際、秘かに校長官舎を訪ね、「東京の状況はとても見ておれません。校長は東京に出て、この戦の始末を是非して頂きたいと思います」と切り出すと、井上は色をなして、「とんでもない！　私は現役を終えるまで兵学校の校長に置いて貰う。赤レンガはまっぴらお断りだ！」とのつれない返事だった。井上という人間は、直接の政治的な交渉は嫌いだったが、政治的音痴ではなかった。

昭和一九年七月二〇日、小磯国昭陸軍大将と米内光政海軍大将に組閣の大命が降り、二二日、小磯・米内連立内閣が成立した。八月五日、米内の懇請を受け入れて井上成美海軍中将は海軍次官に就任した。井上の目には、絶望的な戦局が映るとともに、沈滞した海軍部内の重苦しい

海軍少将時代の高木惣吉一家
（昭和19年1月）

様子が感じられた。

　就任間もない八月のある日、井上は米内海相に呼ばれ、「陛下より燃料の現状について御下問があったので、奉答に必要なものを提出するように」との指示を受けた。早速井上が鍋島茂明軍需局長にその旨を告げると、「本当のことを書きますか？」と言うではないか。

「変な事を聞くね。陛下には嘘は申し上げられない。もちろん本当のことさ。何故そんなことを聞くのかね？」

「実は嶋田大臣の時は、『いつでも油はこんなにございます』と、メーキング（粉飾）した資料を作っておりましたので」

　次官に就任して二三日目の八月二九日、井上は意を決して米内海相に言った。

「現在の状況は誠に酷い。私の想像以上で、日本は負けるに決まっている。一日も早く戦を止める工夫をする必要があります！　今から如何にして戦争を止めたらいいのかの研究を、ごく内密に始めますので、大臣だけご承知願います。及川軍令部総長だけには、私から申し上げておきます」

　さらに井上は、「大臣が承知するならば、終戦工作の研究に高木教育局長を当てたいと思いますが」と述べ、そのためには「高木を海軍省出仕、次官承命服務にしたい」と言った。

井上は高木を呼んだ。麻生孝雄秘書官に断って次官室に入って来た高木を笑顔で迎えた井上は、長椅子の方を顎で指した。古びた回転椅子を高木の方にくるりと回し一転して厳しい顔になると小声で言った。

「事態は最悪のところまで来ている。ついては戦局の後始末をしなくてはならんが、現在戦争遂行に打ち込んでいる局長たちにこんな問題を命ずるわけにはいかない。そこで大臣は君にそれをやって貰いたいとの意向だが、どうかね？」

「承りました。ご期待に添えるか分かりませんが、最善を尽くしてみます！」

「この事は、大臣と総長と私の他は誰も知っていない。部内に洩れてはまずいから、君は病気療養という名目で出仕になって貰うつもりだから、いいね！」

こうして高木は、「病気療養」という名目で教育局長を辞めることになった。そして目立たない執務場所として上大崎にある海軍大学校を選び、九月一〇日付で「軍令部出仕兼海軍大学校研究部部員」の肩書が与えられた。職務内容については「次官承命服務」とされ、さらに二〇年三月には、大臣、次官の所に出入りできるよう、「兼海軍省出仕」の肩書も追加された。

その後高木は、熱海の藤山愛一郎別邸に籠って秘かに終戦構想を練った。高木は終戦を成就させるための課題として、次の項目を列挙した。
(一)陸軍をどうやって終戦に同意させるのか。
(二)国体護持の危惧と連合国側の降伏条件とを、どのように調節させるべきか。
(三)民心の不安と動揺を、どのようにして防止すべきか。
(四)天皇の決意を固めるために、海軍を始め各方面で秘かに胎動している和平運動を、どの

ようにして連結統合して、宮中に伝えるべきか。(『私観太平洋戦争』二一五頁)

その結論として、高木は、陸軍の中堅層を把握すること、そして宮中工作を成功させること(具体的には、錦の御旗を掌握すること)が最も重要であるとした。

熱海から帰った高木は海大本館裏手にある研究部の一室を拠点に、遠藤胖《ゆたか》主計大尉(芦田均の娘婿)を補佐に、終戦工作に取り組むことになった。高木は遠藤に対外情報の整理をさせる一方で、対策案の作成や各方面との接触と連絡、海相への中間報告案の作成など超多忙な毎日を送ることになった。

さらに高木は、昭和二〇年一月から、内大臣秘書官長松平康昌侯、陸相秘書官松谷誠大佐、外相秘書官の加瀬俊一《としかず》らと会合を持って、互いの情報を交換し合いながら、終戦に向けての方策を模索することになった。

ここで、「高木日記」の中から昭和一九年当時の小磯内閣時の終戦工作に関する、各界の意見を見てみたい。

九月一四日、岡田大将は高木に、「戦局収拾は甘く考えること能わず。蘇も英も……当てにすること能わず。こちらより切り出して確実な方策あれば別なるも、しからざる限り却って大害あり。只今の所は、一億玉砕して国体を護る決心と覚悟にて士気を高揚し、その結束を固くする以外方法なし。かくて、もしその間に適当の機会と方策があれば、それは政府の腹芸によるべきこと、これまでは考えることも口に出すことも、もっての外のことと信ず」と述べた。

昭和一九年八月から横須賀砲術学校教頭に補されていた高松宮は、高木に対して、次のように語っている。

「戦争終末対策の眼目は、国体護持にあり。玉砕では国体は護れず。また玉砕と言っても、玉砕出来るものにあらず。サイパンの実例を見ても明らかなり。七生報国、生き替り死に替り、皇室を擁護するの大決意が必要。いわゆる死んでも死に切れぬ気持ちは、七生報国の言葉ある以上、国民にこの事はわかると思う。『玉砕する』ことを目途としていては、国民の士気は挙がらず。右の目的のためには、国体の明徴が第一なり」（昭和一九年九月一七日付「高木日記」）

さらに高木は、昭和二〇年一月二二日付「高木日記」に、近衛文麿公の意見を、「米国の戦争目的は、日本民族の絶滅でもなければ、また国体の変革（皇室をどうしようと言うのでも）でもない。要するに、軍……と言っても、陸軍の実質を一変するにある」と記している。

このように宮中並びに重臣の間では、昭和一九年頃から、国体護持のみを条件とする終戦でコンセンサスが出来つつあった。

2　小磯内閣の命脈尽きる

小磯内閣の命脈は、早くも昭和二〇年一月には尽きていた。小磯内閣崩壊の第一の原因は成立経緯そのものにあった。

東条内閣総辞職に伴う後継首相選定の重臣会議が開かれ、小田原評定の結果、一応寺内南方軍司令官、小磯朝鮮総督、畑支那派遣軍総司令官の順序でということになったものの、梅津新参謀総長の親補式に参内した東条が、第一線にいる総司令官を召還することに反対したため、結局小磯に落ち着くことになった。

しかし小磯が国内政情に疎いことに不安を感じた近衛は、木戸を説得して、重臣たちの信頼を集めている米内との連立内閣構想を画策した。

一方の小磯は、京城出発の時に、既に閣僚名簿を懐に入れていたと言われるくらいで、組閣の方針や重臣たちに何の挨拶もしないまま、慌てて陸相官邸に走り込んで組閣をやろうとした。

このようなやり方が余りに稚拙であると木戸から注意されると、今度は平沼と岡田の両重臣に入閣を要請するといった具合で、いかにも手順が悪かった。このため小磯内閣は発足時から、重臣たちから見くびられることになった。

昭和二〇年一月九日、若槻・岡田・平沼の三重臣が集まったのに続いて、一〇日、小磯首相と重臣たちとの懇親会が開かれた。席上、小磯首相が弱音を吐いたため、逆に重臣たちから激励された。

一月一七日、高木は岡田を訪ねた。岡田は、「かような状況だから、下ごしらえをしていても、思うようにはいかぬ。現状では政変があっても、果たして良いのが出来るかどうか疑問である。全てはA（陸軍）の決意次第で、Aの収まるものでなければならぬ。それには、今迄のように重臣が上から決めたのでは行かぬ。一体誰なら収まるのか？」（昭和二〇年一月一七日付「高木日記」）と言って、苦悩の表情を見せたた。

二月一九日、米軍が硫黄島に上陸を開始し、三月一七日、栗林中将以下の日本軍は全滅した。戦局がいよいよ容易ならぬ事態に陥ったことを見て取った木戸内府は、秘かに重臣の単独謁見を取り計らうことにした。

重臣たちと天皇との謁見は、二月七日平沼、九日広田、一四日近衛、一九日若槻および牧野、二三日岡田、二六日東条の順で行われた。この謁見で最も熱心に終戦を説いたのは岡田と近衛であり、一方強硬論を吐いたのは東条だった。

二月一四日、実に三年ぶりで天皇に拝謁した近衛は、いわゆる「近衛上奏文」を提出した。この中で近衛は、「敗戦は必至であるが、最も憂うべきことは敗戦に伴って起こる共産主義革命である」と述べていた。

このような状況下で高木は、三月一三日起案の「中間報告書」、五月一五日の「研究対策」、六月二八日の「時局収拾対策」と、矢継ぎ早に報告書を起草して、米内海相に提出した。

その中で高木は、①沖縄作戦後は早急に和平に移るべきであり、そのためには陸海両首脳の意見の一致が絶対に必要である。②しかしながら陸軍の動向を左右するのは中堅層であることから、この中堅層に対する工作が必要である。③内大臣の決意が上意を決する絶対条件になることから、是が非でも内府を味方に引き入れて、「錦の御旗」を手に入れる必要性がある、と述べていた。

また、国策転換の梃子には、海軍の独立は絶対条件であるとして、①艦艇・航空機の消耗がいかに甚大であっても国軍の一元化には同意せず、②海上艦艇を全て喪った場合には乗員と兵器を陸上に移して装備のしっかりした海兵部隊を創設すべきである、とした。

この高木の報告書は、米内海相に留まらず、松平秘書官長を通して木戸内府に確実に伝わり、六月八日の木戸による『時局収拾対策試案』に全面的に採用された。

3　各方面で胎動する終戦への模索

在スイスの藤村武官、ダレス機関と接触

日本海軍では、スイス、スウェーデン、ポルトガル、スペインなどの中立国に、三井、三菱、

住友などの高級社員や中立系外国人を派遣した。そしてそれらの国々には、日本から潜水艦で「九一式海軍暗号機」を送り込んでいた。

米英との和平交渉の場所としては、中立国であるスイスとスウェーデンに絞り、「藤村義朗がスイス」、「扇一登がスウェーデン」の二カ国のルートで、米国と和平工作を行うことにした。

藤村は、反ナチのスイス人で日本海軍の資材を調達していたフリードリッヒ・ハック博士と接触した。四月二三日、ハック博士は第二次大戦勃発後に米国大統領命令でヨーロッパに設置したアレン・ダレスを総局長とする戦略情報機関（OSS）との接触に成功した。こうして日本海軍の名をもって、ダレス機関からワシントン政府に対する直接交渉の申し入れが、ハックを介して行われることになった。

米国務省からOKの返電が来たため、五月八日、藤村は日米和平交渉に関する第一信を東京に向けて発信した。この日は、奇しくもドイツが無条件降伏をした日であった。

藤村から東京の海軍省への電報は、五月二〇日までに七本発信されたが、その大半は、アレン・ダレスが如何に信頼すべき人物かとか、ドイツの二の舞を踏むなとか、あるいはソ連に対日参戦の動きがあるなどといった内容であった。

ところが五月二一日になって、保科軍務局長から、「内容はよくわかったが、どうも敵側の謀略ではないかと思われる節もある。注意せられたし」とする親展電報が送られてきた。

藤村は歯ぎしりしながらも、直ちに第八電を打電した。それには、「確証があるか？　こちらには確証がある。仮に敵の謀略であるにしても、ドイツのようになるのを防げればよいではないか？　これ以上の手づるはあるのか、どうか？」などと書き、五月三〇日までに一二通打電した。

米側は何のコミットもしなかったが、六月一五日、藤村は私見として、天皇の地位の護持と現有商船隊の保有について、その可能性を示唆した第二一電を米内海相宛に発信した。

六月二〇日、米内海相から返電が来た。それには、「貴趣旨はよくわかった。一件書類は外相の方へ廻したから、貴官は所在の公使其の他と緊密に提携し善処されたい」と書かれていた。

六月一五日付「高木日記」には、「スイス電に対する大臣の考。謀略の疑あり。デュラス（ダレス）が本国に打電したらしいとのこと故、其の返事の来るのを待っても遅くはない」と記されている。

この時、井上成美は大将に昇進して、多田武雄中将が次官と替ったため、高木はこれまでのように井上の強力な後ろ盾を当てに出来なくなっていた。

六月一四日、高木は米内海相に面談し、「スイス電が本物として、特使の航空便を米側が準備してくれるのであれば、是非共私を派遣して頂きたい。米軍の本土上陸だけでも食い止められる気がする」と、一生にただ一度の自薦をしたが、実現には至らなかった。

ダレス機関に対する藤村中佐の工作が不調に終わった頃、公使館付陸軍部官岡本清豪《きよとみ》中将は、加瀬俊一《しゅんいち》（加瀬俊一《としかず》外務省秘書課長とは別人）公使の了解の上で、在バーゼル国際決済銀行の北村孝治郎、同銀行為替部長の吉村侃らの協力によってダレス機関と接触したが、既に七月中旬であり、時機的にも遅過ぎた。

一方のダレス側も、ソ連の参戦前に交渉に入らなければ、絶望との見方をしていた。

朝日新聞特派員笠信太郎《りゅうしんたろう》も、藤村中佐を助けて和平の促進を試みた。笠氏は加瀬公使の好意で、外務省暗号や海軍暗号を使って下村宏国務相兼情報局総裁宛に進言し、終戦の促進に心を砕いた。

他方東久邇宮稔彦王《ひがしくにのみやなるひこ》も、小磯内閣の末期、繆斌《みょうひん》を仲介とする対重慶工作に、緒方竹虎国務相とともに尽力したが、重光外相の反対に遭って中止になった。

頼りにしていた井上成美が軍事参議官となり、小沢治三郎《じさぶろう》軍令部次長も海軍総司令長官（兼連合艦隊司令長官兼護衛艦隊司令長官）に転出したため、高木には胸襟を開いて相談できる上司がいなくなった。

こうした中、高木が海軍省の焼け残りの裏の庁舎に米内海相を訪ねた後、目黒の海大校舎に帰りかけると、突然耳の近くで声がした。

「大変らしいが、どうだ元気かね、タカキ君！」

高木が驚いて視線を上げると、そこには当時学習院長の山梨勝之進海軍大将の温顔があった。山梨は、高木を呼ぶ時には、「タカギ」と呼ばずに「タカキ」と濁さずに呼んだ。

「どうも、こうなりますと、健康のことなんか、かまっておれなくなりました……」と、多少やけ気味に答えると、山梨はちょっと首をかしげながら静かな声で、「イヤ君、中国の詩人は実にいいことを謳っているよ。『野火焼けども尽きず。春風吹いてまた生ず』。焦っちゃいかんね。手っ取り早くなんて考えない方がいいよ。『春風吹いてまた生ず』。よい句だね」（『自伝的日本海軍始末記』一〇二頁）と言った。

高木、ソ連を仲介とする終戦工作を画策

上述したように、高木の終戦工作は米内海相からの内命によるものであったが、時局の急迫に伴って、昭和二〇年六月頃から高木の活動も一段と緊迫度を強めることになった。

宮中、政府、統帥部がソ連を仲介とする終戦に、足を踏み入れる契機になったのは、昭和二

〇年六月八日の木戸内府起草による『時局収拾対策試案』である。

翌九日、木戸内府は天皇に対して、「終戦すべきである」と、思い切って言上した。

天皇大権下の戦前の日本の政治体制にあっては、「聖慮」が至上性を持っており、この「聖慮」に最も影響を与えうる立場にいたのが、天皇の最高政治顧問である木戸幸一内大臣であった。そしてこの木戸内府の忠実な参謀役になって挺身したのが、松平康昌内大臣秘書官長であり、加瀬俊一外相秘書官、松谷誠陸相秘書官、そして高木であった。そして高木の終戦工作を側面から助けたのが、同盟通信の森元治郎であった。こうした人々は、昭和二〇年に終戦に向けて開催された最高戦争指導会議・六首脳（首、陸海相、陸海総長、外相）会議の下打ち合わせとコンセンサス作りに大いに貢献した。

昭和一九年六月二九日付「木戸日記」には、「松平秘書官長と戦争収拾策につき懇談する。一時半、宮相をその室に訪い、同上につき懇談する」と記されている。

重光葵元外相が、「東京裁判」の中で付け加えた注釈には、「戦争終結策苦慮する。結局政府動かず。軍は盲目。重臣は無力なり。これら各方面に対して工作を為すも（松平、加瀬、松谷）、時機到来の際は、宮中は内府において、政府は外相において全責任を負い、聖断（鶴の一声）によって、事を運ぶ他無い点を話し合ったと記憶する」とある。

昭和一九年一〇月から一一月にかけて、日本はレイテ海戦に敗れた。昭和二〇年一月六日付「木戸日記」には、次のように記されている。

「午後二時二五分より三時五分迄、御文庫にて拝謁。その際左の意味の御話があった。『米軍は、ルソン島上陸を企画しリンガエン湾に侵入して来たとの報告があった。比島の戦況は愈々重大となるが、その結果によりては、重臣等の意向を聴く必要もあるかと思うがどうか?』。この言葉に対して、私は左の意味を奉答した。『仰せの通り比島の戦況は、極めて重大と考えられます』

『またその帰趨如何によりては、重臣等の意向を聴く必要もあるかと思うがどうか?』

右の言葉に対して、私は大体左の意味を奉答した。『仰せの通り比島の戦況は、極めて重大と考えられます。その帰趨如何によっては、将来の戦争指導に深甚なる考慮を払わなければならない事態が生ずるかも知れません。まずここ暫くの推移を御覧の上、第一に、我が国戦争指導の中心たる陸海両総長を御招致遊ばすことが必要と考えますので、従来のような、ややもすれば形式的に流るる拝謁とは異なり、まさに飾り気ないお話合いを願う為、両総長を同時にお招きの上、御懇談遊ばされては如何かと存じます。その上にて、さらに関係閣僚をお召しになり、御納得の行くまでお質しの上、最高方針決定の必要性をお認めの場合には、その事態に応じて、重臣会議とも言うべき御前会議を御開催遊ばさるるが宜しかるべく、ともかくここ数日の推移を御覧願いたく存じます』

この木戸の献策により、二月七日から一六日にかけて重臣謁見が実現することになった。

昭和二〇年一月からは、松平秘書官長の斡旋によって、陸軍松谷、外務加瀬、海軍高木、および木戸の間で随時情報交換が行われるようになっていた。しかしながら小磯内閣時には、戦争終結の具体策まで研究するには至らなかった。

彼らの連携が生んだ最初の具体的成果が、五月一一日より随時開催された「最高戦争指導構成員会議(六首脳会議)」であった。

松谷誠は、「四月七日の鈴木内閣成立直後の頃、高木少将と加瀬秘書官は、首脳者のみの会議開催の促進方について、東郷外相に意見具申した。私(松谷)は、梅津総長が小磯内閣時代から首脳者のみの会議の提唱者であり、阿南陸相はもちろん梅津総長の意見に同調すると見ていたから、格別の意見具申などは誰にもしなかった。東郷外相は、上述した意向をまず梅津総長に諮ったところ、同総長は直ちにこれに賛成したので、同総長より阿南陸相に話を進めることを依頼し、一方外相は、鈴木首相、米内海相を説得して、ここに所謂六者首脳会談を持つことになった」（松谷誠『大東亜戦争収拾の真相』）と回想している。

五月一四日の最高戦争指導会議において、六首脳はソ連を仲介とする終戦方針を申し合わせた。

この日、高木が米内海相を訪ねると、米内は「陸軍が対ソ交渉に熱心なのは、対ソ戦に自信がないからではないか」との感想を述べた。そこで翌一五日、高木は陸軍側の真の肚を探るべく、松谷陸相秘書官を訪ねた。松谷は、「参謀本部の作戦の責任者は、ことごとく沖縄戦以後自信を失っている。しかし総長は下の者の発言を禁じている。故に阿南陸相を動かし、梅津を包囲すれば、（終戦工作に）乗ると信ずる」（昭和二〇年五月一五日付「高木日記」）と語った。

森元治郎と高木は、三月以降秘かに情報交換をしていたが、五月一六日午前一一時、その森の仲介で、外相官邸で高木と東郷外相との会談が行われた。東郷は、「対ソ交渉の成否は未知数である。色良き返事は、七、八分あるまじき覚悟が必要だ。ついては、対ソ以外の手を考える必要があるのではないか」と語った。

同日午後一時、同盟通信の古野社長の応接室で、高木は阿南陸相の信頼の厚い陸軍省軍務局戦備課長佐藤裕雄大佐と会談した。ここで佐藤は、「ソ連を仲介とする戦争終末工作は、上手くいくか失敗するかは不明であるが、しかしやってみなければ判らない。この戦局に立ち至って打つべき手が残っている以上、それを実施しないという手はない」と述べた。

同日、高木は米内海相とも会ったが、米内は、「我々としては、皇室の擁護が出来さえすればよい。本土だけになっても、我慢しなければならないのではないか」と述べた。

五月二二日昼の閣議後、政府統帥部六首脳会議が開催され、対ソ交渉について意見が交わされたが、同日、米内は高木に対して、次のように語った。

「今日（二二日、一一・三〇より）総理、両大臣、両総長、外相が閣議後会って、例の三つの問題を話し合ったが、陸軍大臣の時は少し甘くて、本土決戦をやりたいような口振りだったが、本当の考えはどうだかね。三つの問題とは、（一）日ソ中立の延長、（二）ソ連の好意的中立、（三）和平斡旋、である。私は、第三は抜きにして第一、第二で行ったらどうだろうかと思う。話の進み具合で、第三に行けばよい。元来対ソ問題を考えるには、お土産を持って行かねばならない。ところが土産は、（一）、（二）、（三）の問題によって違う。（一）と（三）では相当な開きがある。また第三を持ち出すとすれば、大東亜戦争終結という事であるから、戦争の終結のためには、我が国として何をやるかという事の肚を決めなければならないと言ったところ、東郷外相も、それは戦局とも関係することだから、今話を決めることは難しいでしょうと言う。肚のない人と幾ら議論（をしても無駄）と思って打ち切った。和平斡旋のために土産を出して、さらに戦争終結のために何を犠牲にするかという事は考えておかねばならぬ」

六月六日、最高戦争指導会議が開かれ、「飽く迄、本土決戦断行！」を謳った案が採択された。東郷外相としては、この決定に大いに不満だった。東郷は、「出席してみると、戦争遂行の根本方針を決定するために開催したとの事なので、大いに驚いた。殊に私とは何ら打ち合わせもなく、幹事から国際事情の説明まであったので、自分は終了後厳重なる警告を与えた」（東郷茂徳『時代の一面』三二二～三二三頁）と述懐している。

4　対ソ交渉案

高木、米内海相に「中間報告書」を提出

高木は、先に命ぜられていた終戦工作研究に関して、三月一三日付で米内海相に対して、「中間報告書」を提出した。

［1、研究経過］○昨一九年八月二九日、次官より教育局長更迭の内命。同九月一〇日発令、一五日引継退庁。表面病気の為更迭といふ振込なりし為と、種々考慮の結果、外部に顔出しせざりしため、資料の蒐集は本二〇年に入りて始めたる形なり。今日単独個人の研究は至難にして今日の中間報告も真に資料不充分研究不足のものにして其の点予め御許し願いたし。

［研究検討項目］

（1）反枢軸国の戦後対策に関する構想。

（2）反枢軸国の武力戦終末直後に於ける対日独意図。

（3）墺太利（オーストリア）、イランに対する宣言。ルーマニア、フィンランドとの休戦協定。

（4）全般的終末対策の構想

［2、研究課題］

（イ）如何なる時機に

（ロ）いかなる措置（方策）を以て

（ハ）如何なる内容を盛りて

（ニ）戦争の終末をつけるか。

（ホ）尚右の四項に関連して民心の結果、国内の諸情勢、陸海軍の関係調節及国民指導等を如何にするか。

（ヘ）是等諸措置に対する準備、啓蒙、内面指導、各種措置（工作）等を如何にスルヲ適当とするか。

また〔世界の情勢判断〕も列記した。

高木はさらに研究作業を続けて、五月一五日には「研究対策」、六月二八日には「時局収拾対策」と題する報告書を矢継ぎ早に提出した。そしてこの最後の報告書には、米英の対日要求予想として、「無条件降伏」であることを明記し、陸軍を納得させることは至難であるとして、戦争終結は「聖断」しかないことを明記した。

ソ連を仲介とする和平工作を模索

六月九日から開催された第八七臨時議会では、鈴木首相の演説中に不適切な言辞が含まれているとして右翼議員が騒いだ、いわゆる「天佑天罰事件」のため大混乱に陥った。

米内海相は、「議会を開けばこういうことになる。停会か散会にした方がよいと思う。もし私の意見が容れられなければ、私は自分で善処する。但し内閣には迷惑はかけない」として、単独辞任の意向を明らかにした。

言うまでもないが、陸海の軍部大臣が辞任して後継の大臣を出さなければ、内閣は崩壊することになる。そうなったとしても、昭和二〇年四月七日首相になった鈴木貫太郎海軍大将以上に和平を希求している人物が首相になるという保証はどこにもなかった。

米内は、左近司政三国務相や阿南陸相から熱心に慰留されたこと、さらに六月一三日に東郷外相と終戦工作について密談し、対ソ工作の第三項、すなわちソ連を仲介とする終戦工作の発動について意見の一致を見たこと、さらには同日木戸内府と会談した際、木戸より「時局収拾対策試案」、すなわちソ連に特使を派遣し、その仲介によって講和への途を探ることなどの話があったため大いに勇気づけられ、結局辞任を思い止まることにした。

ここに至って、終戦工作に関する米内、東郷、鈴木（貫太郎）の三者間にあったわだかまりは一気に氷解することになった。

木戸内府は六月一五日には東郷外相と、続いて一八日には松代から帰京した阿南惟幾《あなみこれちか》陸相と懇談して、「時局収拾対策試案」に対する同意を求めた。席上阿南はいろいろと意見を述べたものの、結局ソ連を仲介とする終戦に同意した。

六月一八日、六首脳会談が行われ、ソ連を仲介とする和平工作をすることで意見の一致を見た。

最高戦争指導会議六首脳会議開催

一方、六月一三日、近衛文麿は木戸の許を訪れ、時局について意見を交わした。さらに二〇日と二一日の両日にも、木戸、鈴木、東郷、近衛による話し合いが行われ、最高戦争指導会議六首脳会議開催の手筈が整うことになった。そこで六月二二日午後三時、天皇は最高戦争指導会議構成員の六名を召集した。

冒頭天皇より、「六月六日の御前会議の決定である戦争完遂に捉われることなく、収拾方についても考慮する必要があろうが、どう思うか？」（『昭和天皇実録９』七〇七〜七〇八頁）との下問があった。

鈴木首相は恐懼して、「飽く迄戦争完遂に努めることはもちろんであるが、外交工作をすることも必要である」と奉答した上で、米内海相に補足説明を求めた。

米内は、「外務大臣より先ず奉答すべき順序であると思うが」と前置きした上で、対ソ交渉の概略を奏上した。続いて東郷外相が米内の奏上に付け加える形で、「対ソ交渉は大きな危険を孕んでいること、また大きな代償を必要とすること」などについて詳細に説明した。

その後天皇は梅津参謀総長に「軍部の所見はどうか？」と下問した。

梅津は「海相の述べた通りであります」と述べた後、対ソ交渉の得失について細々と言上した。すると天皇はすかさず「時機を逸することはないか?!」と反問した。これに対して梅津は「速やかなる事を要します！」と答えた。続いて阿南陸相は、「特に申し上げることはありません」と手短に答えた。豊田軍令部総長に対する下問は特になかった。

七月三日午後二時、貴族院で、高木、松平、松谷、加瀬の四者は、加瀬の手による左記の「対ソ交渉案要旨」を叩き台にして討議を行った。

[近衛あるいは広田特使用]（外務加瀬起案、討議―松平、松谷、高木参加）
（１）大西洋憲章に四つの自由および大東亜宣言の趣旨と精神を最強調する、
（２）項目―①即時停戦、②全占領地よりの自主的撤兵（装備放棄）、
[甲] ③皇室の安泰と国体の護持、④政治の判断、⑤内政不干渉、⑥国民生活の確保、
⑦非占領、⑧戦争犯罪者の自主的処理、⑨東亜諸国の自主独立、
[乙] ⑩領土割譲、⑪賠償、⑫軍備の自主的制限

(備忘) 右原案の討議において、松谷は、項目が細か過ぎる。[甲] ③項のみで、全権を派遣すべきであると強調する。高木は、交渉上の最後の肚はあるいはそうであろうが、米英との直接交渉ではない。但し③は、国体を維持とするのは漠然過ぎる故、天皇統治権とするを可とする、と提案すること」(高木『諸意見申合並戦争指導』)

松平秘書官長の話によれば、東郷外相から佐藤大使に対して、「中立維持が出来れば上々で、それ以上に望む事は出来ぬというのが大使の意見であるが、成敗を度外視して外交の飛躍をしなければならない時機である。私自身が、日本外交の成敗を度外視して、踏み出さざるを得ない現状にある」旨の訓令を出したとのことであった。

また高松宮の話によれば、六月三〇日、同宮が鈴木首相に「終戦の時機は何時がよいと思うか？」と質したところ、鈴木は「兵力による反撃が可能な時機、すなわち今が一番良いと思います」と答えたとのことである。

七月九日、高木は米内海相を訪ねた。米内は、血圧が二五〇以上もあり体調が優れないと訴えた。

七月一九日、高木は同盟通信社の古野社長の応接室で、佐藤裕雄・荒尾興功両陸軍大佐と会談した。また同日午後、高木は外務大臣室で東郷外相と会談したが、その際東郷は、ソ連による終戦工作の前途は予断を許さないと語っていた。

七月一二日、高木が米内海相と会った際、米内は「実は一〇日午後五時、最高戦争指導会議六首脳会議が開催され、席上鈴木首相より、『去る七日、急に御上からお召があり、参内すると、この際対ソ工作の促進のための特使を派遣してはどうかとの催促があったため、よく熟慮して奉答したいと述べ退下した』との報告があった」旨の話があった。

近衛特使派遣の動き

七月一一日と一二日の両日、鈴木首相、木戸内府、東郷外相との間で話し合いが行われ、対ソ特使に近衛文麿公を当てることを内定した。一二日午後一時、宮中より近衛にお召がかかった。そして午後二時半から三時まで天皇は近衛を招致し、「卿は先年総理大臣の時、自分と苦楽を共にすると約束したが、今度はソ連に遣いして貰う事になるかも知れないから、そのつもりでいるように」と、近衛を特使として派遣したい旨を仰せ付けた。近衛は感激を持ってこれを拝受した。

近衛特使派遣の件は、直ちに七月一二日夜、東京から佐藤大使宛に発信され、モスクワ時間一三日五時に着到した。佐藤大使は直ちにモロトフを訪ねたものの、当のモロトフは「ベルリン会談（ポツダムはベルリン近郊）に出かけるため返事は遅延する」と、実につれなかった。

そこで佐藤大使が東郷外相に、「ベルリン会談は二週間ほどかかるようだ」と報告したところ、東郷から折り返し返事が来て、「二週間とは余りにも遅すぎるので、なるべく速やかにソ連側の返事を取りつけるように」との訓令が送られてきた。ところが七月一八日夜、ロゾフスキー代理は佐藤大使に「近衛特使の使命は抽象的過ぎて確答しがたい」と回答してきた。

七月二〇日、首相官邸に政府統帥部の五者（阿南陸相は出張のため欠席）が集まって協議した結果、「近衛特使の使命は、ソ連政府の斡旋により戦争終結を図るためであり、この趣旨をソ連側に伝えることにある」ことを再確認した。

翌二一日、高木の許を訪れた近衛側近の富田健治の情報によれば、近衛公が希望する随員候補の酒井鎬次中将には陸軍が反対し、伊藤述史《のぶみ》（元ポーランド公使、第二次近衛内閣の情報部長）

には外相が反対しているとのことであった。いずれにしても、外務省からは松本俊一《しゅんいち》次官と参事官一名で、海軍からは高木にしたい、とのことであった。

しかし東郷外相が言うには、飛行機の都合で八名以内に絞らなければならず、現在、近衛、東郷外相、松本俊一次官の他、高木、陸軍一名（松谷誠あるいは永井）、富田、松本、細川で既に八名となっているということだった。

一行は、高崎近くの秘密飛行場から満州里に向かうことになっていた。万事順調に行けば、ここでソ連の飛行機が待ち受けることになっていた。

さてそれより九日前の七月一二日、天皇より直接ソ連特使の依頼を受けた近衛は、側近の酒井中将を煩わして、秘かに『和平交渉に関する要綱』を作成した。この交渉案は、「要綱」と「解説」の二つに分けられ、「要綱」の方は、天皇に直々に奏上して御璽を頂き、「解説」の方は、木戸の了解を得て印を捺してもらうことにした。

日本側の対ソ特使の申し入れについて、七月一八日、ソ連側はこれまで検討を行ってきたが、内容があまりにも抽象的であるため、もっと詳細な内容の提案をするように要求してきた。

七月二三日、貴族院三階の外務委員別室で、松平内大臣秘書官長、加瀬外相秘書課長、松谷阿南陸相秘書官の三氏が集まって、対ソ交渉について協議した。

席上加瀬は、ソ連側から、天皇の特旨の内容と近衛特使の趣旨がはっきりしないため、日本政府の説明を承りたいと言って来たので、二一日その回答を佐藤大使宛に発信したとの報告があった。

七月二六日午後三時、貴族院において、高木は再び三人と会談したが、加瀬が言うには、在モスクワの佐藤大使からは何の返電も届いていないとのことであった。

5　八月九日午前零時、ソ連軍侵攻

一九四三年一一月から一二月初めにかけて、米英ソ三国によるテヘラン会談が開催された。この会談は、表面的には米英がソ連と対独戦争について協議することを名目にしていたが、実際には米英はソ連に対して対日参戦を求めていた。

一九四五年二月四日から一一日まで、クリミヤ半島のヤルタで、第二回米英ソ三国首脳会談が行われた。ここで、ソ連はドイツ降伏後三カ月以内に対日参戦すること、およびその代償として南樺太および千島列島のソ連への帰属、旅順港の租借と大連港におけるソ連の特殊権益、そして満鉄の中ソ共同管理などを決定した。

そして一九四五年七月一七日からベルリン郊外のポツダムで、トルーマン、チャーチル（会議の途中で政変のためアトリーに代わる）、スターリンの三首脳による会談が開催された。この会議では、主にドイツの戦後処理の問題やポーランド問題などが話し合われ、二六日、米英華三カ国の名で、日本に対する戦争終結の条件を示した「ポツダム宣言」が発表された。

このポツダム宣言は、①軍国主義勢力の永久除去、②新秩序建設まで連合国の日本占領、③日本領土範囲の決定（本州、北海道、九州、四国、および連合国側が決定する諸小島）、④日本軍隊の完全武装解除、⑤戦争犯罪人の処罰、⑥民主主義的傾向と基本的人権の確立、の骨子から成っていた。

在モスクワの佐藤大使は、同日この宣言を知った。佐藤大使は、米英華三国の名で発表されているものの、ソ連もこれに関係しているに違いないと感じていた。したがってこの宣言は、特派問題に関するソ連側の最終的解答と見做すべきものであると考えた。

七月二六日、東京から前日に発信された電報が佐藤大使の許に到着した。それには、次のように書かれていた。

「チャーチル、アトレイは、二六日一応帰英の筈にして、会談は暫時休会するやに伝えられおり、ついては貴大使はこの機会を利用し、必要あらば先方の選定する適当なる地点に赴き、モロトフと面談し、帝国政府の意図を親しく説明せられたし。……ソ側をして速やかに積極的態度に出でしむるよう、誘導に努められたし」

さらに二八日、佐藤大使の許に東京から「速やかにモロトフ委員に面談の上、二五日発訓令の徹底を期せられたし」との訓電が接到した。

佐藤大使は、特派問題に対する東京の非常な焦りがをひしひしと感じた。そこで七月三〇日、ロゾフスキー代理に面会を求め、ソ連側の回答を催促するとともに、ポツダム宣言は日本に無条件降伏を強要しているがこれでは問題にならない。しかし日本としては、名誉と存立が保証される限り、極めて広汎な妥協的態度をもって戦争終結を希望するものであり、ソ連政府の斡旋を依頼するものである旨を強調し、スターリン首相の深甚なる考慮を求めるとした。

八月四日、佐藤大使はモロトフト外相に至急会見したい旨を申し入れた。続いて六日、佐藤大使は、スターリン、モロトフ一行が、ポツダムから、五日モスクワに帰国したことに鑑みて会見を申し入れたところ、翌七日になって、八日午後八時にモロトフ外相が佐藤大使との会見に応ずる旨を回答してきた。ところが当日になって、面会時間は午後五時に変更された。

定刻の午後五時、佐藤大使はクレムリン宮殿でモロトフ外相と面会した。挨拶が終わると、モロトフ外相は、佐藤大使の発言を制するかのように、一枚の紙を取り出して読み上げた。

「ヒトラー・ドイツの敗北および降伏後において、日本のみが戦争を継続する唯一の大国たるに至れり。三国すなわち米合衆国、英国及び中国の、日本軍隊の無条件降伏に関する本年七月二六日の要求は、日本により拒否せられたり。よって極東戦争に関する日本政府のソ連に対する提案は全くその基礎を失いたり。日本の降伏拒否に鑑み、連合国はソ連政府に対し、同政府が日本の侵略に対する戦争に参加し、もって戦争の促進し犠牲者の数を減少し、かつ急速に一般的平和の恢復に資すべく提案せり。ソ連政府は、その連合国に対する義務に従い、連合国の右提案を受諾し、本年七月二六日の連合国宣言に参加せり。……以上の見地よりソ連政府は、明日八月九日より同政府は日本と戦争状態にあるべき旨宣言す」

八月一〇日、東京ではマリク大使が東郷外相を訪ね、前記と同様のソ連の宣戦布告文を伝達した。席上東郷外相は、「日本に何等返事することなく、突如として国交を断たれ戦争に入らるるは不可解な事なり」と述べ、「右はやがて世界の歴史が裁判すべく、今本問題につき話すことは差し控えたし」と切言した。

八月九日午前零時、ソ連軍は、北満、北鮮、樺太において、日本軍に対する軍事行動を開始した。

6　無条件降伏か、条件付き降伏か

昭和二〇年七月二六日、米英華三国共同宣言（いわゆる「ポツダム宣言」）が発せられ、二七日午前六時、東京の海外放送受信局はこれを聴取した。

ポツダム宣言を通読して東郷外相がまず感じたことは、「これが『我等の条件は左の如し』と書いてあるから、無条件降伏を求めたものにあらざることは明瞭であって、これは大御心が米英にも伝わった結果、その態度を幾分緩和し得たのではないかとの印象を受け、また日本の経済的立場には相当の注意が加えられている」というものであった（東郷茂徳『時代の一面』三三九頁）。

外務省では二七日早朝、松本次官を中心に緊急に幹部会を開いてポツダム宣言の検討を始めた。その結果、ポツダム宣言を受諾することは止むを得ないにしても、未だソ連の態度がはっきりしない以上即時受諾は好ましくないということで意見が一致した。

二七日午前一一時、東郷外相は天皇に拝謁して、ポツダム宣言について詳細に奏上するとともに、「この宣言に対する我方の取り扱いは、内外ともに甚だ慎重を要すること、殊にこれを拒否するが如き意思表示をなす場合には、重大なる結果を惹起する懸念があること、なお戦争終末については、ソ側との交渉は断絶せるにより、その辺を見定めたる上措置すること可なりと思考すること」などを言上した（東郷『時代の一面』三四〇頁）。

同日開催された最高戦争指導会議構成員会議および閣議でも、東郷外相は内奏と同趣旨の説明を行った。これに対して陸相と陸海両総長は、ポツダム宣言は不都合だとして、この際本土決戦の大号令を発すべきであると主張した。しかし閣議では、今回は何らの意思表示も行わないこと、また新聞発表は単にニュースとしてなるべく小さく扱うよう指導することを決めた。

翌二八日の新聞では、政府の決定通り、「ポツダム宣言」を小さく掲載したものの、中には「政府はこれを黙殺する方針である」と書き添えたものがあった。東郷外相は、新聞が「黙殺する」と書き加えていることについて首相に注意を喚起した。

同日、宮中において情報交換会が開かれた。東郷外相は他用のため出席していなかったが、統帥部は「ポツダム宣言をそのままにしておくことは軍の士気にかかわる。政府としてこれを無視する旨を正式に発表せられたい」と鈴木首相に強硬に申し入れてきた。鈴木首相はこの統帥部の要望を容れて、その日の記者会見で、「このポツダム宣言はカイロ宣言の焼き直しで、政府としては重大視していない。ただ黙殺するのみである」と断言した。

これが七月三〇日の新聞各紙に大きく掲載され、さらに放送されてしまった。この電波を傍受した連合国側の海外放送諜報局は、「黙殺」を ignore（無視）、ニューヨーク・タイムズは reject（拒否）と英訳して報道した。

このため鈴木首相の「黙殺声明」は、日本がポツダム宣言を拒否したものと連合国側に理解させてしまう結果となり、アメリカの原爆投下とソ連参戦の口実にされてしまった。後日鈴木首相は、「この一言は、後々に至る迄、余の誠に遺憾と思う点である」と悔やんだ。

こうした政府のあやふやな方針では、終戦の好機を逸してしまうことになるとして焦慮する高木と松谷、松平らは、急遽二八日陸相副官舎で協議し、至急に回答を出すことを大臣に進言することにした。

三一日午後二時、三人は加瀬も加えて再度会合をもった。ここで佐藤大使からは何らの状況報告も来ていないことがわかった。高木は、「今日、勝海舟、大久保利通、陸奥宗光、小村寿太郎がいてくれたら……」と思わず嘆息した。

八月四日午後二時、高木は華族会館で松平と会い、木戸と米内の両者で、総理はじめ首脳陣を説得する方策はないものかどうか協議した。

ところが、「ポツダム宣言」に対して、日本政府が消極的態度を執り続けることが不可能な事態が出来《しゅったい》した。八月六日、広島に原爆が投下されたのである。八日午後、東郷外相は宮中地下室で天皇に拝謁し、原子爆弾について詳細に説明し、これを契機に戦争を終結すべきであると奏上した。

天皇からは、「この種の武器が使われる以上、戦争継続はいよいよ不可能となるから、有利な条件を得るために戦争終結の時期を遅らすのはよくない。条件を相談して纏まらない事はないであろうが、なるべく速やかに戦争の終末を見るように努力して貰いたい」との御沙汰があった。

九日午前一一時頃から、六首脳による最高戦争指導会議構成員会議が開催された。しかし会議冒頭、鈴木首相が「四囲の情勢上、ポツダム宣言を受諾せざるを得ないと思うが、皆の意見を聞きたい」と切り出したため、座は急に白けてしまった。暫しの沈黙があった後、ようやく米内海相が「皆黙っておっても仕様が無い。問題は、ポツダム宣言の無条件受諾か、条件を付けるかだ」と口火を切ったことから、俄然議論が活発化した。

東郷外相は、「この際は絶対的条件である国体護持のみを留保条件として、その他は条件とすべきでない」と主張した。これに対して阿南陸相、梅津参謀総長、豊田軍令部総長の三者は、ポツダム宣言の受諾を原則的に否認しようとはしなかったものの、保障占領、武装解除、戦犯処理の三点についても条件に付け加えるべきと主張した。

この会議の最中の午前一一時三〇分、二回目の原爆が長崎に投下された。

原爆積載機は、第二の目標である小倉上空を通過したが、雲がかかって視認爆撃が出来ないため、やむなく南西約百マイルの第三目標の長崎に向かった。しかし長崎上空にも雲があったため、雲の切れ目から市の中心から約四マイル北東に偏した地点に投下し、約一五万人もの死傷行方不明を出した。

　最高戦争指導会議を構成する六首脳会議では、外相と陸相・陸海両総長の間で論争の火花が散ったが、首相と海相が外相を助ける発言をしなかったため、東郷外相が孤立することになった。

　午後一時、六首脳会議は、この問題を閣議での継続協議とすることにして一旦中断した。六首脳会議の失敗を危惧する高木は、午後三時三〇分、急遽華族会館で松平秘書官長と会って、①最高戦争指導会議の結果の奏上を延ばすこと、②両総長に対して、陛下のお言葉を賜ること、③三国宣言受諾の三条件を除くこと、④政府の決定を急ぐよう促進することで意見が一致した。

　即時和平か抗戦継続かを協議する閣議は、午後二時半から始まった。閣議は途中で一旦休憩し、午後六時半から再開されたが、午後一〇時過ぎになっても結論を得ることは出来なかった。外相は、受諾にあたっては天皇の地位の保証だけを条件に入れるべきであると主張したが、陸相と陸海両総長は、「(イ) 本土は保障占領しないこと、もし本土占領する場合には、東京を除くこと。さらに兵員数も少なくすること。(ロ) 武装解除は我方の手で行うこと、(ハ) 戦争犯罪人の処理も日本側で行うこと」の三条件を加えるべきと、強硬に主張した。

　この三条件付加案に賛成したのは、松阪広政法相、安倍源基内相、安井藤治国務相だけで、他の閣僚はいずれも外相案を支持した。一、二の閣僚が曖昧であり、太田耕造文相からは総辞職論が出されたが、鈴木首相はこれを拒否した。

　六首脳会議、続く閣議と、ポツダム宣言の受諾をめぐる議論が続いた陰では、木戸、高松宮、近衛、重光らによって「聖断による終戦」が協議されていた。

7　歴史的な深夜の御前会議

第一回の「聖断」下る

再度の閣議にもかかわらず、午後一〇時過ぎになっても結論が出なかったため、鈴木首相は、最高戦争指導会議開催の許可を得るため、一旦閣議を中止して、東郷外相を伴って拝謁した。

午後一一時五〇分、宮中防空壕内の御文庫室において、歴史的な御前会議（最高戦争指導会議）が開催された。

会議には、六首脳の他、特旨をもって平沼騏一郎枢密院議長の列席も許され、その他幹事として迫水書記官長、池田純久総合計画局長官、吉積正雄陸軍軍務局長、保科善四郎海軍務局長らも出席が許された。さらに蓮沼蕃侍従武官長も陪席した。

議案として、「天皇の国法上の地位を変更する要求を包含し居らざる事の了解の下に」を、「天皇の国家統治の大権を変更するの要求を包含し居らざる事の了解の下に」に修正して、「ポツダム宣言」を受諾したいという東郷外相の説（甲案）と、前述の三条件を併記した阿南陸相の説（乙案）が提出された。

米内海相と平沼枢相は東郷外相説に賛成し、梅津参謀総長と豊田軍令部総長は阿南陸相説に賛成した。平沼枢相は、「天皇の国法上の地位を変更するの要求を包含し居らざる事の了解の下に」とする修正を力説し、この修正が容れられたため外相案に賛成するという一幕もあった。

会議では、首相を除く六人の出席者が賛否三対三をもって断乎譲らず、このため時計の針は深夜の午前二時を回った。ここに至って鈴木首相はスッと立ち上がり、「本日は列席者一同熱心に意見を開陳いたしましたが、只今まで意見はまとまりません。しかし事態は緊迫しておりまして、全く遷延を許しません。誠に畏れ多い事でございますが、ここに天皇陛下の思し召しを御伺いして、それによって私どもの意見をまとめたいと思います」と述べて、静かに御前に進んだ。

鈴木首相の奏請を受けて天皇は、少し前に乗り出すようにされて、「それならば自分の意見を言おう。自分の意見は外務大臣の意見に同意である」と前置きされ、次のように述べた。

「大東亜戦争が始まってから陸海軍のして来たことを見ると、どうも予定と結果が大変に違う場合が多い。今陸海軍では、先ほども大臣、総長が申したように、本土決戦の準備をしており、勝つ自信はあると申しているが、自分はその点について心配している。先日参謀総長から、九十九里浜の防備についての話を聞いたが、実はその後侍従武官が現地を見て来ての話では、総長の話とは非常に違っていて、防衛は殆ど出来ていないようである。また先日編成を終わったある師団の装備については、参謀総長から完了しているとの話を聞いたが、実は兵士に銃剣さえ行き渡っていない有様であることがわかった。このような状態で、本土決戦に突入したらどうなるのか。自分は非常に心配である。あるいは日本民族が皆死んでしまわなければならなくなるのではなかろうかと思う。もしそうなったら、どうやってこの日本という国を子孫に伝えることが出来るであろうか。自分の任務は、祖先から受け継いだこの日本を、子孫に伝えることである。今日となっては、一人でも多くの日本人に生き残って貰って、その人たちが将来再び立ち上がってくれる他に、この日本を子孫に伝える方法はないと思う。それにまた、このまま戦いを続けることは、世界人類にとっても不幸な事である。自分は明治天皇の三国干渉の時のお気持ちも考え、自分のことはどうなっても構わないから、この戦を止めるべきであると考えた。堪えがたき事、忍び難き事ではあるが、この戦争を止める決心をした次第である」

時に八月一〇日午前二時三〇分であった。

午前三時、第三回目の臨時閣議が開かれ、聖断に従って、国体問題だけに条件を絞ってポツダム宣言を受諾することを決した。

午前四時一〇分、閣議は終了した。早速外務省からスイスおよびスウェーデン両国を介して、アメリカ、中国、イギリス、ソ連の各国政府に通報することとなり、午前六時四五分に第一電、七時一五分に第二電、九時に第三電、一〇時一五分に次のような第四電が発せられた。

「帝国政府においては、人類を戦争の惨禍より免れしめんが為、速やかに平和を招来せんことを祈念し給ふ天皇陛下の大御心に従ひ、曩《さき》に大東亜戦争に対して中立関係にあるソヴエト連邦政府に対し斡旋を依頼せるが、不幸にして右帝国政府の平和招来に対する努力は結実を見ず。茲において帝国政府は、天皇陛下の平和に対する御祈念に基づき、即戦争の惨禍を除き、平和を招来せんことを欲し、左の通り決定せり。

帝国政府は、昭和二〇年七月二六日米英支三国首脳により決定発表せられ、爾後ソ連政府が参加を見たる対本邦共同宣言に挙げられたる条件中には、天皇の国家統治の大権を変更するの要求を包含し居らざることの了解の下に、帝国政府は右宣言を受諾す。帝国政府は右の了解に誤なく、貴国政府がその旨明確なる意思を速かに表明せられんことを切望す」

午後三時、重臣たちに宮中よりお召しがかかった。それに先立って鈴木首相は首相官邸に重臣たちを招き、これまでの経過を東郷外相から報告させた。

全軍玉砕を説く「陸軍大臣布告」

午後二時からの閣議では、ポツダム宣言受諾の公表問題が論議された。その結果、午後四時三〇分、わずかにそれを匂わす下村宏情報局総裁談話が発表された。ところがそれと同時に、全軍の玉砕の覚悟を促す「陸軍大臣布告」（阿南陸相は事前に知らず）が各新聞社に配布されてしまった。このため、一一日の新聞紙上には、「情報局総裁談話」と「陸軍大臣布告文」が並んで掲載されてしまった。

［情報局総裁談話］「敵米英は、最近新たに発明せる新型爆弾を使用して、人類史上かつて見ざる残虐無道なる惨害を無辜の老幼婦女子に与えるに至った。加うるに昨九日には、中立関係にありしソ連が敵側に加わり、一方的な宣言の後、我に攻撃を加うるに至ったのである。我が軍は固より直ちに邀《むか》えて容易に敵の進攻を許さざるも、今や真に最悪の状態に立ち至ったことを認めざるを得ない。正しく国体を護持し、民族の名誉を保持せんとする最後の一線を守るため、政府は固より最善の努力を為しつつあるが、一億国民にあっても国体の護持のために、あらゆる困難を克服して行くことを期待する」

［陸軍大臣布告］「全軍将兵に告ぐ。ソ連遂に皇国に寇す。名分いかに粉飾すと雖も、大東亜を侵略制覇せんとする野望歴然たり。事ここに至るもまた何をか言わん。断乎神州護持の聖戦を戦い抜かんのみ。仮令草を食み、土を噛り、野に伏すとも、断じて戦う所死中自ら活あるを信ず。これすなわち七生報国『我一人生きてありせば』という楠公救国の精神なるとともに、時宗の『莫煩悩』『驀直進前』以て醜敵を撃滅せる闘魂なり。全国将兵宜しく一人を余さず、楠公精神を具現すべし。しかしてまた時宗の闘魂を再現して驕敵撃滅に驀直進前すべし」

一般国民には、情報局総裁の「国体護持論」は、陸相布告の「全軍玉砕論」を裏書しているように理解された。この「情報局総裁談話」と「陸相布告」は、幸いにも同盟通信社の長谷川才次海外局長の機転によって外国へは報道されなかった。

日本の申し入れに対する連合国側の正式回答は、八月一二日午前〇時四五分、外務省と同盟通信社がアメリカのラジオ放送を傍受したことによって明らかとなった。

「ポツダム宣言の条項は之を受諾するも、『右宣言は天皇の国家統治の大権を変更するの要求を包含し居らざることの了解』を併せ述べたる日本国政府の通報に関し、我等の立場は左の通りなり。降伏の時より天皇及日本国政の国家統治の権限は、降伏条項の実施の為、其の必要と認無る措置執る連合国最高司令官の制限の下に置かるるものとす。……最終的に日本国の政府の形態は、ポツダム宣言に遵び日本国民の自由に表明する意思に依り決定せらるべきものとす」

東郷外相が懸念した通り、連合国側回答は抗戦派および国体論者を非常に憤激させることになった。問題となった箇所は、第一項の"From the moment of surrender, the authority of the Emperor and the Japanese government of rule the state shall be subject to the Supreme Commander of the Allied Power"の"subject to"という字句であったが、外務省は「従属」としたのでは刺激が強過ぎるというので、これを「制限の下に置かるるものとす」と故意に翻訳した。

「日本国の最終的の政治形態は……日本国国民の自由に表明する意思に依り決定せらるべきものとす」の箇所は、共和政治の可能性を示唆するものであるとして、国体論者を刺激した。

梅津参謀総長と豊田軍令部総長は八時三〇分頃、同道して参内し、連合国の回答文について、

米内光政海相

特に第一項（天皇統治権）および第四項（本土占領）は、統帥部の立場から絶対に容認できないと奏上した。しかし、直後にこの奏上事件を知った米内海相は、平素の寛大な人柄に似合わず激怒し、保科軍務局長に命じて、豊田総長と大西次長を呼びつけて厳しく詰問した。

同日、米内は高木に語った。

「別に疲れもしない。心配もしない。部下が分裂することは、私の責任として重大であるが、しかし悲観もしない。大したことにはならないと見ている。しかし例え分裂が起こったとしても、それは大局上已むを得まい。国内は実体を知らない者を指嗾《しそう》する輩があれば、四分五裂も起こり得るが、しかし大観して、さようにはならなくて済むと思っている」と語った。

一二日午前一〇時半頃、東郷外相は鈴木首相を訪ね、連合国の回答を受け入れても差し支えないと思うと述べ、首相も大体同感であることを確かめた上で、午前一一時に参内して、このことを上奏した。

これに対して天皇は、「先方の回答通りでいいと思うから、そのまま応諾するよう取り運ぶがいいだろう。総理にもその趣旨を伝えるように」と述べた。

なおこれより前に鈴木首相は、阿南陸相と平沼枢相より、連合国側回答受諾反対の意見具申を受けていた。鈴木首相は平沼枢相の議論にかなり動かされた様子で、午後二時拝謁してこの問題について種々言上した。

平沼枢相は、午後一時四〇分、木戸内府を訪問し、回答文をそのまま受諾することには反対であるとの意見を申し入れた。これに対して木戸内府は、外務当局を信頼し、それに沿って進むべきであると答えた。

午後三時、閣僚懇談会が開催され、連合国側回答文について審議が行われた。席上、東郷外相が連合国側回答文の即時受諾を主張したのに対して、阿南陸相はこれでは国体問題が不安であるから再照会すべきであり、併せて武装解除と保障占領問題についても付加すべきである、と強く主張した。さらに安倍内相、松阪法相なども再照会説を唱えた。

米内海相は東郷外相を支持したが、鈴木首相は、武装解除を強制されるならば戦争継続も致し方ないと軽率な発言をした。これでは面倒なことになると思った東郷外相は、先方からの正式回答の未着を理由にして、この問題を正式回答が到着した上で再度審議することを提案した。

結局閣僚懇談会は、翌朝審議を継続することにして、午後五時三〇分散会した。

散会後、東郷外相は鈴木首相に別室での面会を求め、単独上奏を仄めかすとともに、午後六時半木戸内府を訪ねて、鈴木首相の強硬論を伝え、内府の最後の尽力を要請した。これを聞いた木戸は大いに驚いて、「天皇の意図はもはや伺うまでもなく決まっており、自分から鈴木首相を説得することにしたい」と答えた。

木戸は早速鈴木首相に面会を求め、午後九時半、両者の懇談が行われた。木戸が「天皇の思召しとして外相の意見で進むべきである」と述べたのに対して、鈴木もすぐに賛意を示したので、早速木戸はこのことを東郷外相に電話で伝えた。

八月一二日、外務当局は抗戦派を抑えるための対応に一日中追われることになった。その方策として外務省側は、一二日午後六時四〇分に到着した在スイス加瀬公使からの正式回答文を、一三日早朝に到着したものとして措置することにして翌朝まで秘匿した。

一三日午前二時一〇分、在スウェーデン岡本公使から、連合国の回答はアメリカがソ連の反対を押し切ったもので、実質的には日本側の条件を是認したものである旨の至急電が到着した。

その前日の一二日午前三時より、宮中において皇族会議が開催された。会議では、天皇が終戦の決意について説明し各皇族方に協力を求めた。

午後八時、阿南陸相は三笠宮（崇仁、陸軍少佐、大本営参謀）を訪ね、同宮から天皇に翻意を促して貰いたい旨を申し入れたが、三笠宮の拒否に遭った。

陸相秘書官の林三郎大佐の手記によれば、阿南は「三笠宮から、陸軍は満州事変以来、大御心に副わない行動ばかりしてきたとのお叱りを受けたが、そんな酷い事をおっしゃらなくてもよいのに」と漏らしたという。

一三日朝、三笠宮は軍務局に出向いて、「陸軍の若い連中の態度は宜しくない。阿南陸相はじめ皆の行動は、聖旨に副わないじゃないか」と詰問した。一方、抗戦派の大西軍令部次長から支持を求められた高松宮は、三笠宮と共同して強硬派の動きを抑えようとした。

8　阿南陸相、ポツダム宣言に断固反対

連合国側の回答文を伝える在スイスの加瀬公使からの公電は、八月一三日朝七時四〇分に接到したことにして各方面に提出された。これより前の七時一〇分、阿南陸相は木戸内府を訪ねて、連合国側の回答は認め難い旨を申し入れた。

午前九時、六首脳による最高戦争指導会議構成員会議が開催され、公電による連合国回答文を中心に協議に入った。

前日、陸軍側から内閣に、本件は枢密院に附議する必要があるとの申し出があったため、特に村瀬直義法制局長官が出席した。村瀬は法律上の見解を詳しく説明し、この回答文で差支えないと考えると述べたが、阿南陸相は、「某博士（平泉澄東大教授）によれば、これでは国体が危ういと言っている」として反対した。

午前一〇時近く、宮中より梅津・豊田両総長にお召がかかったため六首脳会議は一〇時半まで中断されることになった。

参内した両総長に対して天皇は、「ポツダム宣言受諾の通告を出して、それに対する連合国側の返事が来たと言うが、こうした外交交渉をやっている間に、統帥部としては作戦をどういうふうにやるつもりか？」と下問した。これは明らかに天皇が、外交交渉中における軍部の勇み足を戒める意味から発した言葉であった。

梅津参謀総長が代表して、主導的な積極的な作戦は手控える旨を奉答した。

再開された六首脳会議では、首相、外相、海相が連合国回答文の受諾を唱え、陸海両総長と陸相は再照会説を唱えたため、侃々諤々の議論になり、結論を得ぬまま午後三時頃会議は再び中止になった。

この間、東郷外相は午後二時に参内し、先方の回答が到着したことと昨日からの審議の模様について奏上したところ、天皇は、外相の主張通りで宜しいから総理にもその旨を伝えるよう御沙汰をされた。

午後四時近くに閣議が再開されたが、阿南陸相、安倍内相、松阪法相などから再照会説が蒸し返された。一方、総理一任を唱える一閣僚以外は外相の即時受諾説に賛成した。そこで鈴木首相は、最後に、「本日の閣議のありのままを申し上げて、重ねてご聖断を仰ぎ奉る所存であります」と結んで、閣議は午後七時に散会した。

一三日夜、梅津・豊田両総長が東郷外相に面会を求め、首相官邸で会議が行われた。夜の一一時頃、三者会談をしている部屋に大西軍令部次長が突然現われ、緊張した面持ちで両総長に「米国の回答が満足であるとか不満足であるとかいうのは事の末であって、根本は大元帥陛下が軍に対し信任を有せられないのである。そこで陛下に対して、かくかくの方法で勝利を得るという案を上奏した上で、ご再考を仰ぐ必要がある。……今後二千万の日本人を殺す覚悟で、これを特攻として用うれば、決して負けはせぬ」と述べた。

この大西の言葉に対して両総長とも一語も述べなかったが、東郷外相は、「自分は勝つ事さえ確かなら、何もポツダム宣言の如きものを受諾しようとは思わぬはずだ。ただ勝ち得るか否かが問題だよ」と語った。

9　再び「聖断」下る

八月一四日朝八時、鈴木首相は参内して、木戸内府に対して御前会議の開催について相談したところ、木戸も全面的に賛成した。

今度は木戸から天皇に対して、八時半に拝謁して内意を伺ったところお許しを得ることが出来たため、八時四〇分、首相と内府は共々拝謁して、首相より改めて、前例のないお召しによる御前会議の開催方を願い出た。

天皇より、急遽午前一〇時半に参内せよとの御前会議のお召が下った。そこで鈴木首相はじめ全閣僚、梅津・豊田両総長、平沼枢相、迫水書記官長、池田総合計画局長官、吉積・保科陸海両軍務局長らは慌ただしく参内した。

御前会議は、宮中の地下壕で、午前一〇時五〇分頃から開催された。

まず鈴木首相から、前日の閣議および最高戦争指導会議の経過の概要が上奏され、「改めて無条件降伏に反対する者の意見を親しくご聴取の上、重ねてご聖断を仰ぎたい」旨が上奏された。鈴木首相は、連合国に対し再照会を唱えている梅津総長、豊田軍令部総長、阿南陸相を順に指名して、その所信を披露させた。

陸相と参謀総長は、米国の回答のままにポツダム宣言を受諾するならば、国体護持上ゆゆしき大事である。さすれば、さらに米国と交渉することが必要であって、もしも国体の護持が出来なければ、一億玉砕を期して戦争を継続するよりほかにない、と声涙共に下しながら言上した。一方豊田総長は、米国の回答をそのまま鵜呑みにするに忍びないから、今一度日本の所信を披露することが適当である旨も、やや穏やかに述べた。三人の他には誰からも発言が無かった。

これを受けて天皇は、次のような御諚を下した。

「他に別段意見の発言が無ければ、私の考えを述べる。反対側意見はそれぞれよく聞いたが、私の考えはこの前申した事に変わりはない。私は世界の現状と国内の事情とを十分検討した結果、これ以上戦争を継続することは無理だと考える。

国体の問題についてはいろいろ疑義があるという事であるが、私はこの回答文の文意を通じて、先方は相当好意を持っているものと解釈する。先方の態度に一抹の不安があるというのは一応もっともだが、私はそう疑いたくない。……しかし自分はいかになろうとも、万民の生命を助けたい。この上戦争を続けては、結局わが国が全く焦土となり、万民にこれ以上の苦悩を嘗めさせることは、私としては実に忍びない。祖宗の霊にお応え出来ない。和平の手段によるとしても、素より先方のやり方に全幅の信頼を措き難い事は当然であるが、日本が全く亡くなるという結果に比べて、少しでも種子が残りさえすれば、さらにまた復興という光明を考えられる。

私は、明治大帝が涙を呑んで思い切られたる三国干渉当時のご苦衷を忍び、この際堪え難きを堪え、忍び難きを忍び、一致協力、将来の回復に立ち直りたいと思う。……この際私としてなすべきことがあれば、何でも厭わない。国民に呼びかける事がよければ、私は何時でもマイクの前に立つ。一般国民には、今迄何も知らせずにおったのであるから、突然この決定を聞く場合、動揺も甚だしいであろう。陸海軍将兵には、さらに動揺も大きいであろう。この気持をなだめることは、相当困難な事であろうが、どうか私の気持ちをよく理解して、陸海軍大臣は共に努力し、よく治まる様にして貰いたい。必要あらば自分が親しく説き諭しても構わない。この際詔書を出す必要もあろうから、政府は早速起案して貰いたい」

天皇の言葉が進むにつれて、期せずして列席者の間から嗚咽の声が次第に高まってきた。天皇が一身をもって国民の苦難に代わられようとする言葉に、皆感泣嗚咽した。天皇自身も、白手袋にまたたびたび眼鏡を拭かれ、頬に伝わる涙を拭われた。

ここで鈴木首相が立ち上がり、至急詔書案起草の件を言上すると共に、重ねて聖断を煩わせた罪を謝した。

こうして、歴史的な御前会議は終了した。時に昭和二〇年八月一四日正午頃であった。

蓮沼蕃武官長の先導で天皇が立ち上げると、阿南陸相は取りすがるようにして慟哭した。天皇は、「阿南、お前の気持ちはよく分かっている。しかし私には国体を護れる確信がある」と言われた。

天皇による聖断後、閣議において詔書の案文審議が行われ、副署上奏の上、裁可された。ここにおいて、ポツダム宣言受諾に関する国家意思が憲法上最終的に決定した。

一四日午後一一時二〇分より、宮中において、石渡荘太郎宮内大臣、藤田尚徳侍従長、下村情報局総裁らの侍立の上で、詔書の玉音放送用の録音が行われ、翌八月一五日正午、全国に放送された。

一方、詔書の発布と同時に東郷外相は、在スイス加瀬公使、および在スウェーデン岡本公使に対して、ポツダム宣言受諾の日本政府の通告を、米英ソ支の四か国に伝達するように訓電を発した。

エピローグ　脳裏に浮かぶ四人の顔

昭和二〇年八月一日、高木惣吉は、戦争終結の際に必要になる詔勅や声明文に役立てるために、伏下哲夫、矢部貞治、天川勇と共に文書に起案を命じた。しかしながらこの文書は、最終的検討に至らぬうちに、八月六日に広島に原爆が投下されたため伏下主計大佐の机上に留めおかれ、歴史の中に埋没することになった。

「[序文] 大東亜戦争は、何が故に現状の如き危急存亡の秋に招ける哉。皇国三千年の光輝ある歴史、吾等が世代に至りて滅亡せんとする危急、今日に迫る。吾等のこの敗戦の理由、必ずしも彼我戦力の差のみに依るものとは断じて信ずる能わず。吾は尚、十全の力を発揮しあらずと皆人の謂ふ。何故に全力発揮せざるや。何故に総力戦の真の体制を整備し非ざるや。茲に戦争指導に対する痛烈なる反省の必要な所以あり。

想うに、戦局の現状を招来せし諸原因は多々存すべし。只其の根底を貫きて流るるもの、総力戦の認識並びに戦力不足に外ならず。それらが現象化しては、『政治力の貧困』を、或ひは国民の上下を覆ふ道義の頽廃を招来したるにあらず哉。

［追記］功成りて印刷するの日、原子爆弾広島に投下せられ（八月六日）、ソ連参戦すとの報を聴く（九日）。憶《ああ》、天遂に吾に與《くみ》せず。事茲に至りては、戦勝の夢、微塵に粉砕せらる。もとよりソ連参戦、原子爆弾が決定的なる契機とは謂へ、上に縷述せるところ、すべて究極的なる敗戦の理由に外ならず。依って茲にこれを『敗戦の書』と名付く。希《ねがわく》は将来の日本、よく大東亜戦争の敗戦を探求し、以て皇国永遠の礎石たらしめん事を」（野村実『太平洋戦争と日本軍部の研究』三六九〜三七〇頁）

昭和二〇年八月一五日、首都東京の上空には低いちぎれ雲が漂い、梅雨上がりに似た蒸し暑さに包まれていた。一時敵機の侵入を報せる警戒警報が出たものの、実際の来襲はなかった。道行く人々の汗ばんだ顔には、言い知れぬ疲労と憂愁の色が浮かんでいた。正午に重大放送があるとの予告があったため、家庭でも路傍でも、正午近くには皆ラジオの周囲に集まった。

官庁や公館では、広場に拡声器を用意し、時刻前に勤務員たちは、世紀の「玉音放送」を聴く集まりを整えた。

海軍省でも、焼け跡の広場の中央に据えられた拡声器に向かって、一同部局の別なく、上級者を前にして、北に向かって幾列もの集団となった。

高木は左から五列目の先頭に立った。

高木は、昭和一九年八月、米内海相および井上成美次官から終戦工作の内命を受けて以来、戦争の終結のために身命を賭してきた。しかし今や国土の大半が焦土と化し、天皇自らが国民に向かって、「忍び難きを忍べ」と呼び掛けられるのを聴くに至って、涙を止めることが出来なかった。高木は、戦陣に散った同胞に思いをはせながら、ただただ慚愧の念に打ちひしがれていた。

高木の脳裏には、四人の顔が浮かんでは消えた。その一人は哲学者の西田幾多郎だった。昭和一四年二月、原田熊雄の別邸で博士と初めて会った時、「日本人は西欧文明の表層部分をかじったにすぎないのに、その全てがわかったように早合点して、急に居丈高になり、『八紘一宇』や『大東亜共栄圏』を唱道するようになった。西欧と比べて日本の文明・文化がいまだに圧倒的に劣位にあることを知らない」と怒るように言われた時の顔だった。

二人目は、昭和一八年四月、ブーゲンビルの上空で散華した山本五十六元帥の顔であった。開戦前元帥は、「日本の戦力は一年半しかなく、それにもかかわらず米英と戦端を開けば敗北するのは必至」と近衛首相に説いて、開戦を止めようとした。対米開戦にあたって元帥は、生きて再び祖国に帰還することはないと覚悟していた。

三人目は、米内光政海相であった。米内は、「今の日本人には魔性の歴史が取り付いている」と評して嘆いた。

そして四人目は、高木に終戦工作を命じた井上成美大将であった。井上は、「国体護持云々よりも、一刻も早く戦を止めて、日本国民の生命を救うべきである」と訴えた。

この四人の顔と言葉が、高木の脳裏でぐるぐると渦巻いていた。

あとがき

そもそも私が最初に高木惣吉海軍少将の知己を得たのは、学位論文『日本海軍・太平洋戦争開戦原因論』（昭和五七年、『日本海軍と太平洋戦争（上・下）』として南窓社より刊行）の執筆に際して、修士課程時代の指導教授だった高山岩男先生より紹介状を頂き、当時茅ヶ崎に住んでおられた高木少将のお宅を三回ほどお訪ねして、お話を伺ったことによる。既に昭和四〇年八月に静江夫人が他界されてから八年程経った頃であり、茶菓のサービスなどは一人息子の成氏がしてくれた。

私は昭和四八年から五一年にかけての数年間、学位論文の執筆のために、戦前・戦中に海軍の中枢に居られた海軍軍人の方々に取材するとともに、当時市谷台にあった防衛庁戦史史料庫に連日通って、海軍政策の研究に没頭した。

その過程で、当時制服組を代表して、公刊戦史『大本営海軍部・大東亜戦争開戦経緯』（防衛庁戦史室）の執筆に当たっておられた元海上自衛隊幕僚長の内田一臣氏や中村悌次氏の知己を得るようになった。

その他の元海軍軍人の方やその関係者のお名前をあげれば、大井篤大佐、中山定義大佐（海軍省調査課課員、『一海軍士官の回想』の著者、戦後海自幕僚長）、実松譲大佐（海軍省副官兼海相秘書官、開戦時駐米大使館武官補佐官）、高田利種少将（軍務局第一課長、連合艦隊参謀）、保科善四郎中将（兵備局長、軍務局長、戦後国会議員）、扇一登大佐（海軍省調査課）、吉田英三大佐、石川信吾少将（軍務局第二課長）夫人、久住忠男大佐（戦後軍事評論家）などがいる。また陸軍関係では、林三郎大佐（終戦時陸相秘書官、『太平洋戦争陸戦概史』の著者）がいる。

その他にも戦前同盟通信記者だった森元治郎氏（戦後国会議員、『ある終戦工作』の著者）、東海大学総長の松前重義先生（『二等兵記』の著者）などの先生方がいる。

こうした方々は、今から四〇数年前には、八〇歳前後で存命であった。

私の大学院博士課程の指導教授は外交史の大家の田中直吉先生である。田中先生は戦前京都大学法学部から立命館大学教授として、石原莞爾将軍が主宰した東亜連盟運動に参加されていた。高山・田中両先生とも、戦中には東条倒閣工作を通じて、高木惣吉とはいわば同志の間柄にあった。

末筆ながら、拙著の刊行に際して多大なるご尽力を賜った芙蓉書房出版代表取締役の平澤公裕氏に対して深甚なる感謝を申し上げると共に、昨年七月の集中豪雨で甚大な被害に遭われた人吉市の高木惣吉記念館館長の川越郁子・公弘様ご夫妻のご奮闘を祈念申し上げて、筆を置くものである。

令和三年三月

工藤美知尋

主要参考文献

◎資料

外務省編『終戦史録』昭和二七年、新聞月鑑社

外務省〔外交資料・日ソ外交交渉記録ノ部〕

木戸幸一『木戸幸一日記・木戸日記』（全二冊）昭和四一年、東京大学出版会

原田熊雄『西園寺公と政局（全八巻）』昭和二七年、岩波書店

伊藤隆・工藤美知尋他編『高木惣吉　日記と情報（上・下）』平成一二年、みすず書房

外務省編『日米交渉資料』昭和五二年、原書房

〔高木惣吉関係資料〕

①「秘録抜粋」②「岡田大将との会見秘録」③「諸意見申合並戦争指導」④「政界諸情報」⑤「日独伊三国協定問題経緯」⑥「戦争指導刷新録」「現段階ニ於ケル思想指導方策」⑦「対重慶問題ニ関スル意見」⑧「生活必需資源ノ自給自足圏之研究」⑨「少数機ヲ以テ本土ニ来襲スル敵大型機撃滅対策強化スル意見」⑩「情報摘録」⑪「渡洋爆撃緊急処置ノ件」⑫「輸送機資料」⑬「我国の現状と政治政党の在り方」⑭「憲法の運用、外交方策、財政経済について」⑮「国際情報観察」⑯「高木惣吉カード」⑰「終戦促進のための基礎的研究」⑱「海軍ヲ軽視セントスル首相ノ反省ヲ求メタルニ作案、昭和一三年」⑲「戦争の裏と表」昭和一八年九月より

日本近代史料研究会編『日本陸海軍の制度・組織・人事』昭和四五年、東京大学出版会

防衛庁戦史室『参謀本部第二〇班機密戦争日誌』平成一七年、錦正社

『現代史資料⑩日中戦争(二)』昭和三九年、みすず書房

参謀本部編『杉山メモ（上下）』昭和四二年、原書房

宮内庁『昭和天皇実録（一〜九）』平成二八年、東京書籍

高松宮宣仁親王『高松宮日記（全七巻）』平成七・八年、中央公論社

◎高木惣吉の著書

高木惣吉『終戦覚書』昭和二一年、弘文堂
高木惣吉『太平洋海戦史』昭和二四年、岩波書店
高木惣吉『連合艦隊始末記』昭和三年、文藝春秋新社
高木惣吉『山本五十六と米内光政』昭和二五年、文藝春秋
高木惣吉『現代の戦争』昭和三年、岩波新書
高木惣吉『私観・太平洋戦争』昭和四四年、文藝春秋
高木惣吉『自伝的日本海軍始末記』昭和四年、光人社
高木惣吉『自伝的日本海軍始末記〔続編〕』昭和五四年、光人社
高木惣吉『高木海軍少将覚え書』昭和五四年、毎日新聞社
高木惣吉『太平洋戦争と陸海軍の抗争』昭和五七年、経済往来社
高木惣吉『高木惣吉日記—日独伊三国同盟と東条内閣打倒』昭和六〇年、毎日新聞社

◎書　籍

赤松貞雄『東条秘書官機密日誌』昭和六〇年、文藝春秋
池田純久『陸軍葬儀委員長』昭和二八年、日本出版共同
伊藤隆『昭和十年代史断章』昭和五六年、東京大学出版会
井上成美伝記刊行会編『井上成美』昭和五七年、同伝記刊行会
内田一臣『海』昭和四八年、海上自衛新聞社
大橋良介編『京都学派の思想』平成一六年、人文書院（花澤秀文「戦中軍部政権から見られた「京都学派」像）
大橋良介『京都学派と日本海軍』平成一三年、ＰＨＰ新書
大平進一『最後の内大臣・木戸幸一』昭和五九年、恒文社

大宅壮一編『日本のいちばん長い日』昭和四八年、角川文庫
岡田貞寛編『岡田啓介回顧録』昭和五二年、毎日新聞社
緒方竹虎『一軍人の生涯－回想の米内光政』昭和三〇年、文藝春秋新社
川越重男『かくて太平洋戦争は終わった』平成一七年、ＰＨＰ文庫
木場浩介『野村吉三郎』昭和三六年、野村吉三郎伝記刊行会
工藤美知尋『日本海軍と太平洋戦争（上下）』昭和五七年、南窓社
工藤美知尋『日ソ中立条約の研究』昭和六〇年、南窓社
工藤美知尋『東条英機暗殺計画—「高木惣吉資料」に見る日本海軍の終戦工作』昭和六一年、ＰＨＰ研究所
工藤美知尋『東条英機暗殺計画—海軍少将高木惣吉の終戦工作』平成二二年、光人社ＮＦ文庫
工藤美知尋『高松宮と終戦工作』平成二六年、光人社ＮＦ文庫
工藤美知尋『海軍大将加藤友三郎と軍縮時代—米国を敵とした日露戦争後の日本海軍』平成二一年、光人社ＮＦ文庫。
工藤美知尋『海軍良識派の研究—日本海軍のリーダーたち』平成二三年、光人社ＮＦ文庫
工藤美知尋『日本海軍の歴史がよくわかる本』平成一九年、ＰＨＰ文庫
工藤美知尋『海軍良識派の支柱山梨勝之進—忘れられた提督の生涯』平成二五年、芙蓉書房出版
工藤美知尋『海軍大将井上成美』平成三〇年、光人社
工藤美知尋『苦悩する昭和天皇—太平洋戦争の実相と「昭和天皇実録」』令和二年、芙蓉書房出版
工藤美知尋『日ソ中立条約の虚構・終戦工作の再検証』平成二三年、芙蓉書房出版
工藤美知尋『連合艦司令長官山本五十六の真実』平成二七年、潮書房光人社
栗原健『昭和史覚書』昭和三四年、有信堂
栗原健編『佐藤大使の面目』昭和五六年、原書房
黒田秀俊『昭和原論史への証言』昭和四一年、弘文堂

高坂正顕・西谷啓治・高山岩男・鈴木成高『世界史的立場と日本』昭和一八年、中央公論社
作田高太郎『木戸と天皇』昭和二三年、平凡社
迫水久常『機関銃下の首相官邸』昭和三九年、恒文社（平成二三年、ちくま学芸文庫）
迫水久常『降伏時の真相』昭和二一年、時局月報社
迫水久常『大日本帝国最後の四カ月』平成二七年、河出文庫
佐藤尚武『回顧八十年』昭和三八年、時事通信社
参謀本部編『敗戦の記録』昭和四二年、原書房
重光葵『昭和の動乱』（全二冊）昭和二七年、中央公論社
下村海南『終戦記』昭和二五年、平凡社
高橋文雄「総力戦における『経済戦争』への日本の対応」（三宅・庄司他『検証太平洋戦争とその戦略1　総力戦の時代』平成二五年、中央公論社）
高松宮宣仁親王伝記刊行委員会『高松宮宣仁親王』平成三年、朝日新聞社
玉木寛輝『昭和期政軍関係の模索と総力戦構想―戦前戦中の陸海軍・知識人の葛藤』令和二年、慶應義塾大学出版会
角田房子『死大罪を謝す―陸軍大将阿南惟幾』昭和五五年、新潮社
東郷茂徳『時代の一面』昭和二七年、改造社
豊田副武『最後の帝国海軍』昭和二五年、世界の日本社
中村正吾『永田町一番地』昭和二一年、ニュース社
中山定義『一海軍士官の回想』昭和五六年、毎日新聞社
日本国際政治学会太平洋戦争研究部『太平洋戦争への道（全六巻・資料編）』昭和三八年、朝日新聞社
野村実『太平洋戦争と日本軍部の研究』昭和五八年、山川出版社
服部卓四郎『大東亜戦争全史』昭和四〇年、原書房
平瀬努『高木惣吉正伝』平成二〇年、光人社

藤岡泰周『海軍調査課の裏面史素描』(私家版)昭和五九年
藤岡泰周『高木惣吉少将を偲ぶ』(私家版)昭和六一年
藤岡泰周『海軍少将高木惣吉―海軍省調査課と民間人頭脳集団』昭和六一年、光人社
藤岡泰周『海軍少将高木惣吉語録―海軍良識派提督の生涯』昭和六三年、光人社
保科善四郎『大東亜戦争秘史』昭和五〇年、原書房
細川護貞『細川日記』昭和五三年、中央公論社
松岡洋右伝記刊行会『松岡洋右・その人と生涯』昭和四九年、講談社
松谷誠『大東亜戦争収拾の真相』昭和五五年、芙蓉書房
松前重義『二等兵記』昭和四三年、東海大学出版会
松本俊一・安東義良監修『日本外交史㈲大東亜戦争・終戦外交』
三笠宮崇仁『古代オリエント史と私』昭和五九年、学生社
森元治郎『ある終戦工作』昭和五五年、中公新書
矢次一夫『昭和動乱私史』(全三冊)昭和四八年、経済往来社
矢次一夫『天皇・嵐の中の五十年』昭和五六年、原書房
矢部貞治『近衛文麿』(全二冊)昭和二七年、弘文堂
矢部『矢部貞治日記(全二巻)』昭和四九年、読売新聞社
吉松安弘『東条英機・暗殺の夏』(全二冊)昭和五九年、新潮社

高木惣吉略年譜

明治26年（1893）		8月19日　誕生（熊本県球磨郡西瀬村大字西浦1994番地）届出11月10日
33年（1900）	7歳	4月　西瀬尋常小学校入学
36年（1903）	10歳	3月　西瀬尋常小学校卒業（一年飛び級） 4月　人吉町外13ヵ村組合立人吉高等小学校入学
40年（1907）		3月　人吉高等小学校首席卒業。肥薩鉄道建設事務雇員に採用
41年（1908）	15歳	5月　八代―人吉間鉄道開通 10月　鉄道院事務雇を辞す
43年（1910）	17歳	5月23日　上京。製本所の裁断工として働く
44年（1911）	18歳	8月　帝大教授天文台長寺尾寿博士の玄関番となり物理学校夜学通学
45年（1912）	19歳	7月、8月　海軍兵学校受験 9月9日海軍兵学校入校（第43期）受験者約3200。合格者100。合格順位21番
大正2年（1913）	20歳	8月3日　父鶴吉没（享年44）
4年（1915）	22歳	12月16日　海軍兵学卒業、卒業席次27番。練習艦「磐手」乗組
5年（1916）	23歳	4月20日　遠洋航海（オーストラリア・ニュージーランド沿岸）出港 8月22日　横須賀帰港。戦艦「安芸」乗組 12月1日　少尉任官
6年（1917）	24歳	12月1日　練習艦「千歳」乗組
7年（1918）	25歳	9月12日　軽巡「明石」乗組。西南太平洋・印度洋警備 12月1日　中尉任官

8年（1919）	26歳	2月20日　「明石」役務変更。第三水雷戦隊旗艦として沿海州警備
		9月20日　第一艦隊第二戦隊戦艦「安芸」乗組
		12月1日　海軍砲術学校普通科学生。観相家石竜子訪問
9年（1920）	27歳	6月1日　海軍水雷学校普通科学生。
		12月1日　舞鶴海兵団分隊長心得兼教官
10年（1921）	28歳	12月1日　大尉任官。海軍大学校（航海）学生入校
11年（1922）	29歳	11月　海軍大学校（航海）学生卒業、卒業席次12名中2番
		12月1日　第二艦隊第二水雷戦隊駆逐艦「帆風」航海長
		12月10日　高木静江（神奈川県鎌倉町雪ノ下606）と結婚　届出12年1月6日
12年（1923）	30歳	9月1日　関東大震災の為大連方面より急ぎ帰国、警備につく。鎌倉の留守宅倒壊
		10月25日　水雷母艦「駒橋」航海長。呉での生活1年。
13年（1924）	31歳	8月〜11月　急性関節リュウマチのため待命。霧島に転地療養
		12月1日　測量船「満州」航海長
14年（1925）	32歳	4月〜　南洋方面の海洋調査と測量。ウルシー環礁ヤソール泊地で海大甲種受験
		8月10日　海軍大学校甲種学生（第25期）入校。前半鎌倉、後半中野から通学
昭和2年（1927）	34歳	2月7日　大正天皇御大葬特別供奉
		8月〜　これまで母は中野に同居、後に人吉に帰る
		11月25日　海軍大学校甲種学生（第25期）首席卒業、恩賜長剣拝受

3年(1928)	35歳	12月1日　少佐任官。フランス駐在被命
		1月16日　日本郵船「榛名丸」で横浜出港
		2月28日　フランス大使館付武官附着任
		3月　ル・アーブル赴任
		8月　東欧・北欧へ旅行
		8月30日　パリに下宿
4年(1929)	36歳	11月30日　帰国命令(シベリア鉄道経由)
		12月14日　パリ発
5年(1930)	37歳	1月3日　帰朝
		1月10日　軍令部出仕兼海軍省出仕(軍縮関係事務)
		6月20日　海軍省副官兼海軍大臣秘書官(財部・安保・大角各海相)
6年(1931)	38歳	1月30日　長男成(あきら)誕生
		10月8日　軍令部出仕兼海軍省副官
7年(1932)	39歳	2月18日　喀血
		3月16日　茅ヶ崎に転地療養
		5月12日　右湿性肋膜炎併発し絶対安静
		6月10日　待命
8年(1933)	40歳	4月1日　横須賀鎮守府人事部付
		11月15日　中佐人官。海軍大学校教官(軍制担当)
9年(1934)	41歳	8月30日　次男裕誕生
10年(1935)	42歳	1月18日　次男裕、脳炎で死亡
		7月27日　帰郷、人吉中学で講演「日米問題と海軍」

11年（1936）	43歳	10月　人吉宝来町に自費で祠建立 4月1日　艦政本部出仕・軍務局員。海大教官兼務（海軍制度調査委員会委員） 12月5日　海軍省官房調査課課員兼軍務局員。海軍省臨時調査課員として敬遠されがちな議会関係事務に専念
12年（1937）	44歳	この年惣吉一家病気にたたられる。中耳炎、静江盲腸炎腹膜癒着、成気管支カタル 10月25日　海軍省官房臨時調査課長 12月1日　大佐任官
13年（1938）	45歳	11月25日　芝の秘密会議で論争（ブレーントラスト編成への直接的動機となる）
14年（1939）	46歳	2月18日　西田幾多郎と初めて対面 4月　海軍省官房調査課長 11月15日　海軍大学校教官。海大研究部に学者嘱託を迎える
15年（1940）	47歳	1月　ブレーン・トラスト結成の行動開始 3月　西田幾多郎に京大哲学グループとの交流につき協力要請。 8月15日　軍令部出仕兼海軍省出仕。海大教官（新体制運動に関して幹事代理 11月15日　海軍省官房調査課長兼海軍省出仕（軍務局員）　ブレーン・トラスト設置の上申成る
16年（1941）	48歳	5月24日　台湾視察 11月23日　京大訪問。西田門下の教授たちに活動の輪広げる

17年（1942）	49歳	12月6日　調査課勤務のまま南方政務部副部長に任命 6月5日　南方民政府総務局長の件は健康診断の結果不適 6月10日　舞鶴鎮守府参謀長
18年（1943）	50歳	2月22日　人吉に帰郷、母を見舞う 5月1日　海軍少将に昇進 7月10日　京大の高山、西谷、鈴木の三教授が舞鶴来訪 7月27日　谷川、大熊の二教授が舞鶴来訪 8月7日　支那方面艦隊参謀副長を内命。健康診断の結果不適 9月25日　軍令部出仕（2ヶ月静養） 10月27日　原田熊雄男爵の招致を受け、湯河原で近衛文麿公と会談 11月5日　軍令部出仕兼海大研究部員として太平洋戦の戦訓研究に取りかかるよう人事局長から通達 11月20日　毎日新聞本社訪問 12月31日　倒閣決意を日記に記す
19年（1944）	51歳	2月15日　岡田大将に海相更迭を訴える 2月23日　毎日新聞（新名丈夫記者による竹槍記事）掲載 3月1日　海軍省教育局長。近衛公の招致を受け、湯河原で原田熊雄を加え会談。 3月下旬　矢部、天川、伏下が高木工作に協力 4月15日　海大研究部長兼任 5月6日　母サヨ人吉にて逝去（享年74） 5月　東条内閣打倒工作が強行手段の計画を含め本格化

		6月27日　沢本次官から倒閣運動に対する訓告受ける
		8月29日　井上成美次官より終戦工作の命を愛く
		9月10日　軍令部出仕兼海大研究部員（次官承命、服務）
20年（1945）	52歳	3月1日　兼海軍省出仕
		3月13日　起案の「戦局収拾中間報告」を提出
		4月7日　鈴木内閣で米内海相留任工作の実現
		5月5日　軍務局長への就任打診を断る
		5月15日　「研究対策（和平促進）」を提出
		6月7日　ダレス工作の情報を得る（海相却下）
		6月15日　東大の南原と高木の二教授が惣吉を訪ね海軍の決断を要望
		6月22日　御前会議で天皇より外交交渉開始の発言（木戸内大臣の提示した「時局収拾対策試案」10項目が発動した理論的根拠）
		6月28日　「時局収拾対策」報告書を提出
		7月12日　ソ連への対米講和斡旋依頼の為の特使として近衛公起用が決定。随員として高木内定
		7月18日　命によりソ連に渡される天皇の親書の草案作成
		9月15日　予備役編入
		9月19日　東久邇宮内閣副書記官長
		10月9日　内閣総辞職により依願免官
54年（1979）		7月27日　午前11時5分死去（享年85）

著者略歴

工藤美知尋（くどう　みちひろ）

日本ウェルネススポーツ大学教授
1947年山形県長井市生まれ。日本大学法学部卒業、日本大学大学院法学研究科政治学専攻修士課程修了、ウィーン大学留学、東海大学大学院政治学研究科博士課程修了。政治学博士。
主な著書に、『苦悩する昭和天皇』『日本海軍と太平洋戦争』『日ソ中立条約の研究』『海軍良識派の支柱山梨勝之進』『日本海軍の歴史がよくわかる本』『東条英機暗殺計画』『特高に奪われた青春』など。

終戦《しゅうせん》の軍師《ぐんし》　高木惣吉海軍少将伝《たかぎそうきちかいぐんしょうしょうでん》

2021年 4月26日　第1刷発行

著 者
工藤美知尋《くどうみちひろ》

発行所
㈱芙蓉書房出版
（代表 平澤公裕）
〒113-0033東京都文京区本郷3-3-13
TEL 03-3813-4466　FAX 03-3813-4615
http://www.fuyoshobo.co.jp

印刷・製本／モリモト印刷

ISBN978-4-8295-0811-4